現代語訳でやさしく読む

「中朝事実」

日本建国の物語

山鹿素行〔原著〕
秋山智子〔編訳〕

錦正社

目次

凡例

一、本書は、山鹿素行著の津軽版『中朝事実』(大正元年・素行会複製刊行)を底本として意訳した。

一、底本の巻末には、本来の津軽版には未所収の「跋文《ばつぶん》」と附録の「或疑《わくぎ》」(質問とその回答) が付加されているが、本書では「跋文」のみを意訳し、附録の「或疑」は割愛した。

一、『中朝事実』は、最初に『日本書紀』等の古典類を引用し、続いて山鹿素行が自説を述べるという構成をとっている。本書では、各章の始めに訳者の説明文を付し、次に引用古典類の意訳を示し、続いて素行の自説を〈講義〉という形で意訳して掲載した。各章の副題は訳者が添えた。

一、表記は、原則として新字体・現代仮名遣いを用いたが、歌謡類の訓読には歴史的仮名遣いを用いた。なお、後注に載せた漢籍の引用文は、明治書院発行『新釈漢文大系』に基づいて新字体で表記し、振り仮名は現代仮名遣いに改めた。

一、底本の割注は、本文より小さい字を用いたが、割注の内容を踏まえて本文を意訳した場合もある。なお、『日本書紀』等の古典類から転載された割注は省略し、山鹿素行が付した割注のみを掲載した。

一、訳者による語句の説明は( )に入れて記した。

一、『日本書紀』の巻数や段数、後注の引用文は、岩波書店発行『日本古典文学大系』によって記載した。

一、神名と人名の振り仮名は、同右『日本古典文学大系』に従い、現代仮名遣いで表記した。その他の語句は、底本の振り仮名に従った場合と、現行の一般的なものに改めた場合とがある。

一、本書では、底本に従って「天照太神」という表記を使用した。

現代語訳でやさしく読む

「中朝事実」

――日本建国の物語――

はじめに

一、『中朝事実』の誕生

『中朝事実《ちゅうちょうじじつ》』は、日本古来の精神を究明し、わが国の国柄を明らかにした本です。

著者は山鹿素行《やまがそこう》先生（一六二二～八五）、江戸時代初期の高名な兵学者です。先生の兵学の基本は、三民（農民・職人・商人）の長たる武士の人格を錬磨するため、儒学における「修己治人《しゅうこちじん》」の教えを基盤としつつ、実践的な倫理道徳を探求していくことにありました。この倫理道徳の観点からわが国の歴史を読み解き、その底流にある日本固有の精神を明らかにした本、それが『中朝事実』です。

この本は寛文九年（一六六九）の冬、先生が四十八歳のときに書かれました。このとき江戸幕府は四代将軍・徳川家綱の時代で、わが国の政情は安定していましたが、海外では明国が滅びて清国が興隆した時期にあたります。戦乱を逃れてわが国に亡命してきた者も多数ありました。その中に有名な朱《しゅ》舜水《しゅんすい》がいます。(1) 舜水は明朝の再興を期して活動していましたが、ついに果たせず、清朝の俗に従うことを潔しとせずして、日本に亡命したのです。

おそらく、先生はこのような王朝の興亡を間近に見て、その歴史を自国と比較し、今まで大国と思って尊崇してきた隣国とわが国との国柄の違いについて、深い思索をめぐらされたのでしょう。このとき初めて、孔子《こうし》の説いた聖教を実践していたのは隣国ではなく、正《まさ》しくわが国であった、という事実に目を開かれたのです。その心情は、『配所残筆《はいしょざんぴつ》』[2]に次のように記されています（引用文は講談社学術文庫の『聖教要録・配所残筆』（土田健次郎全訳注）に拠り、読み易くするために送り仮名を増やし、振り仮名は現代仮名遣いに改めました。以降の引用も同様です）。

> 本朝《ほんちょう》は小国故《ゆえ》、異朝には何事も及ばず、聖人も異朝にこそ出来《いでき》たり候得《そうらえ》と存《ぞん》じ候《そうろう》。この段は我等《われら》ばかりに限らず、古今の学者皆左様《みなさよう》に存じ候て、異朝を慕《した》ひまなび候。近比《ちかごろ》初めてこの存入《ぞんじい》り誤《あやま》りなりと存じ候。耳を信じて目を信ぜず、近きを棄《す》てて遠きを取り候事《こと》、是非《ぜひ》に及ばず、寔《まこと》に学者の痛病《つうへい》に候。

先生は孔子の教えを「聖教」と呼んで崇敬しておられましたが、実は、わが国の「治教の道」こそがその聖教であった、という学問上の新見解を得られたのです。

この感激のもとに、『中朝事実』という名著が生まれました。この本において、先生は『日本書紀』などの旧記をよりどころとしてわが国の成り立ちを調べ、仏教や儒教の影響を受ける以前の「治教の道」を綿密に考証されました。それによって、わが国の淵源は神代《かみよ》にあり、歴代天皇は神代の治教の道を継承され、これを祖宗の遺訓としてよく尊崇されたがゆえに、後世に至るまで乱臣賊子の出現もなく、皇統は連綿と続いて一度も断絶することがない、という事実を明らかにされたのです。

題名に用いられている「中朝」の語は、先生独自の使い方で「わが国（日本）」を指します。本文にみられる「中国」「中華」「中州」などの語も同様に「わが国」を意味します。これに対して用いられている「外朝」の語は、現在のいわゆる「中国」を指します。このような表現を理由に、「山鹿素行の思想は中華思想[3]の日本版である」と考え、「外国人蔑視の自国中心主義」と批評する学者もありますが、それは大きな誤解と思われます。私たちは誰でも、自分を中心にして「外」の世界を認識し、行動します。先生は自国を「中朝」と呼ぶことによって、外朝中心の華夷思想からの脱却をはかり、祖国の誇りを示そうとされたのです。

また、この「中」という語は、単に内外の意を表すのみならず、さらに深い意味を込めて使われています。そのことは「中国章」に詳しく説明してありますが、おそらく、先生は「中」という語に「中庸《ちゅうよう》の徳」（偏らず常に変わらない中正の徳）を重ね合わせ、それをわが国の根幹にある精神と考えておられたのだと思います。『中朝事実』に「中庸」という語は用いられていませんが、『配所残筆』には次のような記述があります。

> 神代《じんだい》より人皇《にんのう》十七代迄《まで》は、悉《ことごと》く聖徳の人君相続《そうぞく》あり、賢聖の才臣輔佐《ほさ》し奉《たてまつ》り、天地の道を立て、朝廷の政事、国郡の制を定め、四民の作法、日用、衣食、家宅、冠昏、葬祭の礼に至る迄《まで》、各《おのおの》其《そ》の中庸をゑて、民やすく国平《たい》らかに、万代《ばんだい》の規模《きぼ》立《た》ちて、上下の道明《あき》らか成《な》るは、是《こ》れ聰明聖知の天徳に達せるにあらずや。

このように、神代から継承した教えを誠実に守り、中庸の徳を実践しているのはわが国であるという確信に基づき、その自覚と誇りを明確に示すために選ばれた表現が「中朝」なのです。

二、山鹿流兵学とその武士道

山鹿素行先生、実名は高興《たかおき》・高祐《たかすけ》、字《あざな》は子敬《しけい》、通称は甚五左衛門《じんござえもん》、素行《そこう》はその号《ごう》です。元和八年（一六二二）、会津（現在の福島県会津若松市）に生まれました。

山鹿家の遠祖は平将門の乱に功を立てた藤原藤太秀郷《ふじわらのとうたひでさと》の弟・藤次宗郷《とうじむねさと》です。のちに九州の山鹿に本拠をおいて「山鹿」を名乗りました。源平合戦の際には山鹿秀遠《やまがひでとう》が安徳天皇を擁し奉って活躍しましたが、「壇ノ浦の戦い」に敗れて伊勢（現在の三重県）に逃れ、その子孫は代々関氏に仕えました。

先生の父・山鹿貞以《さだもち》は父祖の跡を嗣ぎ、関一政に仕えていましたが、事情があって出奔し、会津藩主・蒲生秀行《がもうひでゆき》の重臣・町野幸仍《まちのゆきより》の客臣となりました。素行先生はこの地で生まれたのです。その後、蒲生家が断絶したため、先生が六歳の時に一家は江戸へ移りました。

当時は二代将軍・徳川秀忠の時代です。慶長二十年（一六一五）の「大坂夏の陣」を最後に戦《いくさ》は収まり、幕府の基礎も確立して人々の生活は落ち着いてきました。また、徳川家康が文教を奨励し、儒学者・林羅山《はやしらざん》を侍講《じこう》として召し抱えたので、朱子学が幕府の官学となって武士の教育を担うようになり、学問も興隆しました。平和な世の中の到来に伴って武士の職務は大きく変化しました。戦場での戦闘能力よりも、庶民を治める指導者としての能力が問われるようになったのです。

素行先生は九歳の時に林羅山に入門して儒学を修め、十五歳で小幡景憲《おばたかげのり》に入門して甲州流兵学を学ばれました。英才の誉れは高く、早くも寛永十九年（一六四二）、二十一歳の時には、景憲から甲州流兵学の印可状《いんかじょう》を授与され、兵学講授の免許を得ておられます。

前述したように、先生の兵学の基本は、実践的な倫理道徳を重んじて武士の人格を錬磨することにありました。軍法や戦略のみならず文武両道を説くその教えは、時代の要請もあって大いに世に迎えられ、大名や旗本など多くの武士が入門し、兵学者・山鹿素行の盛名は世に耀《かがや》いたのです。

しかし、日本の武士にふさわしい士道（武士道）を探求しながら漢籍を読み、聖賢の教えを研究していくにつれて、先生は、朱子学の観念的哲学的な学説に疑念を抱かれるようになりました。そして、ついに寛文五年（一六六五）、四十四歳のときに『聖教要録《せいきょうようろく》』を出版して、「朱子学などの後世の注釈を捨て、古代の聖賢の教えに直接学ぶべきである」という意見を公表されるに至りました。

自らの学問と真摯に向き合い、決死の覚悟でその信念を世に問われたのでしょう。『聖教要録』に門弟たちが題した「小序《しょうじょ》」には、次のような先生の言葉が掲載されています。

夫《そ》れ道は天下の道なり。懐《ふところ》にして之《これ》を蔵《ぞう》すべからず。天下に充《み》ちて万世に行《おこな》は令《し》むべし。一夫《いっぷ》も亦《ま》たこの書に因《よ》りて其の志を起こせば、則《すなわ》ち化育《かいく》を賛《さん》するなり。君子身《くんしみ》を殺して以て仁《じん》を成すこと有《あ》り。何《なん》ぞ吾が言を秘せんや。且《か》つ道を説きて人を謬《あやま》る者は天下の大罪なり。漢唐の訓詁《くんこ》、宋明の理学《りがく》、各々《おのおの》利口《りこう》饒舌《じょうぜつ》にして、惑《まど》ひを弁《べん》ぜんと欲《ほっ》して、惑ひ愈々《いよいよ》深く、聖人をして塗炭《とたん》に坐《ざ》せしむ、最《もつと》も畏《おそ》るべきなり。

当然のことながら、これは徳川幕府の正学である朱子学を批判した罪にあたります。先生は翌年、赤穂（現在の兵庫県赤穂市）に配流されました。以後、約十年間をこの地で過ごされることになるのですが、赤穂藩主・浅野《あさの》長直《ながなお》公は先生の門人であり、かつて先生を家臣として召し抱えたこともありましたので、浅野の家中において先生が罪人として粗略に扱われることはありませんでした。(4)

失意の身の上ではありましたが、浅野家の厚遇を受け、先生は学問の道に精進されます。『四書句読大全』『謫居童問』『中朝事実』『武家事紀』『配所残筆』など、多くの著作がこの謫居《たつきょ》で書かれました。

その後、延宝三年（一六七五）に罪を赦され、先生は江戸へ戻られます。浅草田原町の住居を「積徳《せきとく》堂《どう》」と名付け、旧知・門弟らに兵学を講じながら、慎み深く日々を過ごされました。その兵学は、『中朝事実』によって日本的自覚を深められたこともあり、さらに日本の武士にふさわしいものとなっていました。「山鹿素行は武士道の大成者である」と評される所以です。

先生は貞享二年（一六八五）に六十四歳で亡くなりますが、山鹿流兵学は子弟に受け継がれ、幕末まで伝えられていきました。その主な学統には、平戸（現在の長崎県平戸市）の松浦藩にあって嫡子・高基《たかもと》の流れを汲む系統と、弘前（現在の青森県弘前市）の津軽藩にあって女婿・高恒《たかつね》の流れを汲む系統があります。(5)(6) また、赤穂藩・浅野の家中に残された先生の教えは、元禄年間に赤穂義士の吉良邸討ち入り事件となって結実し、山鹿流兵学の名を世間に知らしめたばかりでなく、四十七士の義挙は武士の鑑《かがみ》として後世まで長く語り継がれることになりました。その学問は、江戸時代の武士の教育に大きく寄与したものと思われます。

なお、ここでは詳述しませんが、萩(現在の山口県萩市)の毛利藩において、山鹿流兵学師範の家から幕末の志士・吉田松陰が出たことは、よく知られています。

三、乃木大将と『中朝事実』の出版について

赤穂の謫居で書かれた漢文の『中朝事実』は、先生が赦免された後、延宝九年(一六八一)に津軽藩によって出版されました。これが津軽版『中朝事実』です。江戸幕府をはばかって津軽藩以外には流布しなかったようですが、この本は、明治・大正時代に至って「乃木大将の愛読書」として有名になりました。

乃木希典《のぎまれすけ》大将(一八四九～一九一二)は明治時代の軍人です。長府(現在の山口県下関市)の毛利藩士の家に生まれ、十五歳の頃から数年間、吉田松陰の叔父・玉木文之進のもとで山鹿流兵学を学びました。明治維新後は、陸軍少佐に任官されています。

日露戦争(一九〇四～〇五)では陸軍大将・第三軍司令官として旅順《りょじゅん》を攻略し、日本を勝利に導いた司令官として「海軍の東郷、陸軍の乃木」と並び称されました。のちに、明治天皇の命を受けて学習院々長となり、迪宮裕仁親王《みちのみやひろひとしんのう》(後の昭和天皇)も少年時代にその薫陶《くんとう》を受けておられます。

乃木大将が『中朝事実』を読んで感動されたのは、明治時代半ば過ぎのことでした。後年には自費

を投じていわゆる乃木本『中朝事実』（津軽版を基《もと》として活字印刷したもの。明治四十一年五月刊）を出版し、世に弘めようとされました。また、松浦《まつら》・津軽《つがる》両家に伝わる素行先生の遺品を宮内省に持参し、その学徳を説いて「追贈正四位」の恩典を賜ったばかりでなく、先生の偉業を顕彰するため、素行会(7)の創立にも尽力しておられます。先生の学問をいかに尊敬されたか、お分かりいただけると思います。

明治四十五年七月三十日、明治天皇が崩御されました。その御大葬の三日前、大正元年九月十日に、乃木大将は皇太子となられた裕仁親王の御殿に伺候し、自らが出版した『中朝事実』を献上されました。そして十三日、御大葬の日の夜に、自宅で妻の静子夫人とともに自刃なさいました。

乃木大将の死は世間に大きな衝撃と感銘を与えました。『中朝事実』は日本中にその存在を知られるようになり、大正から昭和初期にかけて、国文に読み下した本や注釈書が多数作られています。素行先生が赤穂の謫居で書かれた自筆の草稿本も、自筆本『中朝事実』として、昭和十二年に武蔵野書院から複製本が出版されました。しかし、昭和二十年の大東亜戦争敗戦後は、GHQの占領政策や自虐史観の影響を受けてその刊行も途絶えてしまいました。まことに残念なことです。

その後、昭和天皇の御在位六十年奉祝と山鹿素行三百年祭を記念して、昭和六十年に、乃木本『中朝事実』が復元刊行され、これに合わせて、その読み下し文に解説を加えた普及本『中朝事実』（新田大作編著）も出版されました。また、『続神道大系　論説編　山鹿素行』（平成七年刊）には津軽版『中朝事実』が収められ、平成二十七年に『山鹿素行「中朝事実」を読む』（荒井桂著）という自筆本の現代語訳も出版されています。

四、今なぜ『中朝事実』なのか

本書は、『中朝事実』を現代の口語文に意訳したものです。底本には、大正元年十一月に素行会から刊行された津軽版の複製本『中朝事実』を用いました。乃木本には訓点が施されていないため読解が難しく、また、自筆本よりも津軽版の方が振り仮名も多く、完稿本としての性格が強いと判断したためです。(8)

訳出にあたっては、現代の青少年に抵抗なく読んでもらえることを第一義としました。ゆえに、外国人に対する差別的な記述は簡略化し、表現を和らげました。現代ではなじみのない事物に関する記述を省いたり、説明を補ったりした箇所もあります。各章の始めには、その章のテーマを紹介する短い文を添えました。原典の趣意を損なわないように細心の注意を払いながら、できるだけ分かりやすく意訳し、広く一般読者の理解を助けるよう努力したつもりです。現代人にとってはやや難解な内容といえるかもしれませんが、時代を超えて素行先生の教えを味わい、日本古来の感性や倫理観を汲み取っていただければ幸いに存じます。

さて、それでは今なぜ『中朝事実』なのでしょうか。

『中朝事実』には、「皇統」という副題が付されています。わが国には、建国の当初から今日まで変わることなく、天神《あまつかみ》の皇統を継承せられる天皇が君臨し、宗廟《そうびょう》の神（天照太神《あまてらすおおみかみ》）に国家の安寧と国民の幸福を祈り続けておられる、という事実があるからです。

この事実は何を意味するでしょうか。それは、わが国が「神道」をもって築かれた国である、ということです。天皇陛下が宗廟の神に国の安寧を祈り続けておられるという事実、この尊い事実に鑑みれば、古代において神道は祭政一致の治教の道であったといえましょう。

神代の昔、まだ文字も無いほど古い時代に生まれた神道は、「言挙《ことあ》げせぬ信仰」ともいわれます。その信仰は長い年月を経て私たちの生活に深くなじみ、季節の行事や人生の節目における儀礼などの風俗習慣を形成してきました。私たちの祖先は先人の手振りのままに祭祀を斎行することによって、当初の精神を守り、信仰の本質を次代へと伝えてきたのです。神武天皇の建国以来二千六百有余年、日本人の生活様式は大きく変化しました。しかし、祭祀の風習は変わりません。その源泉にあるものは、神々を崇敬し祖霊を祀る尊い宗教文化、まさに「日本の心」です。

素行先生は、儒教や仏教などの外来思想が入ってくる以前のわが国の治教の道を明らかにしようとされました。それはすなわち、日本国を生み出し形づくってきた神道の本質を究明することにつながります。戦後、わが国の弱体化を企図する占領軍の施策により、「政教分離」の名のもとに、公教育の場で神話や宮中祭祀の伝統について語ることが禁止されました。その結果、神道は日本民族固有の信仰であるにもかかわらず、私たち一般の国民には、その本来の姿が理解し難くなってしまいました。『中朝事実』は、神道という宗教文化、日本の心を理解するためのすぐれた解説書として、現代の私たちにも大きな価値を有していると考えます。

近年の科学技術の進歩は著しく、インターネットとデジタル機器の普及により、今や私たちの生活は大きな転換期を迎えています。グローバル化したネット社会において、私たちは日々新たに発信される多くの情報に接するようになりました。世界中から否応なしに押し寄せてくる多様な価値観を、その長所と短所を吟味する暇《いとま》もなく受容し、取捨選択のために必要な判断の規準を見失っているというのが、現代社会の実状ではないでしょうか。金科玉条とばかりに目新しい価値観や外来思想を尊重し、祖先が苦労して築いてくれた日用常識の価値観や倫理意識を軽んじる現代の風潮には、素行先生の時代における「世《よ》遠く人亡《ほろ》び、郷《さと》に善俗《ぜんぞく》なく、世に誠教《せいきよう》乏《とぼ》し(9)」という嘆きと共通するものがあるように思います。

徳川幕府が政治の実権を握り、その官学として朱子学が学問思想界を席巻していた時代に、『中朝事実』を著して日本の源泉にさかのぼりその精神を究明された碩学・山鹿素行先生の教えは、幕末から明治にかけて西洋文明と直面した人々の魂に興起を促し、わが国の未来を切り開きました。この出来事は、今日の私たちが敗戦の軛《くびき》から解放され、日本人としての自信と誇りを取り戻し国際社会に寄与していくためにも、祖国の源泉を汲み根本に立ち帰ることが重要であることを示唆しています。その意味で、『中朝事実』に記された日本古来の精神を理解することは、大きな意義を持つと思います。微力ではありますが、本書がそのために通訳の役割を果たしてくれることを心から願います。

世界各国にそれぞれの水土に根ざした歴史と文化があるように、わが国にも他国とは異なる伝統文化があります。それをしっかりと自覚し、誇りを持って生きていってほしい。そして、先人が大切に守ってきた尊い国柄を次代に伝える努力を怠らないでもらいたい。それが、『中朝事実』に込められた、山鹿素行先生からのメッセージです。

注

（1）朱舜水は明国の遺臣で、従軍経験もある儒学者です。万治二年（一六五九）、六十歳で日本に亡命しました。寛文五年（一六六五）には徳川光圀に招かれ、賓師としての待遇を受けて江戸に住みました。湊川神社（兵庫県神戸市）の楠木正成公墓碑に彫られた「楠公賛文」は、舜水の作として有名です。なお、素行先生のために書いた「素行号記」も残されています。

（2）『配所残筆』は、延宝三年（一六七五）に赤穂の謫居で書かれた素行先生の自伝的遺書です。弟の山鹿義行と、妹の子で養子の山鹿高恒とに宛てて書かれた「子孫教戒の書」という性格を持ち、『中朝事実』の要旨に関する説明もあります。

（3）中国では伝統的に漢民族の居住する地域を世界の中心とする思想があり、自分たちを「中華」、周辺の異民族を「夷狄」と呼んで蔑視しました。華夷思想ともいいます。その影響を受けて、漢籍を学ぶ日本の儒学者の間でも、万事につけて中華文明を尊び、自国を卑下する風潮がありました。素行先生自身も、そのことを「中朝事実自序」に述べて反省しておられます。

（4）素行先生は三十一歳から三十九歳の時まで、浅野長直公に禄仕しておられます。

（5）平戸城主・松浦《まつら》鎮信《しげのぶ》公は素行先生の門人です。先生と同年の生まれで、生涯の友でもあり、終生変わらぬ庇護者でもありました。

（6）弘前城主・津軽《つがる》信政《のぶまさ》公は、十五歳のときに素行先生に入門して以来、生涯を通じ、先生を師として仰ぎ慕ったと伝えられています。

（7）素行会は明治四十一年十二月二日の創立、初代会長は松浦厚伯爵です。戦後一時活動を中断しましたが、昭和三十年に再開され、現在に至るまで続いています。

（8） 自筆本と津軽版の違いについては、秋山一実氏の「山鹿素行『中朝事実』の津軽版について」（『神道古典研究所紀要』第一号、神道大系編纂会、平成七年）に詳しい説明があります。

（9） 素行先生が三十五歳の時、門弟たちが編纂した「武教小学」の序に記された言葉。「古代の聖帝の世は遠のいて聖人や賢者もいなくなり、生活の中から善き習慣が失われ、誠を大切にする教えに接する機会も少なくなった」という意味です。

中朝事実自序

広々とした青海原を常に眺めている人は、海の雄大さに驚きません。広大な原野に住んでいる人は、その広さを珍しく思いません。長年の間に見慣れてしまったからです。

それと同様に、日本国に生まれた私は、日本の国柄のすぐれたところに、今までまったく気がつきませんでした。そのため、外国から伝来した書物や、外国の偉人ばかりをありがたがっていたのです。何とも愚かなことでした。

わが国は、神代の昔にまでさかのぼることのできる伝統ある国家です。南北に長く連なる日本列島は四季の変化に富み、清らかな水と緑濃い山々に恵まれ、人々は礼儀正しく勤勉で、祖先から受け継いだ文物を大切にしています。それゆえに、天照太神《あまてらすおおみかみ》の威徳は今も天地に満ちわたり、万世一系の天皇を国の中心にいただいて、豊かな文化が栄え、武徳も盛んなのです。

このような日本国の真実の姿をありのままに認識し、連綿と続く皇統の事実を自覚し、本来の国柄を忘れないようにしてもらいたいと願って、今年の冬十一月に、この本を書きました。

現代の青少年に読んでいただければ幸いです。

寛文九年（一六六九）己酉

山鹿高興が謹んで記す

中朝事実　皇統

天先章――天地人の世界観

神話は民族の世界観を語るといわれます。私たちの祖先は天地の始まりをどのように考え、自分たちの住む世界をどのように捉えたのでしょうか。自然科学の発達した今日では、宇宙の始まりや地球の誕生を物理的に解明しようとする研究が盛んですが、それとは別に、事物を精神的に把握することもまた意義のあることと思われます。

素行先生は、日本神話に描かれた世界観を読み解き、人を神の末裔と考えて、日本民族の精神を明らかにされました。その講義に耳を傾けてみましょう。

『日本書紀』巻一・第一段の本文より

天《あめ》が先《さき》に生成し、地《つち》が後《のち》に定まりました。その後に、神明《かみ》(1)（神聖な神）が天と地の中間に現れました。国常立尊《くにのとこたちのみこと》とお呼び申し上げます。

一書《あるふみ》には次のようにあります。（『日本書紀』巻一・第一段の一書第四より）

高天原《たかまのはら》に現れた神の名《みな》を、天御中主尊《あまのみなかぬしのみこと》と申し上げます。

〈**講義**〉謹んで考察いたします。

天は気です。ゆえに、上に軽く揚がりました。地は形です。ゆえに、下に重く沈んで固まりました。人は天地二気の精神です。ゆえに、両者の中間に位置しています。

元来、天地人の誕生に先後はありません。形と気と精神は、どれひとつが欠けても単独には存在できないからです。しかし、天地人の生成に先後がないはずはありません。まず、気が先導して天空となり、形がそれに和して大地となり、その後に精神が現れて天地間の秩序を統制したからです。

おそらく、世界が混沌として未開の状態にあったとき、聖神（人の祖となる極めて神聖な存在）がその中心に立ち、悠久に変わることのない心で、天地の調和をはかりつつ世界を統制されたのでしょう。そのため、この神を尊んで「国常立尊」とも「天御中主尊」ともお呼び申し上げるのです。

それ以来、天道は高明で、ひとときも休むことなく動いています。地道は厚博で、久遠にどっしりと落ち着いています。人道は子々孫々に受け継がれ、恒久に限りなく続いています。偏《かたよ》ることのない

「中」の徳を受けて、天には日月が明らかに懸かり、地は万物を載せて育み、人はそのような天地の働きを助けています。聖神の恒と中の精神は、宝祚《ほうそ》（天皇の御位）という形で受け継がれ、歴代天皇が皇位を継承し政《まつりごと》を正される拠り所となっているのです。

常中二神の御功業の事蹟は、今となっては知るよしもありませんが、おそれながら、幸いにも、その尊いお名前だけは今に伝わっています。わが国の治教の道がすぐれているのは、実にこの二神の働きによるのです。一刻も休むことのない至誠（至上の誠心《まごころ》）の働きによって天下の秩序が定まり、情緒豊かで礼節を重んじる国家が恒久に続いています。

神聖（天皇の御先祖の神々）の知徳は歴代天皇に受け継がれ、万世にわたる規範となっているのです。

『日本書紀』巻一・第二段の一書第二より

多くの神々が現れ、天地間の陰陽の交流によって男女の神が生じました。国常立尊《くにのとこたちのみこと》から伊弉諾尊《いざなきのみこと》・伊弉冊尊《いざなみのみこと》に至るまでを「神世七代《かみよななよ》」と呼んでいます。

〈講義〉謹んで考察いたします。

天神が次々に現れ、悠久の時が流れていくうちに、天地相互の働きによって皇極《こうきょく》（天子の則《のり》）が建立され、伊弉諾尊・伊弉冊尊という男女の神様が現れました。ここにおいて、万世にわたる皇統の基《もとい》が定まり、国の礎《いしずえ》が建てられたのです。神世七代のことは、人智で推しはかることはできません。

『日本書紀』巻一より（要約）

伊弉諾尊《いざなきのみこと》と伊弉冊尊《いざなみのみこと》は、国中《くにのなか》の柱《みはしら》を巡って男女の礼を正しく定め、大八洲《おおやしま》を始めとして、海《うなばら》と川《かわ》と山《やま》・草木《くさき》・鳥獣《とりけもの》・魚虫《うおむし》をお生みになり、人々に食物の恵みを与え、養蚕《こがい》の技術をお教えになりました。また、諸　神《もろもろのかみ》たちを生み、それぞれの働きをお定めになりました。このようにして国生みの大功を成就し、大徳を残された後、その御霊《みたま》は幽界に遷り、静かに長く身を隠しておられます。

〈講義〉謹んで考察いたします。

「伊弉諾《いざなき》」「伊弉冊《いざなみ》」の語は、陰陽二神が仲《なか》むつまじくお互いを呼び合われたときの最初の言葉です。この二神は、陰陽の気が完全に集まって出現した男女の神様です。ゆえに、この尊号でお呼びするのです。

天地が始まったばかりで暗く、悠久の時が流れていたころ、天神が次々にお生まれになりました。その最後に出現したのが、伊弉諾尊と伊弉冊尊です。二神は初めて中国《なかつくに》（わが国）を立て、男女の間柄を正されました。男女は陰陽の本であり、人倫の始めです。男女が存在して初めて、夫婦・父子・君臣といった人間関係が生じます。これらの人間関係を円満に保ち、調和をはかるためには、おのずから人倫（人として踏み行うべき道）の形成が求められます。伊弉諾尊と伊弉冊尊の出現によって男女の礼が正され、五倫の道（君臣の義・父子の親・夫婦の別・長幼の序・朋友の信）という、人の世の尊い秩序が定まっていったのです。

また、二神は協力して大八洲（日本列島）を生み、国土を整えて自然の恵みを与えてくださいました。これによって、鳥獣はそれぞれ住処《すか》を得ました。人々は平らな土地で耕作を始め、五穀を播き、桑や麻を植え、衣食住の糧《かて》を得るようになりました。世の中が豊かになると、それに伴い、社会生活を営むための教戒が必要になってきます。ゆえに、二神は御子神《みこがみ》たちに命じて、それぞれの身分と職掌をお定めになりました。

このようにして国の基礎がしっかりと固められたからこそ、わが国は万世にわたって外国の侵略をこうむることがなかったのです。二神の成し遂げられた功業は、何と偉大で顕著なことでしょうか。何と立派に承継されていることでしょうか。

この章では、天地生成の物語の意義について論じました。謹んで総括いたします。

天地は陰陽の大極《たいきょく》（根元）です。陰と陽はその働きをまったく異にしますが、根元では交わっています。そして互いに引き合い、作用し合って、森羅万象を生み出します。(2) 天においては気が集積し、そのうちの精秀なものが日月星辰《じつげつせいしん》となりました。その動静が天河《あまのがわ》や風や稲妻となり、雲雨霜雷の作用を生み出します。地においては形滓《けいし》が固まって土となり、山岳や丘陵、河川や谷沢を作り出します。さらに陰陽の働きは窮まりなく、東西南北、春夏秋冬、昼夜の長短、気候の寒暑、年月と日時、二十四節季、七十二候、日月の蝕、潮の満ち引きなど、すべて天地が互いに交わって千態万変を作り出しているのです。

人もまた、天地によって生み出された万物の一つですが、天地のすぐれた精神を受け継ぎ、「中の性質」を得ているため、その智徳の力は霊妙です。智を窮めれば、あらゆる物事が理解できるようになります。徳を明らかにし、誠心を尽くして行動すれば、あらゆるものを感動させることができます。ゆえに、人は物言わぬ天地の妙《たえ》なる働きを形容し、目に見えぬ乾坤《けんこん》（天地陰陽）の誠実な動きを模範にして、暦を作り、時日を考え、万物の則《のり》を定め、「人倫の道」という万世にわたる教えを建てました。このように考えると、人倫の根源は天地にあり、人倫の道はすなわち天地自然の理《ことわり》であるといえましょう。また、国の中心にあって聖神の心を承継されている神聖な天皇は、天地の性心であるともいえます。

人君は、仰いで天の道を観《み》、俯して地の理を察し、その働きに則って、上下の礼を正し、尊卑を定め、智を致《きわ》め徳を明らかにします。そのようにして初めて、天地の働きを助け、天地人という大きな関係に参与することができるのです。

ある人が質問しました。「天地に心があるのでしょうか」と。

私は次のように考えます。

すでに形と気が存在するからには、性心（そのものに本来備わっている心）のないはずがありません。天地は休むことなく動き続けるのを心としています。ゆえに消長往来し、終わってもまた元に復して始まります。神聖（天皇の御先祖の神々）は、常と中の精神を心としておられます。ゆえに、常に努めてその徳を明らかにされます。これは、天地と神聖が根源を一《いっ》にしているがゆえのことなのです。

注

（1）『日本書紀』には「神聖」と表記されていますが、津軽版・自筆本ともに「神明」と書いてあります。

（2）陰陽五行説に基づく説明があるのですが、難解なので省略しました。

中国章——わが国の水土と国家の形成

素行先生は、わが国を「中国」と呼んでおられます。この呼称は、わが国の水土と国の成り立ちから、自然に導き出されたものです。「水土」とは、私たちを取り巻く自然環境のことです。水は物をうるおし、土は物を養います。人の気質は水土によって育まれ、独自の習俗を生み出します。同じ水土に暮らす人々が一つにまとまり、国民としての自覚を得たときに初めて国家が成立し、国の形が定まるといってよいでしょう。

この章では、まず、わが国の水土について考え、次に、どのようにして建国の大業が成就され、国の中心が築かれ、統治の体制が整っていったのか、日本国の成り立ちが丁寧に説明されます。それによって先生は、わが国が「中国」の呼称にふさわしいことを、誇り高く宣言されるのです。

『日本書紀』巻一・第四段の一書第一より

天神《あめのかみ》は伊弉諾尊《いざなきのみこと》と伊弉冊尊《いざなみのみこと》に向かって仰せになりました。「豊葦原《とよあしはら》千《ち》五《い》百《ほ》秋《あきの》瑞穂《みずほ》の地《くに》があります。あなた方が行って治めるとよいでしょう」と。そして、天瓊戈《あまのとぼこ》をお授けになりました。瓊は玉です。ここでは努《と》といいます。[1]

一書《あるふみ》には次のようにあります。(『元元集』巻五より)

「豊葦原千五百秋の瑞穂国《とよあしはらちいほあきみずほのくに》」は、大八洲《おおやしま》が生まれる前から、すでにこの名がありました。しかし、名前はあっても、まだ国としての形を成していません。あえていえば、その形は天瓊矛《あまのとぼこ》になぞらえられます。すなわち、大八洲国《おおやしまのくに》は瓊矛によって国の形になったのです。その中心を「大日本日高見《おおやまとひたかみ》」といいます。大日孁貴《おおひるめのむち》(天照太神)の御霊《みたま》が降臨された地なので、この名があるのです。

〈**講義**〉謹んで考察いたします。

これが、わが国の水土について述べた始まりです。

「豊葦原千五百秋瑞穂国」というのが、わが国の最初の呼び名です。わが国には、生まれる前から、このように美しい水土を表す名前がつけられていました。「豊《とよ》」は万物が豊富であることを意味し、「葦原《あしはら》」は未開の呼称です。「千五百《ちいほ》」はあまたの意であり、「秋瑞穂《あきのみずほ》」は穀物が熟して実る様子を表します。天神は、不思議な霊力によってあらゆるものを見通されます。ゆえに、これから作られる国の水土は肥沃で、人も多く物も豊富で、教化すれば良い国ができることを、あらかじめご存じだったのです。これがすなわち、「その機《き》(きざし)を知る」(2)ということでしょうか。

伊弉諾尊と伊弉冊尊は、天神の教えに従って、国生みという大事業を成し遂げられました。その始まりは、すべて天神の御心によるのです。わが国の開闢《かいびゃく》の何と偉大なことでしょうか。ことごとく神聖（天皇の御先祖の神々）の霊力に起因しています。これは実に、「天が国を授け、人がこれに参与した」ということにほかなりません。つまり、「天神が授けた国土を、伊弉諾尊と伊弉冊尊が実際に生成し、人皇《にんのう》(3)が継承して立派な国に作り上げていった」ということです。わが国の皇統の源流はここにあります。ゆえに、皇統は国土とともに連綿と続き、天壌《あめつち》とともに無窮であるといえるのです。

『日本書紀』巻一・第四段の本文より

伊弉諾尊《いざなきのみこと》と伊弉冊尊《いざなみのみこと》は、磤馭盧嶋《おのごろしま》を「国中《くにのなか》の柱《みはしら》」となさいました。二神はこの柱を巡って夫婦となられ、大日本豊秋津洲《おおやまととよあきつしま》をお生みになったのです。ここに初めて、「大八洲国《おおやしまのくに》」という国号が起こりました。耶麻止《やまと》、又は野馬台《やまと》、又は耶麻堆《やまと》、これらの訓は皆同じです。

〈講義〉謹んで考察いたします。

磤馭盧嶋は、おのずから凝り固まった島で、独立して立ち、倚《かたよ》らず中正であることを示す名称です。

「おのごろ」は「自《おの》ずから凝《こ》る」という意味の言葉です。

伊弉諾尊と伊弉冊尊が天神のお言葉を受けて、天浮橋《あまのうきはし》（天空に浮かぶ橋）の上に立ち、天瓊矛《あまのとぼこ》をさしおろして下界の様子を探ってみると、青海原《あおうなばら》に届きました。その矛の先端からしたたり落ちた潮《しお》が凝り固まって一つの島ができたといいます。これが磤馭盧嶋です。「国中《くにのなか》」とは中国（わが国）のことであり、「柱《みはしら》」とは、「建てて抜けることがない」という意味の名称です。この柱は恒久に変わることがありません。

こうして生まれた「大日本豊秋津洲」の字義を説明しますと、「大」は並ぶもののないすぐれた様子を表します。「日」は精秀な陽の気が天に懸かったもので、明らかにして惑うことのない知恵を象徴しています。「本」は深く根をおろしたゆるぎない様子をいいます。あるいは、大日孁貴《おおひるめのむち》（天照大神）の御霊《みたま》が降臨された土地なので「大日本」の名があるともいいます。「豊」は盛大の意を表します。「秋津」はトンボのことで、日本列島をトンボの形にみなした名称です。

また、「大八洲」という国号は、二神が結婚して最初に八つの洲《しま》をお生みになったことから名付けられました。いわゆる「土は陰の精」であり、「八は陰の極数」ですから、「八方の土地を統合する」という意味があります。後世に天下を五畿七道に分けたのは、八洲を一つに合わせてから配分したのです。これが、わが国生成の始まりと考えられます。

およそ、地に島があるのは、天に星があるようなものです。島には大きな島もあれば小さな島もあり、多くの国々が国境を接している島もあれば、一国だけで形成される島もあります。日本列島は、アジア大陸の東方海上にゆったりと連なる、四季の変化に富んだ美しい島国です。文明は栄え、皇統は絶えることなく今に続いています。名実ともに、これらの呼称にふさわしいといえましょう。

なお、日本を「やまと」と名付けたのは、神武天皇が東征して都を橿原に定められたとき、多くの人が山に穴を掘って住んでいるのをご覧になり、人の迹《あと》が山にあるところから、都の地を「やまと」と称されたことに始まります。それ以来、都のある「倭州《やまとのくに》」が、そのまま国家の通称として用いられるようになったのです。神武天皇は大倭州《やまとのくに》から国を起こされました。外朝でも土地の名によって「夏《か》」「殷《いん》」「周《しゅう》」という国号が付けられていますが、それと同じです。また、「倭国《わこく》」あるいは「倭奴国《わぬこく》」というのは、「吾国《わがくに》」というのと同じです。「吾」を「倭」や「倭奴」と書いたのは、漢字の音を借用したまでのことです。外朝ではそれを知らず、呼び名を字義によって解釈していますが、それは大きな誤解です。

おそれながら、私の考えでは、「やまと」と称するのは神武天皇以後ですが、それ以前の史実を記録するときにも、便宜上さかのぼってこの名が使われたのだと思います。『日本書紀』の神武天皇の巻に「初めて秋津洲の名をつけた」とあるので、「秋津」の名もまた追称と考えられます。

『日本書紀』巻二・第九段の本文より

皇祖《みおや》・高皇産霊尊《たかみむすひのみこと》は、ついに、皇孫《すめみま》・天津彦彦火瓊瓊杵尊《あまつひこひこほのににぎのみこと》を立てて葦原中国《あしはらのなかつくに》の主《きみ》にしようと思い定めました。

〈講義〉謹んで考察いたします。

これは、「わが国をもって中国とする」という意味を表しています。

これ以前にも、天上《あめのうえ》にお住まいの天照太神《あまてらすおおみかみ》が、「葦原中国に保食神《うけもちのかみ》がいると聞いています[4]」と仰せになっているので、「中国」という名称は、すでに往古から存在していたことになります。

では、中国とは、どのような国をいうのでしょうか。

およそ、人物（人や物）が生育するとき、一日たりとも水土（自然風土）の影響を受けないわけにはいきません。ゆえに、気候が温暖で穏やかな水土に生育した者は、その影響を受けて、自然と穏やかな性情になります。これに対して、過酷な環境の水土に生育した者は、その影響を受けて、危険に耐え得る性情になります。このようなことは人だけではありません。鳥獣草木もまた同じです。これが、世界の五大陸の民族が、それぞれ独自の民族性・国民性を持ち、習俗を異にする理由です。

思うに、天にも地にも水土にも、人物にも時宜《じぎ》にも、それぞれに「中」というものがあります。ゆえに、外朝もインドもキリスト教の国々も、皆それぞれに自分たちこそが「中」であると考えています。しかし、私の考えでは、天地の運行や四季の移り変わりが中を得ていれば、風雨や寒暑が偏《かたよ》って集まることはありません。ゆえに、その国の水土は豊かで、そこに生育する人物は精秀な性質を持つようになります。そのような国をこそ「中国」と称すべきなのです。

このように考えると、世界の多くの国々の中でも、わが国と外朝のみが「中を得た国」といえますが、わが国では神代にすでに「天御中主尊《あまのみなかぬしのみこと》」が出現し、伊弉諾尊と伊弉冊尊が「国中の柱《くにのなかみはしら》」をお建てになっているのですから、わが国が中国であるのは、自然の趨勢《すうせい》といえましょう。神々が次々に生まれ、万世一系の天皇が連綿として皇位を継承されているのも、国民が文武にすぐれているのも、事物が美しく清らかであるのも、この事実に対応しています。決して無理に偽って「中国」と称しているわけではありません。

『職原鈔』（諸国の条）及び『日本書紀』巻三より

神武天皇は神代《かみよ》の事跡を継承し、日向国《ひむかのくに》の宮崎宮《みやざきのみや》に都《みやこ》を置いて住んでおられましたが、次のように仰せになりました。「東の方に、四方を青山《あおやま》に囲まれた美しい地《くに》があるという。その地を都にすれば、必ずや天神の事業を弘めて、天下を統治することができるだろう。おそらく六合《くに》（天地と東西南北）の中心《もなか》かと思われる」と。そして、このお言葉のとおりに東征を実行され、初めて中州《なかつくに》（わが国）を平定して、大倭国《やまとのくに》の畝傍山《うねびやま》の東南《たつみのすみ》にある橿原《かしはら》の地《ところ》に帝宅《みやこ》の造営を始めました。

〈講義〉謹んで考察いたします。

天孫が降臨されたのは大昔で、世の中は未開の時代でした。蛇や竜や鳥や虫がはびこり、人々は人倫の道も知らず、小さな部族に分かれて争いを繰り返していました。ただ西の果ての日向国だけが治めることのできる状態でしたから、天孫は、まずこの地に降臨し、長い年月をかけて正しい人倫の秩序を育て、国家の基礎を固めようとなさったのです。その曾孫にあたる神武天皇の代に及ぶと、すでに天皇の徳は十分にゆきわたり、天神のお始めになった大事業を遂行して天下を統治することが可能になっていました。ゆえに、建国の事業を拡大し、中州（中を得た国）を実現するために、東の地へ遷っていかれたのです。

この東征は、天皇の至誠によって始まり、天地自然の法則に従って実行されました[5]。

ある人が質問しました。「二神《ふたはしらのかみ》は、磤馭盧嶋《おのごろしま》を国中《くにのなか》の柱《みはしら》として、大日本をお生みになりました。

それなのに、なぜ天孫は日本列島の中央ではなく、西の偏境に降臨されたのでしょうか」と。

おそれながら、私の考えでは、これは後世の価値観に基づく後知恵から生じた疑念だと思います。

神聖(天皇の御先祖の神々)は、悠久の年月をかけて偉大な仕事を成し遂げていかれたのです。まず統治の容易な土地に降臨して万世にわたる皇統の基《もとい》を建て、徳による感化の成果を考慮しつつ、建国の事業を拡大していかれました。ゆえに、一度《ひとたび》その功が成し遂げられるや久遠に続き、その根は深くゆるぎないものになりました。実際に、万世にわたって不抜の大基、地のように厚博で天のように高明な、悠久にして無窮の大業が完成したのです。

二神が磤馭盧嶋を「国中《くにのなか》の柱《みはしら》」とされたのは、大日本《おおやまと》が中州(中を得た国)となるべき由縁《ゆえん》を表しています。神聖なる二神は万世を照らし見て、この時すでにこの島国を中国とし、天孫をこの国の主《きみ》とお定めになっていたのです。天神のご配慮には、はかりしれないものがあります。

『日本書紀』巻三より

神武天皇が即位されて三十一年目の夏四月一日、天皇は国の状況を視察するために巡幸なさいました。そのため、腋上嗛間丘《わきのかみのほほまのおか》にお登りになり、国の様子を遠望して仰せになりました。「ああ、喜びで胸がいっぱいだ。なんと美しい国を得たことか。内木綿《うつゆう》の真迮国《まさきくに》(中身が空っぽの繭のように居心地の良い国)というが、山々が連なって、まるで蜻蛉《あきつ》(トンボ)が交尾しているような形だよ」と。これによって初めて「秋津洲《あきつしま》」という名称が生まれたのです。

昔、伊弉諾尊《いざなきのみこと》はこの国を名付けて仰せになりました。「日本《やまと》は、浦安国《うらやすのくに》（心安らかに暮らせる国）、細《ほそ》戈千足国《ほこのちたるのくに》（精巧な戈の形をした、物資の充ち足りた立派な国）、磯輪上秀真国《しわかみほつまくに》（海中に磯が輪のように巡っている素晴らしい国）」と。また、大己貴大神《おおあなむちのおおかみ》はこの国を名付けて「玉垣内国《たまがきのうちつくに》（玉垣に守られた宮居の国）」と仰せになりました。

饒速日命《にぎはやひのみこと》は天磐船《あまのいわふね》に乗って太虚《おおぞら》をめぐり、この郷《くに》を見るに及んで天降られました。それゆえ、名付けて「虚空見日本国《そらみつやまとのくに》」と仰せられたのです。

〈**講義**〉謹んで考察いたします。

わが国の地形は、東西に長くて南北に短く、西（京都）へ上るも東（関東）へ下るも土地はいずれも大きく豊かです。東北に山々を背負い、南に向かって開けています。トンボの交尾する形にたとえられ、四方を海に囲まれています。外国の船がしばらく寄港するのは西方のみで、しかも外敵が襲来してくる恐れはありません。ゆえに、「浦安国」「玉垣内国」というのです。これは「内木綿の真迮国」と同じ意味です。その形は戈のようで、生活に必要な物は何もかもそろっていて、まことに立派な国です。ゆえに、「細戈千足国」「磯輪上秀真国」というのです。神武天皇は「ああ、なんと美しい国を得たことか」と仰せになりましたが、そのお言葉のとおり、まことにすぐれた国です。

世界には多くの国々があり、その文物について昔から「外朝が総本家で、日本と朝鮮はその支流である」といわれています。しかし、おそれながら、私の考えでは、世界中でもわが国と外朝のみが共に天地の精秀の気を受けており、同じように神聖な天子が現れていますが、外朝もまた、わが国には及ばないと思われます。

外朝の欠点の第一は、国があまりにも広すぎて多くの異民族と隣接しているため、国境警備に人員を要するということです。第二は、敵の侵入を防ぐために万里の長城や要塞を築かねばならず、国民が疲弊するということです。第三は、国境の守備兵が敵に内通する恐れがあることです。第四は、匈奴や契丹・北虜などの異民族がしばしば侵入してきて、被害を受けることです。第五は、たびたび王朝が交替し、それに伴って生活習慣が一変するということです。それだけではなく、領土が広すぎるため、交通の便が悪くて物資がゆきとどかず、地方によって風俗習慣が大きく異なります。なお、朝鮮は小さな国が分立しているのですから、取り立てて論ずるまでもありません。

これに対してわが国は、天地の中正の位置にあって、南に向かって開け、北には険しい山々を背負っています。西（京都）へ上るも東（関東）へ下るも、前（南）には幾つかの島を抱いて船が行き交い、後ろ（北）は切り立った崖に大洋を望み、いずれの地方もことごとく水運の利を得ています。ゆえに、天下は広くても一つの家のようにまとまり、徳による教化もゆきわたっています。外敵の恐れはなく、万里の長城も不要です。その上、美しい鳥や獣が数多く生息し、木材の種類も豊富で、精巧な織物や細工物を作る技術も発達し、あらゆる物が備わっています。聖神がこの国に多くの美しい名を付けて称賛されたのは、決して事実に反することではありません。

昔、元国の世祖・フビライは、外朝を侵略した勢いに乗じて、わが国へと進撃してきました。しかし、その軍隊はことごとく敗れて全滅し、生き残って自国に帰った者は、わずかに三人だけでした。その後も元国の皇帝は、わが国を奪おうとして、しばしば機会をうかがいましたが、国境を侵犯することさえできませんでした。また、いうまでもないことですが、高麗《こま》（高句麗）・新羅《しらぎ》・百済《くだら》は皆、わが国に朝貢してきています。

饒速日命《にぎはやひのみこと》が大空を翔け巡り、この郷《くに》を見て天降られたのも、まことにもっともなことなのです。『後漢書』に「大倭王《だいわおう》は耶麻堆《やまと》に居《きょ》す」とあり、唐の『東夷伝』に「日本は古の倭奴《わぬ》なり」とありますが、これらは皆、行商人の言葉をもとに記されたものなので、信用するに足りません。以上、わが国の水土について論じました。

『日本書紀』巻五より

崇神天皇の十年七月、朝廷の群臣の中から人材を選び、四方に派遣することになさいました。同年十月、四道《しどうの》将軍《しょうぐん》に、地方の賊を平定するようお命じになりました。

〈**講義**〉謹んで考察いたします。

これが、わが国を四つの地方に分けた始まりです(6)。当時はまだ天皇の徳による教化がゆきとどいていなかったので、このように命令されたのです。

『日本書紀』巻七より

成務天皇の五年秋九月、山河を境界として国《くに》や県《あがた》を分け、縦横の道に従って邑里《むら》を定めました。これにより、東西を日縦《ひたたし》、南北を日横《ひよこし》とし、山陽《やまのみなみ》（山の南側）を影面《かげも》、山陰《やまのきた》（山の北側）を背面《そとも》ということになりました。このようにして地方行政の制度が定まったので、百姓《おおみたから》は安心して暮らせるようになり、天下は無事に治まりました。

〈**講義**〉謹んで考察いたします。

これが、わが国の国境《くにのさかい》（現在の県境）を分け、行政区画の制度として諸道を定めた始まりです。景行天皇の五十五年に、彦狭嶋王《ひこさしまのおおきみ》を東山道《やまのみち》十五か国の長官に任命していますから、「東山道」等の名称は、すでに前代の景行天皇の御世には存在していたものと思われます。崇峻天皇の二年に、「東山道・北陸道・東海道に観察使を派遣した」という記事があるので、あるいはこの時に七道が定まったのかもしれません。孝徳天皇の御世に新しい制度を定め、五畿七道(7)の制度が始まりました。

当時の行政区画によれば、村里は県《あがた》によって統轄され、県は郡《こおり》によって統轄され、郡は国《くに》によって統轄され、国は道《どう》によって統轄されます。すなわち、小さな単位のものを一から十まで集めて一つにまとめ、より大きな集合体へと統合したわけです。体にたとえていえば、ひじを使い、指を動かして仕事をするとき、一元気（肉体の根元にある活力）が四肢全体を周環するようなものです。これによって、天下がいかに大きくても、四海がいかに遠くても、天皇による統治は隅々にまでゆきわたり、国全体が統制されて、同一の暦を用いることができたのです。

王城のある畿内は、七道の中心地です。天皇が直接統治される畿内は、皇室を中心とする「小天下」ともいえます。畿内の制度がよく整っていれば、七道もその風俗習慣を見習って、自然と正しく治まっていくものです。「北極星は北天に動かずして、数多《あまた》の星がその周囲をめぐっている」(8)と『論語』にもあるように、自然に美しい秩序が形成されるのです。

神聖なる天皇は、水土を調べ、詳細な制度を整えていかれました。それゆえ、国民は安心して生活できるようになり、天下は無事に治まりました。この時の制度をもとにして少しずつ削ったり付け加えたりすることにより、万世にわたってその時代に応じた区画制度が定まっていったのです。成務天皇の功績もまた、まことに偉大ではありませんか。　以上、行政区画の始まりについて論じました。

『日本書紀』巻三より

神武天皇は、東征を成就された己未年《つちのとのひつじのとし》に令《のり》を下して仰せになりました。

「今こそまさに、山林をきりひらき宮殿を造営して恭《つつし》んで皇位に臨み、国民が安らかに暮らせるように国家統治の根幹を定めよう。天を仰いでは、乾霊《あめのかみ》（祖霊なる天神）が国をお授けくださった徳《うつくしみ》に感謝し、地に向かっては、皇孫《すめみま》・瓊瓊杵尊《ににぎのみこと》が人としての正しい道を養い育ててくださったその心《みこころ》を弘めよう。その後に六合《くにのうち》（天下《あめのした》）に住む皆の心を一つに合わせて都をひらき、国家という大きな屋根で八紘《あめのした》をおおうのも、また良いことではないか。あの畝傍山《うねびやま》の東南《たつみのすみ》に位置する橿原《かしはら》の地《ところ》を見ると、ちょうど国の墺区《もなか》（中心）かと思われる。ここに都をつくることにしよう」と。すぐさま役人に命じて、帝都《みやこ》の造営を始めました。

先人（北畠親房公）は次のように述べています。（『職原鈔』諸国の条より）

神武天皇は神代の事跡を継承して、日向国《ひむかのくに》の宮崎宮《みやざきのみや》に都を置かれました。

〈**講義**〉謹んで考察いたします。

これが、わが国に造営された最初の都です。「墺区《もなか》」は「最中《もなか》」と同じ意味です。「墺」は四方に人々が集まって住むことのできる土地、「区」は物を収納できる蔵のような場所をいいます。

天皇は天下の万民を公平に治めることを自らの大任とされ、天神から授かった国土経営の重責を守り、天孫《あめみま》・瓊瓊杵尊が悠久の大業を開かれたことを大切に考えておられます。そこで遠謀深慮の末、ついに東征を実行してわが国を統制し、最初の都を造営するための土地を選び、後世の規準となる宮殿を建て、末永く万世にわたる皇位の基礎を開かれたのです。

この後、国の勢いは増し、人物は日に日に富み栄え、天皇の代替わりごとに遷都がありました。元明天皇の御世に至って都を奈良の平城京に遷し、その後、七代の天皇（元正・聖武・孝謙・淳仁・称徳・光仁・桓武）がここで治世の実績を重ねていかれました。

そして、桓武天皇が、歴代天皇の権威を高め国民に安住の地を与えるため、また、偉大なる天の徳を敬いこれに順《したが》うためにも新都造営を希求せられ、詔勅を発して広く土地をお探しになりました。それは、国土の中心であるとともに、卜兆《うらかた》にもかなない、国民の賛同を得られる土地でなければなりません。ゆえに、諸々の官《つかさ》の役人に命じて大がかりな調査を実施し、国の中心にふさわしい土地をお探しになりました。その結果、都を山城国の平安京に遷し、明徳を万世に輝かせることになったのです。これがすなわち、神武天皇の求められた「墺区」の実現です。

北宋の詩人・蘇軾《そしょく》は「遷都をした君主は皆衰亡していく」と述べていますが、わが国では決してそのようなことはありません。なぜなら、異民族の害を避けるために遷都するのでもなければ、盗賊の難を恐れて遷都するのでもなく、ただ、大いに富み栄えて人々の住む土地が足りなくなったという理由で遷都するに過ぎないからです。ゆえに、遷都した後も都は日に日に繁栄し、国勢はますます盛んになっていきました。

平安京が国の中心であることは、ちょうど「紫宮《しきゅう》」（紫微宮《しびきゅう》、天帝の居所）という星が全天の中心にあるようなものです。選んだ土地が「中」の義にふさわしくないなら、「墺区」の実現はあり得ません。「中」とはいわゆる「精秀の気」に相当します。すなわち、天地は正しく運行し、四季は順序よくめぐり、陰陽は調和し、寒暑も順調に推移し、人民や万物が集まってきて住みやすく、人々は礼と義に基づいて行動し、それにより武徳も盛んである。このようであってこそ、「墺区」と称することができ、「国土の中心」ということができるのです。

本朝には開闢の始めから「中柱」があり、「中国」という称号があります。そのうえ神武天皇が「中州」を統制して「墺区」に都を造営されたのですから、すべてが精秀であるといえます。平安京にいたっては究極の選択であり、「中の至り」が実現しました。これはひとえに、神聖（天皇の御先祖の神々）が希求された立国の道にかなっています。ゆえに季節は正しくめぐり、寒暑は順調に推移し、土壌は肥え、人物は優美な文の徳を身につけているのです。名実ともに「中州中華の都」（日本国の中心にある華やかな都）にふさわしく、建都の様式も大いに備わっています。平安京はまさしく「塽区」の生成発展した姿であるといえましょう。以上、建都の始まりについて述べました。

『日本書紀』巻一・第四段の一書第一より

伊弉諾尊《いざなきのみこと》と伊弉冊尊《いざなみのみこと》は磤馭盧嶋《おのごろしま》に天降られ、不思議な霊力で「八尋《やひろ》の殿《との》」をお建てになりました。また、同様にして堅固な「天柱《あめのみはしら》」をお立てになりました。

〈**講義**〉謹んで考察いたします。

これが、天神によるわが国の宮殿の始まりです。今となっては、その様式について述べることはできませんが、「八」は四方と四隅を合わせた数であり、天は人物の模範とするところです。その実際の姿を明瞭に知ることができれば、万世にわたる宮殿建築の規準となる制度はここに始まるといえるでしょう。

『日本書紀』巻三より

神武天皇の辛酉年《かのとのとりのとし》、宮殿の様子が次のように記されています。「畝傍《うねび》の橿原《かしはら》に、底磐之根《したついわね》に宮柱《みやはしら》太立《ふとしきた》て、高天之原《たかまのはら》に搏風《ちぎ》峻峙《たかし》りて（畝傍の橿原において、大地の底の堅固な岩の土台に太い宮柱をしっかりと立て、高天原に届くほど空高く千木《ちぎ》をそびえ立て）」と。

一書《あるふみ》には次のようにあります。（『古語拾遺』より）

神武天皇は橿原に都を建て、宮殿を造営することになさいました。そのために天富命《あまのとみのみこと》（太玉命《ふとたまのみこと》の孫）が手置帆負《たおきほおい》・彦狭知《ひこさし》という二神《ふたはしらのかみ》の孫を率いて奉仕しました。斎斧《いみおの》と斎鉏《いみすき》（神聖な斧《おの》と鉏《すき》）を使って初めて山の材木を伐り出し、正殿《みあらか》を建立したのです。いわゆる底都磐根《したついわね》に宮柱《みやはしら》ふとしき立て、高天原《たかまのはら》に搏風《ちぎ》高しり、「オオ」と押し開き、皇孫命《すめみまのみこと》の「瑞《みず》の御殿《みあらか》」（瑞々《みずみず》しく新しい正殿）をお造り申し上げました。

ゆえに、彼らの子孫は今、紀伊国《きのくに》の名草郡《なぐさのこおり》の御木《みき》と麁鹿《あらか》の二つの郷《さと》に住んでいます。材木を伐採する斎部《いみべ》の住んでいる所を御木《みき》といい、御殿を造った斎部の住んでいる所を麁香《あらか》といいます。

〈**講義**〉謹んで考察いたします。

これが人皇《にんのう》の宮殿の始まりです。この時は未開の世からそれほど遠くない時代でしたので、ただ正殿を構えただけで、それを神代の天柱になぞらえ、国を治めるという万世にわたる大事業に着手されたのです。

おおまかにいえば、「宮」とは居室のことです。「殿」は高大で厳正な堂屋《どうおく》（表御殿）です。人には必ず住居があります。住居には、家族のための私的な部屋と、客人をもてなす公的な部屋が必要です。ましてや人君の住居、帝のお住居《すまい》ともなれば、なおのこと、それにふさわしい宮殿が必要です。

宮殿を建てるには、建築制度を整える必要があります。ゆえに、造営を始めるにあたっては、上《かみ》は時節を選んで高明な天の徳を模範とし、下《しも》は水土に応じた規模を思量し、中《なか》は百世の後までも考えて聖賢の道を手本とします。柱は丸木のままではいけませんが、削りすぎもよくありません。贅沢はせず、大きすぎないようにして、ほどよくしつらえ、その時代の模範建築であるとともに、万代にわたる規準となるような建物に仕上げるのです。これがすなわち、伊弉諾尊《いざなきのみこと》・伊弉冊尊《いざなみのみこと》が立てられた天柱の実現ではないでしょうか。

思うに、わが国の歴代天皇の宮殿はもっぱら簡素に造られ、治水や耕地整備に力を尽くしておられます。ただ、「大極殿《だいごくでん》」「大安殿《だいあんでん》」という名称の建物があり、これがすなわち宮殿なのです。天皇は大極殿で政《まつりごと》に臨まれ、大安殿で群臣をもてなされました。これが「宮」と「殿」になります。

桓武天皇は都を平安京に遷して歴代天皇の偉業を一つにまとめ、外朝の例も参考にして、大規模な内裏《だいり》の造営をなさいました。新しい門や宮殿を建立し、門にはそれぞれ名前をつけて金文字の額を掲げました。弘法大師《こうぼうだいし》・橘逸勢《たちばなのはやなり》・小野道風《おののとうふう》・藤原行成《ふじわらのこうぜい》が、それらの額に文字を書きました。

宮殿にも嘉言《かげん》を選んで名前をつけました。前殿《ぜんでん》を「紫宸《ししん》」といいます。外朝の「明堂《めいどう》」にあたり、諸国からの使者をもてなし、諸侯が天皇に謁見するための宮殿です。外朝では、秦・漢の時代には「前殿」といい、周代には「明堂・路寝《ろしん》」といいました。「紫宸」は、天皇のお住居《すまい》を天の「紫宮」になぞらえてつけた名です。また、別名を「南殿《なんでん》」ともいいます。天子が斧の描かれた赤い屏風を背にして南に向かい、政治に関する訴えを聴くところから命名されました。中殿《ちゆうでん》を「清涼《せいりよう》」といいます。天皇の日常のお住居です。または「御殿《ごてん》」といい、平生くつろがれる所です。後殿《こうでん》を「貞観《じようがん》」といい、后妃のお住居になっています。

このほかにも多くの建物や庭が、細部に至るまで善美を尽くして造られました(9)。宮殿の内部の装飾には、外朝の古典に見える河図洛書《かとらくしよ》の故事や聖賢の姿を描いて舜帝《しゆんてい》の善政を手本にするとともに、天地日月の姿をかたどって歴代天皇が宮柱を立てられたときの堅固な精神を守っておられます。このようにして、厳かに奥深く皇居を構え、南北に九条の大路を開通しました。内裏には明るく広々とした十二の通用門があり、十七の宮殿は宝珠のように美しく連なっています。

平安京の造営によって天皇の権威はますます高まり、皇位の正統性を内外に知らしめることができました。その精神は、頑《かたく》なに昔ながらの方式にこだわったり贅沢を愛したりするのとは、まったく別のものです。以上、宮城を制定する意義について述べました。

『日本書紀』巻五より

崇神天皇の十年冬十月一日、詔勅を発して群臣に命令されました。「今、朝廷にそむく者はことごとく誅伐されて、畿内《うちつくに》は平穏に治まっている。ただ、都から遠い地方の賊だけが、まだ騒動をやめようとしない。四道将軍《しどうのしようぐん》は今ただちに討伐に出立せよ」と。そこで、二十二日に、四道将軍はそろって出立しました。

十一年夏四月二十八日、四道将軍はそれぞれ、地方の賊を平定した旨を、天皇に報告しました。この年に異国の人が多数朝廷に帰順して、国内は安寧《やすらか》に治まりました。

〈**講義**〉謹んで考察いたします。

伊弉諾尊《いざなきのみこと》・伊弉冊尊《いざなみのみこと》が御子神《みこがみ》たちにそれぞれ治めるべき境界をお定めになった後も、未開の国土は広く、人々の領土の境界は定まりませんでした。神武天皇が天神から受け継いだ建国の大業を遂行され、わが国を統制された後も、まだ天皇の聖徳を国のすみずみにまで弘めることは難しかったのです。

崇神天皇は聡明で実行力にすぐれ、まことに雄大な国家統治の戦略を有しておられました。ゆえに、広く四方の地域を開発し、辺境に行政機関を置いて厳しく指導されたのです。その結果、人々は皆勤勉に働くようになり、教育も盛んになったので、ついに国民の課役を公正に定めることができました。また、船舶の航行を活発にして水路を開き水運の利便をはかったので、天下は太平に治まりました。

『日本書紀』巻七より

景行天皇の二十五年秋七月三日に、武内宿禰《たけしうちのすくね》を派遣して、北陸《くぬがのみち》および東方《あずま》の諸国《くにぐに》の地理と住民の状況を視察させました。

二十七年春二月十二日に、武内宿禰は東国《あずまのくに》より帰還して、天皇に奏上しました。「東方の未開の地の中に、日高見国《ひたかみのくに》があります。その国の人々は男も女も同様に髪を結い、体に入れ墨をしていて勇敢です。この人たちを総称して蝦夷《えみし》といいます」と。

四十年夏六月に、東方の野蛮な賊がしばしば反逆して、辺境に騒動が起きました。冬十月、日本《やまと》武尊《たけるのみこと》に命じて、これを征伐させました。蝦夷は服従しました。

五十三年、景行天皇は東海地方に巡幸なさいました。

〈**講義**〉謹んで考察いたします。

景行天皇は九州地方を平定された後に東の地方に巡幸され、七十余人の皇子たちを各地方に封じ、それぞれの領国に赴かせました。これはすなわち、四方の辺境を定めて王室の藩屏《はんぺい》（守護の垣根）を作った、ということです。

『日本書紀』巻七より

成務天皇の四年春二月一日に「国郡《くにこおり》に長《おさ》を立て、県邑《あがたむら》に首《かみ》を置き、その国のすぐれた人材を登用して、国郡の首長に任命せよ。これを、中央の地を守る蕃屏《かくし》（垣根）とする」と仰せになりました。

五年秋九月、山河を境界として国《くに》や県《あがた》を分け、縦横の道に従って邑里《むら》を定めました。これにより、東西を日縦《ひたたし》、南北を日横《ひよこし》とし、山陽《やまのみなみ》を影面《かげも》、山陰《やまのきた》を背面《そとも》ということになりました。

〈**講義**〉謹んで考察いたします。

辺境の行政制度は、成務天皇の御世に及んで整いました。辺境の行政機関は、天下の藩屏のようなものです。陸奥《むつ》・出羽《でわ》・佐渡《さど》・対馬《つしま》・種子島《たねがしま》を四方の辺境の国とし、大宰府《だざいふ》と鎮守府《ちんじゅふ》を設置して軍隊の駐屯地にしました。鎮西府《ちんぜいのふ》は異国の襲来に備えて設置され、鎮守府は蝦夷の勢力をおさえるために設置されました。

異国は後々までわが国の辺境を侵すことができませんでしたが、蝦夷はしばしば東国に攻め寄せました。ゆえに、国守を置き、将軍を派遣し、陸奥・出羽の両国に安察使府《あぜちふ》・秋田城介《あきたのじょうのすけ》を配置したのです。信夫郡《しのぶのこおり》(今の福島県)以南の租税を国府《こくふ》運営のための費用にあて、苅田《かった》(今の宮城県)以北の稲や雑穀を鎮守府の兵粮に充当して、常に五千人の兵を置き、多くの兵器を運送しました。これは、辺境の地を重んずればこその措置です。

おおむね平和な治世が続けば、天皇の徳による感化は国内にゆきわたっていくものですが、辺境の地は広く、都から遠いため、教育の方法も異なれば風習も独特のものがあります。その弊害により、あるいは盗賊となって略奪するために険しい山に拠《よ》る者が現れたり、あるいは派遣された役人の悪だくみに辺境の民が恨みを抱いたりするようなことは、なかなか根絶できません。ゆえに、有能な人材を選んで役人に任命し、頻繁に巡察させることによって、辺境の地を安定させたのです。

辺境の地の防衛は、上古の神聖な天皇から受け継がれてきた戒めです。どうしておろそかにできましょうか。以上、辺境を守るための備えについて述べました。

この章では、水土の規制（中心となる規準を立て水土を統制していくこと）について論じました。謹んで総括いたします。

地は天の中に存在していますが、地にも四辺と中央があり、中央を「中国」といいます。「天地の中を得た国」という意味です。「天地の中」とは何でしょうか。四季は順序よく巡り、寒暑も順調に移り変わり、水土や人物もそれぞれに美しく、過不及のない状態をいうのです。世界には多くの国がありますが、わが国と外朝とは共に「天地の中を得た国」です。ゆえに、人物事義ともに大きな相違はありません。帝位を重んじて則《のり》を建て、聖教（聖人の教え・人倫の道）を実践していることも、符節を合わせたように一致しています。朝鮮もまた水土を同じくしていますが、外朝と陸続きなので、外朝に含めて考えます。

思うに、土地があれば必ず国郡があります。国郡があれば、必ず都鄙《とひ》（都会と田舎）の区分が生じます。中央に王畿（王城と畿内）を設けて都をつくり宮殿を建て、道路をつくって四方に通じさせ、四方の藩がこれを囲みます。ゆえに、水土を統治するための規準と制度は、この実情にかなうように整えていかねばなりません。

おおむね、上《かみ》は天の動きを模範とし、下《しも》は土地の形勢（地理）を詳しく調査し、人物の分布を計算して比べ合わせ、治乱の契機を察し、礼にかなった方法で至誠を尽くして治めるように心掛ければ、遠近・都鄙・内外いずれの地も習俗を同じくして、互いに利益を通じ合うことができます。天下は大きく、国郡はまちまちですから、一度に事を成すことは難しくても、朝廷から畿内へ、畿内から四方へ、四方から辺境の地へと、天皇の統治が及んでいく様子は、一元気が体内を巡りめぐって手足や骨格を動かし、心一つの思いによって全体を統制しているようなものです。

そうであるならば、朝廷・畿内は天下の規範として、国中の民がことごとく仰ぎ見るところといえます。どうして、一私人が当代の治に誇って権力をほしいままにし、わが国の水土の規制を究明することもなく、都や宮城の存在をないがしろにしてよいものでしょうか。

注

(1)「瓊」は現在では「ぬ」と読むのが通説ですが、素行先生は「と」と読むように振り仮名をつけておられます。なお、この割注は、『日本書紀』巻一(第四段の本文)にある割注を、先生が転記されたものです。

(2)『易経』(繋辞下伝)に、「子曰く、幾《き》を知るは其《そ》れ神《しん》か」とあります。

(3)神代と区別して、神武天皇以後の歴代天皇を「人皇」と表現します。

(4)この言葉は、『日本書紀』巻一(五段の一書第十一)に見えます。

(5)東征の道筋については、陰陽五行説に基づく説明がありますが、難解なので省略します。

(6)『日本書紀』同年九月の条に、北陸道に大彦命《おおびこのみこと》、東海道に武渟川別《たけぬなかわわけ》、山陽道に吉備津彦《きびつひこ》、山陰道に丹波《たにはの》道主命《ちぬしのみこと》が派遣されて、四道将軍に任命されたという記事があります。

(7)山城・大和・摂津・河内・和泉の五か国と、東海・東山・北陸・山陰・山陽・南海・西海の七道を、五畿七道といいます。

(8)『論語』(為政篇)に「子曰く、政《まつりごと》を為すに徳を以てするは、譬《たと》へば北辰《ほくしん》の其の所に居て、衆星《しゅうせい》の之《これ》に共《きょう》するが如し」とあります。

(9)建物の様子が細かく列挙してありますが省略します。

皇統章――万世一系の皇統の由来

万世一系の天皇のお血筋を「皇統」といいます。わが国では二千年以上にわたり、皇統に属する男系の天皇によって皇位が継承されてきました。幾万世を経ようとも、天皇陛下は、父祖の血統をさかのぼることによって、間違いなく天神《あめのかみ》の御子孫であらせられます。このようなことが現実に続いているのは、世界中でもわが国だけです。

この章では、皇祖・天照太神の誕生から、天孫降臨を経て、人皇初代・神武天皇に至るまでの皇統の由来を説明するとともに、それが無窮に続いていく理由について考察します。

『日本書紀』巻一・第五段の本文より

伊弉諾尊《いざなきのみこと》と伊弉冊尊《いざなみのみこと》が共に話し合って言われました。「私たちはすでに大八洲国《おおやしまのくに》と山川草木を生みました。どうして天下《あめのした》の主《きみ》たる者《ひと》を生まないでいられましょうか。」このように共議して、日神《ひのかみ》をお生みになりました。大日孁貴《おおひるめのむち》とお呼び申し上げます。この子《みこ》は美しく光り輝いて六合《くに》の内を明るく照らしました。そこで、二神《ふたはしらのかみ》は喜んで仰せになりました。「私たちには多くの子がありますが、これほど不思議な霊力のある児《みこ》はいません。いつまでもこの国におとどめするわけにはいきません。早く天《あめ》にお送りして、天上界を治めさせるのがよいでしょう」と。このとき、天《あめ》と地《つち》はまだそれほど遠く隔たっていなかったので、天柱《あめのみはしら》を用いて天上《あめのうえ》に送り上げました。

次に、月神《つきのかみ》をお生みになりました。この子も日神に次いで美しく輝いています。ゆえに、日神と並んで天上界を治めるのがよいと考えて、この子もまた天にお送りしました。

次に、蛭児《ひるこ》をお生みになりました。この子は三歳《みとせ》になっても、まだ脚《あし》が立たず歩けません。そこで、天 磐櫲樟船《あまのいわくすぶね》に乗せ、風にまかせて海に放ち捨てました。

次に、素戔嗚尊《すさのおのみこと》をお生みになりました。この神は荒々しく勇猛で、残忍なところがありました。また、常に大声で泣きわめくのを所行としていました。そのため、国内の人民《ひとくさ》の多くを早死にさせてしまいました。また、青々とした山を枯らしてしまいました。そこで、父母の二神《ふたはしらのかみ》は、素戔嗚尊にお命じになりました。「おまえは甚だ無道である。宇宙《あめのした》に君臨させるわけにはいかない。さっさと遠い根の国へ行ってしまいなさい」と。このように仰せになって、ついに追い払ってしまわれました。

一書《あるふみ》には次のようにあります。(『日本書紀』巻一・第五段の一書第一より)

伊弉諾尊が「私は天下《あめのした》を治める貴い子《みこ》を生みたいと思う」と仰せになり、左手に白銅鏡《ますみのかがみ》をお持ちになった時に現れた神を、大日孁尊《おおひるめのみこと》と申し上げます。右手に白銅鏡をお持ちになった時に現れた神を、月弓尊《つくゆみのみこと》と申し上げます。また、首を回してサッと後ろを振り返った瞬間に現れた神を、素戔嗚尊と申し上げます。大日孁尊と月弓尊は、ともに明るく麗しい性質の神様です。そこで、天 地《あめのした》を照らして治めさせました。素戔嗚尊の性質は、人や物を壊《こわ》し傷つけることを好みます。

ゆえに、地面の下の根国《ねのくに》を治めさせました。

〈講義〉謹んで考察いたします。

これが、わが国の主《きみ》を定めた始まりの物語です。

大日孁貴は日神《ひのかみ》です。「孁」の音《おん》はレイ、女神です。伊勢州《いせのくに》に鎮座されている大神宮の御祭神で、皇室の厳かな祖先神であり、わが国の元祖の神様であられます。月弓尊は月神《つきのかみ》で、伊勢別宮《いせのべつぐう》にお祭りされています。『倭姫命世記《やまとひめのみことのせいき》』には「月夜見命《つくよみのみこと》二座」とあります。一書《あるふみ》に「そのお姿は、太刀を帯びて馬に乗る男」とあります。

蛭児とは、摂津州《せっつのくに》の西宮神社の御祭神、夷三郎《えびすさぶろう》のことです。素戔嗚尊は出雲州大社《いずものくにのおおやしろ》の御祭神です。

あるいは次のように伝えられています。「出雲大社は天神《あめのかみ》が大己貴命《おおあなむちのみこと》のために造営されたお宮です。素戔嗚尊は根国《ねのくに》に行かれたので、中国《なかつくに》にお宮は残っていません。後世、大己貴命をお祭りした大社に、御先祖の素戔嗚尊も合わせてお祭りしたのです」と。

世にいう「一女三男《いちにょさんなん》」とは、この神々です。

一般に、「気」が集まって「形」が生ずれば、そのものは必ず「精《せい》」を有しています。これを「心」といい、「性」といいます。(1) これが、そのものの「主《きみ》」なのです。

天地が出来上がると、陰と陽の精が明らかに現れて、天空に懸かりました。これが日月です。日月は天地の主《きみ》です。四季の運行も、寒暑の去来も、一日・一月・一年という時の流れも皆、日月が統べ治めています。天地の気候が正しくないときは、日月もまた、明らかには現れません。人民の中に君長が存在するのも、これと同じです。人民の「精」が主とならなければ、人物（人や物）は本来の性質を発揮することができません。

考えてみれば、二神が共に話し合われたのは、その事を成すのが容易でなかったからです。神鏡を用いたのは、鏡に「明にして不倚《ふい》」(明らかで倚《かたよ》ることなく中正である)という性質があるからです。天神の霊妙な力をもってしても、天下の主を生みたいと思い定めて、しかも、精心一意に中正であろうとされたことは(2)、これによって明らかに知ることができます。このようにされたからこそ、お生まれになった子は日となり月となり、その出現によって天地の運行の根本が定まったのです。かたや、蛭児となり、素戔嗚となりました。河海や猛悪にも、それぞれ長《おさ》があるということです。お生まれになったのは皆、天神の子《みこ》です。どの子もその力量に応じて役割を命じられました。ああ、神の徳の何と大きく公正なことでしょうか。

おそれながら、私は次のように考えています。天神は天下の主を生みたいと思い定めて、日神《ひのかみ》をお生みになりました。ゆえに、日神を地神(3)(地上の神)の太祖、朝廷の宗廟の第一の神とするのです。そうであればこそ、歴代の天皇は、伊弉諾尊と伊弉冊尊が精心一意に中正であることを願われたその意図を守り、天地を照らす日神の明らかな徳を実践しようとされるのです。さもなければ、どうして神明の統(皇統)を承継することができましょうか。

ある人が質問しました。「神聖なる二神が、どうして二柱の不肖の子をお生みになったのでしょうか」と。

ああ、何という質問でしょうか。人や物の気質は一定ではなく、それぞれに過不及(多すぎたり少なすぎたりすること）があります。天地は大きく、様々なものが生み出されます。その中でもすぐれて精秀なものは、天に在っては日月星辰となり、地に在っては名山や大川となります。粗雑なものは、天に在っては風雲雷雨となり、地に在っては少しの溜まり水や丘陵になります。精粗（精秀なものと、粗雑なもの）それぞれが集まって万物となり、天はそのすべてを覆い、地はそのすべてを載せているのです。これが天地の至大至公の心です。

人物が天地に在るのも、それと同様です。ゆえに、明暗曲直、柔剛弱強、様々な性質の者がいて、それぞれの性質を発揮し、森羅万象を形成しています。そのようにして、神聖な神々が自然を化育する働きを助けているのです。

二神は天地です。明暗柔猛の四子を生んで万物の主《きみ》としたことによって、万物はそれぞれの性質を発揮するようになりました。このような天地の道もまた、偉大ではありませんか。

あなたがおっしゃるように、すぐれたものばかり生まれれば、世の中は偏ってしまいます。上ばかり取って下を遺棄するのは、桑や麻から作る美しい布だけを尊重し、粗末なスゲの織物を捨てるようなものです。それぞれが有用な物であることを忘れてはなりません。この四神が生まれて天下は初めて安定し、万民がそれぞれの居場所を得たのです。二神が共に話し合ってなされたことに、俗学の疑いをさしはさむ余地はありません。以上、本朝の主を定めた物語について述べました。

『日本書紀』巻二・第九段の本文より

天照太神《あまてらすおおみかみ》の子《みこ》・正哉吾勝勝速日天忍穂耳尊《まさやあかつかつはやひあまのおしほみみのみこと》は、高皇産霊尊《たかみむすひのみこと》の娘・栲幡千々姫《たくはたちぢひめ》と結婚して、天津彦《あまつひこ》彦火瓊瓊杵尊《ひこほのににぎのみこと》をお生みになりました。そこで皇祖《みおや》・高皇産霊尊は、ついに、この皇孫《すめみま》を立てて葦原《あしはらの》中国《なかつくに》の主《きみ》にしようと思い定め、八十諸神《やそもろかみ》たちを召し集めておたずねになりました。「私は葦原中国の邪鬼《あしきもの》をはらって平定したいと思う。いったい誰を遣わせばよいだろうか。諸神《もろかみ》たちよ、どうかあなた方の知っているところを隠さずに教えてもらいたい」と。皆が口をそろえて言いました。「天穂日《あまのほひの》命《みこと》は、神の中でもすぐれた御神傑《ごしんけつ》です。あの方をお試しにならないわけにはまいりません」と。そこで高皇産霊尊は頭を下げて皆の言葉に従い、天穂日命を派遣なさいました。ところが、この神は大己貴神《おおあなむちのかみ》におもねり媚《こ》びて、三年《みとせ》になってもまだ報告をなさいません。

その後、高皇産霊尊はまた諸神たちを集めて、葦原中国に遣わす者《ひと》をお選びになりました。経津《ふつ》主神《ぬしのかみ》と武甕槌神《たけみかづちのかみ》が派遣されて諸々の鬼神等《かみたち》を誅伐し、ついに復命《かえりごと》を果たしたのです。

この時にあたり、高皇産霊尊は、真床追衾《まとこおうのふすま》（寝床に掛ける夜具）で皇孫をくるんで、葦原中国へお降しになりました。皇孫は、日向《ひむか》の襲《そ》の高千穂峯《たかちほのたけ》に天降りなされて、吾田長屋笠狭《あたのながやかささく》の碕《みさき》に到着されました。

一書《あるふみ》には次のようにあります。（『日本書紀』巻二・第九段の一書第一より）

天照太神は天津彦彦火瓊瓊杵尊《あまつひこひこほのににぎのみこと》に、八坂瓊曲玉《やさかにのまがたま》及び八咫鏡《やたのかがみ》、草薙剣《くさなぎのつるぎ》という三種《みくさ》の宝物《たからもの》をお授けになりました。また、中臣《なかとみ》氏の祖先・天児屋命《あまのこやねのみこと》、忌部《いみべ》氏の祖先・太玉命《ふとたまのみこと》、猿女《さるめ》の祖先・天鈿女《あまのうずめの》命《みこと》、鏡作りの祖先・石凝姥命《いしこりどめのみこと》、玉作りの祖先・玉屋命《たまやのみこと》という、神事に関する五つの職種の神たちをお伴に添えることになさいました。このようにして準備が整うと、皇孫に勅《みことのり》して仰せになりました。

「葦原《あしはらの》千《ち》五百秋《いほのあき》の瑞穂国《みずほのくに》は、わが子孫《うみのこ》の王《きみ》たるべき地《くに》です。さあ、皇孫よ、あなたが行って治めなさい。行路の無事を祈ります。宝祚《あまつひつぎ》（天皇の御位《みくらい》）が栄えることは、まさに天壌《あめつち》とともに無窮でありましょう。」

一書《あるふみ》には次のようにあります。（『日本書紀』巻二・第九段の一書第二より）

天児屋命と太玉命を、天忍穂耳尊《あまのおしほみみのみこと》のお伴として、天降らせることになさいました。この時、天照太神は手《みて》に宝鏡《たからのかがみ》をお持ちになって、天忍穂耳尊に授け、祝福して仰せになりました。「わが児《こ》よ、この宝鏡をご覧になるときは、まさに私を見ているものと思いなさい。あなたがお暮らしになるのと同じ床《ゆか》の上で、御殿《みあらか》を共《ひとつ》にして、斎鏡《いわいのかがみ》（神聖な鏡）としてお祭りしなさい」と。重ねて、天児屋命と太玉命にお命じになりました。「どうか、あなた方二神《ふたはしらのかみ》もまた同じように御殿の内に奉仕して、よく防ぎお護りしていただきたい。」また、勅して仰せになりました。「私が高天原《たかまのはら》で食している斎庭《ゆにわ》（神聖な田）の稲穂を、わが児に託すことにしましょう」と。

そして、高皇産霊尊の娘で、名を万幡姫《よろずはたひめ》といわれる方を、天忍穂耳尊の妃として一緒に天降らせることになさいました。ところが、お二方がまだ大空においでの間に児《みこ》がお生まれになり、天《あま》津《つ》彦《ひこ》火《ほの》瓊《に》瓊《に》杵尊《ぎのみこと》と名付けました。よって、この皇孫を親《みおや》の代わりに天降らせることになさいました。そこで、天児屋命と太玉命及び諸々の職種の神等《かみたち》をすべて、お伴として皇孫に授けました。同時に、お召し物なども前にいただいた物と一緒にそのまま授けました。このようにした後に、天忍穂耳尊は高天原へお帰りになりました。

こうして、天津彦火瓊瓊杵尊が、日向《ひむか》の槵日《くしひ》の高千穂之峯《たかちほのたけ》に降臨されたのです。

一書《あるふみ》には次のようにあります。（『古語拾遺』より）

天祖《あめのみおや》・天照太神と高皇産霊尊が相談して仰せになりました。「葦原瑞穂国《あしはらのみずほのくに》は、わが子孫《うみのこ》の王《きみ》たるべき地《くに》です」と。そこで、八咫鏡《やたのかがみ》と草薙剣《くさなぎのつるぎ》という二種《ふたくさ》の神宝を皇孫にお授けになり、永久に天璽《あめのしるし》（天神の御子孫であることを示す品）となさいました。

〈**講義**〉謹んで考察いたします。

これが、天孫降臨の始まりです。

一書《あるふみ》（『日本書紀』巻一・第八段の一書第六）には次のようにあります。

「大国主神《おおくにぬしのかみ》は別名を大物主神《おおものぬしのかみ》、国作大己貴命《くにつくりのおおあなむちのみこと》ともいい、また、葦原醜男《あしはらのしこお》、八千戈神《やちほこのかみ》、大国《おおくに》玉神《たまのかみ》とも顕国玉神《うつしくにたまのかみ》ともいい、その子は全部で百八十一神あります。その大己貴命と少彦名命《すくなびこなのみこと》が力を合わせ、心を一つにして天下《あめのした》を経営し、国づくりの基礎を築きました。」

おそらく、伊弉諾尊と伊弉冊尊が静かに長くお隠れになった後、大己貴命（素戔嗚尊の子）と少彦名命（高皇産霊尊の子）が協力してこの国を平定し、おおよその国づくりを成し遂げたのでしょう。大己貴命とその子の事代主神《ことしろぬしのかみ》は、八十万神《やそよろずのかみ》たちを天高市《あまのたけち》に集め、彼らを率いて天に昇り、心をこめて忠誠の誓いを申し述べました。このようなことがあった後に、天孫《あめみま》がこの国に天降られたわけです。

高皇産霊尊は生まれながらの知恵を備えた神聖な神でありながら、事あるごとに諸神に問いかけ、頭を下げてその進言に従っておられます。ああ、その謙虚で寛容な度量は、実に立派でゆきとどいたものです。

五神を天孫のお伴に選ばれた理由は、天照太神を天石窟《あまのいわや》からお出ししてこの国に昼を取り戻すという大功があったからです。

「宝祚之隆当与天壌無窮（宝祚《あまつひつぎ》の隆《さかえ》まさんこと、当《まさ》に天壌《あめつち》と窮《きわ》まり無《な》かるべし）」の十字は、「天孫の伝える皇統とその統治が、天地の徳と一つになっていつまでも続きますように」という祈りの言葉です。

「真床追衾《まとこおうのふすま》」は、「すっぽりと覆って外にもれない」という意味を表しています。天皇の恩恵がもれなく国民にもたらされることを意味する名前です。

三種の宝物は天神《あめのかみ》の神聖な器物で、「伝国《くにつたうる》の表物《しるしのもの》」（わが国に伝わる皇位継承の表物《しるしのもの》）ですから、この器物に寄せる天神の思いは、甚だ重大なものがあります。神武天皇は饒速日命《にぎはやひのみこと》に向かって「あなたが本当に天神の子《みこ》であるならば、必ず表物をお持ちのはずだ。それを示されよ」と仰せになりました。おそらく、これも三種の神器のような「伝国の表物」を指しているのでしょう。

天照太神が手《みて》に宝鏡をお持ちになって述べられた祝福の神勅は、実に配慮のゆきとどいた教えで、この上もなく貴いものです。これは、万々世にわたる天皇の厳鑑（厳かな規範）です。当時はまだ「教学授受」という言葉はありませんでしたが、謹んでこの物語を読み、その教えの意義を明らかにするならば、帝王が国を統治するにあたって学ぶべき事柄は、ただこれだけだと分かります。帝王の学問の真髄は、この教えを守るために力を尽くすことにあるのではないでしょうか。外朝の聖帝、堯《ぎょう》・舜《しゅん》・禹《う》が有徳者に帝位を譲ったことを伝える禅譲《ぜんじょう》の教説も、どうしてこれ以上のものでありましょうか。以上、天孫降臨の物語について述べました。

『日本書紀』巻三より

神日本磐余彦天皇《かむやまといわれびこのすめらみこと》は、諱《ただのみな》（実名）を彦火火出見《ひこほほでみ》といい、彦波瀲武鸕鷀草葺不合尊《ひこなぎさたけうがやふきあえずのみこと》の第四子です。四十五歳になられたとき、兄や子等《みこたち》に向かって仰せになりました。

「昔、わが御先祖の天神《あめのかみ》・高皇産霊尊《たかみむすひのみこと》と大日孁尊《おおひるめのみこと》はこの豊葦原瑞穂国《とよあしはらのみずほのくに》の名を挙げて、天孫《あめみま》である曾祖父・彦火瓊瓊杵尊《ひこほのににぎのみこと》にお授けになりました。そこで、火瓊瓊杵尊《ほのににぎのみこと》は、高天原の岩の神門を引き開き、雲路を押し分け、先払いの神を走らせて降臨されたのです。当時、この世はまだ開けたばかりで薄暗く、人心も荒れ果てていました。その混沌とした暗い世に正しい道を養いながら、西の偏境の、この日向《ひむか》の地をお治めになり、曾祖父も祖父も亡き父も、神や聖人《ひじり》の如く善行を積み、徳を重ねてこの世に光をもたらしつつ、多くの年月を経てきました。天孫が降臨されてより今に至るまで一百七十九万二千四百七十余年になりますが、遠く遙かな地《くに》は、今なお、徳の恩恵に浴していません。それどころか、大きな村には君《きみ》、小さな村には長《ひとごのかみ》があり、各々勝手に境界を設けて相争っています。一方でまた、塩土老翁《しおつつのおじ》から聞いたところでは、東の方に、四方を青山《あおやま》に囲まれた美しい地《くに》があるといいます。その中に天磐船《あまのいわふね》に乗って飛び降りた者があるということです。私が思うには、その地《くに》を都にすれば、必ずや天神の事業を弘めて天下《あめのした》を統治することができるでしょう。おそらく六合《くに》の中心《もなか》かと思われます。」

このように言われて、ついに東征を実行し、中州（わが国）を定めました。

〈**講義**〉謹んで考察いたします。

このように宣言して、人皇は「中州を平定して天祖の事跡を継承する」という事業に着手されたのです。

『日本書紀』巻三より

辛酉年《かのとのとりのとし》の春正月一日、神武天皇は大倭州《やまとのくに》の橿原宮《かしはらのみや》で即位されました。この年を天皇元年《すめらみことのはじめのとし》とします。正妃を尊んで皇后《きさき》とし、皇子《みこ》の神渟名川耳尊《かむぬなかわみみのみこと》を立てて皇太子《ひつぎのみこ》としました。

〈**講義**〉謹んで考察いたします。

これが天皇即位の始まりです。

最初に伊弉諾尊《いざなきのみこと》と伊弉冊尊《いざなみのみこと》が磤馭盧嶋《おのごろしま》を国中の柱《くにのなかのみはしら》とし、左右に分かれて国柱《くにのみはしら》をお巡りになりました。また、天孫《あめみま》・瓊瓊杵尊《ににぎのみこと》は、浮島《うきしま》の水際《みぎわ》の平らな場所にお立ちになって宮殿《おおみや》をお立てになりました。これらは皆、後世でいう「即位」と同じ意味です。このようにして、未開の暗い時代に、悠久の時をかけて正しい道を養い育てていかれたのです。

神武天皇は聡明で、よく物事の道理をわきまえておられる上に、まことの勇気をお持ちだったので、御先祖の偉業をよく理解され、乾霊《あまつひつぎ》の志（天神から連綿と続く建国の志）を受け継ぎ、皇孫《すめみま》の悠久の事業についてよく説明され、東征を決意なさいました。こうして一度《ひとたび》軍装を整えるや、東方の地は服従したのです。ゆえに、橿原宮を建てて天皇の御位《みくらい》を定め、初めて即位の大礼を挙行されました。はたして即位とは何でしょうか。天子が極めて貴い位にお即《つ》きになることです。人君が天神の事業を受け継いで極（天子の則《のり》）を建て即位を宣言されると、全国から多くの者が朝廷に参内するようになります。人々は宮城を仰ぎ、天下の万民が初めて天子を崇めることを知ります。これにより、天子の明徳を日本全土に明らかにするという意義があるのです。即位の大礼は、人君が治世の始めに国の秩序を立て、綱紀を正すために行われる儀式です。どうしておろそかにして良いものでしょうか。

これより後、代々の天皇が、即位の大礼を正殿《みあらか》で挙行されました。正殿は大極殿のことで、これを朝堂殿といいます。大臣は天皇の左右にあって儀式の進行を扶翼します。天照太神が天児屋命と太玉命に勅《みことのり》して「どうか、あなた方二神もまた同じように御殿の内に奉仕して、よく防ぎお護りしていただきたい」と命じられた通りの作法です。これを百官が取り囲んでお護りし、儀式を拝し奉ります。外朝の古典（『書経』堯典篇）に「月正元日《がっしょうがんじつ》、舜、文祖《ぶんそ》（堯帝の祖先の廟）に格《いた》る」（正月元日、舜が文祖廟で堯帝から譲りを受け、天子として政をとることになった、の意)とあるのが、これに相当します。

「元」は始めであり、本でもあります。元年は即位の初年のことです。つまり、即位の始めにその根本(神々の功業を受け継ぐという志)を深く立て、傾かず抜けないように、国の柱を定めるという意味があるのです。この時すでにわが国では暦が制定され、年数が記録されています。外朝・唐の暦本は、百済の僧・観勒《かんろく》によって、推古天皇の十年に献じられています。

皇后を立てるのは、男女の間柄を正し、正妻と側室の区別を明らかにして皇位継承の争いを防ぐためです。

皇太子を建てるのは、父子の親しみを表明し、嫡子と庶子の区別を厳格にして兄弟の間柄を定め、皇統を固く維持するためです。皇太子を定めたのは、神武天皇の四十二年のことです。

ゆえに、人君が即位の礼を厳かに挙行してこそ、その後に天下の君臣の身分が定まります。后妃の道を重んじてこそ、その後に天下の男女の間柄が正されます。太子建立《けんりつ》の法を定めてこそ、その後に天下の父子の間柄が親愛の絆《きずな》で結ばれます。「君臣の義・夫婦の別・父子の親」という三綱(人間関係の三つの絆)は、人の踏み行うべき最も大切な道です。三綱がしっかりと実践されることによって、一身は正しく修まり、家庭は一つにまとまり、世の中は自然と平安に治まるのです。

神武天皇は「皇極《こうきょく》」という国の中心の柱を建て、人皇による統治の始めに、万世にわたる国家の規模(規準となる形)をお定めになりました。これによって日本国民は「三綱をおろそかにしてはならない」ということを明らかに知り、わが国の君臣の秩序が確立したのです。ゆえに、皇統は万世一系にして、億万世を経ようとも変わることはありません。日本国民は皆、同じ暦によって生活を営むようになりました。どの地域の住民も王命に従い、習俗を異にしません。三綱はいつまでもゆるむことなく、天皇の徳と教化がゆきわたっているため、国民生活が苦しみに陥ることもありません。異国では望むべくもないことです。

外朝では、王家の姓が約三十回も変わっています。異民族に征服された時代もあります。春秋時代は二百四十余年続きましたが、その間に、臣下の身分でありながら国王を殺した者が二十五人ありました。ましてや、その前後に現れた乱臣賊子は数えることもできないほどです。朝鮮では殷の箕子《きし》が封ぜられて以来、王家の姓は四度変わりました。(4) 国自体が滅んで郡県となったこともあれば、高氏(高句麗)が唐の太宗・高宗の二世に攻められ滅亡したこともあります。今の李氏朝鮮においても、二十八年間に王を殺した者が四人ありました。ましてや、その前後の乱れた様子は、禽獣が互いに殺し合うのと大差ありません。

ただ、わが国だけが、開闢《かいびゃく》から人皇(神武天皇)に至るまで二百万年、人皇から今日に至るまで二千三百年、天神《あまつかみ》から受け継いだ皇統は一度も変わっていません。この長い年月の間に、臣下の者が皇家に弓を引いて皇位を奪おうとするような反乱は、指を折って数え得るほどもないのです。ましてや、外国に侵犯されたこともありません。

後白河天皇の後、武家が政権を執ってすでに五百有余年が過ぎました。その間に、鋭い嘴《くちばし》と長い蹴《け》爪《づめ》を持ち野心に満ちた輩が、朝廷の中でほしいままにふるまい、冠をつけた猿や領土を持った豚のような輩が、戦乱の世の国土に火を放つことが無かったわけではありません。しかし、そのような輩もなお皇室を貴び、君臣の礼儀を失うことはありませんでした。それは、太陽が天空に懸かっているように、天神と人皇の知徳が明らかに照り輝いているのを、生きている限り忘れることができないからです。

天皇の徳が民に及ぼす感化や君臣間の秩序が、このように悠久に続き無窮に変わらないのは、それが至誠より流出したものだからです。三綱が確立すれば、それに伴う細かい規律はおのずと国民の心に浸透し、はっきりとした形になって現れます。これが、政治の極致というものです。世界がいかに大きく外国がいかに広くても、この点においてわが国に及ぶものはありません。天皇による三綱の感化といい、文武の功績といい、その至徳の力の何と偉大なことでしょうか。以上、人皇の即位について述べました。

この章では、皇統の無窮について論じました。謹んで総括いたします。

天下は神器であり、人君は人物の命運をあずかっています。神器の与授に際して、どうして一個人の私心をさしはさむ余地がありましょうか。皇統の初めに天神が神器を授け、天孫がこれをお受けになりました。これはすなわち、天孫の知徳が天地の徳に恥じないものであったからこそ、「神器の与授」が成就したといえるのです。

一般に、「天はものを言わず、人が天に代わってものを言う」といいます。「天下の民が仰ぎ見て従うのであれば、天が統治を命じていると考えてよい」という意味です。

わが国において、天下の万民が仰ぎ見て従っている所とは、ほかでもありません。ただ、天祖の誠心をこめた神勅が命ずる所（朝廷）にのみ在るのです。

注

（1）『謫居童問』（巻二・学問七八）に、「形気あるものを万物と云ふ。（中略）形気の精分を性心と号す。気の精は性に属し、形の精は心に属す。さればとて二つにわかるものにあらず」とあります。（『山鹿素行全集』第十二巻より引用、以下同じ）

（2）舜帝が禹に帝位を譲る時の戒めの言葉に、「惟《こ》れ精《せい》惟《こ》れ一《いつ》、允《まこと》に厥《そ》の中《ちゅう》を執《と》れ」（『書経』大禹謨篇）とあり、原文はこの文言をふまえて書かれています。

（3）国常立尊から伊弉諾尊・伊弉冊尊までを「天神七代」といい、天照太神から鸕鷀草葺不合尊《うがやふきあえずのみこと》（神武天皇の父神）までを「地神五代」といいます。

（4）朝鮮の王家の姓は、箕氏から衛氏、高氏（高句麗）、王氏（高麗）、李氏へと変遷しました。

神器章——三種の神器について

わが国には、神代の昔から伝えられた三つの宝物があります。伊勢神宮にお祭りされている八咫鏡《やたのかがみ》、熱田神宮にお祭りされている草薙剣《くさなぎのつるぎ》（別名・天叢雲剣《あまのむらくものつるぎ》）、皇居に奉安されている八坂瓊勾《やさかにのまが》玉《たま》です。これを「三種《さんしゅ》の神器《じんぎ》」と称します。三種の神器は、皇位継承にあたり、必ず新帝陛下へと受け渡されてきました。天皇陛下が天照太神の御子孫であらせられることを示す神宝です。わが国の始まりを知るためにも、この上なく尊い霊器であるといえましょう。

この章では、三種の神器の由来と、それぞれの宝物が象徴する徳について考察します。また、これらの神器がそれぞれ別の場所で奉安されるに至った経緯も説明されています。

『日本書紀』巻一・第四段の本文より

伊弉諾尊《いざなきのみこと》と伊弉冊尊《いざなみのみこと》は、天浮橋《あまのうきはし》の上にお立ちになり、共《とも》に相談して仰せになりました。「この下の底の方に、どうして国がないものだろうか。必ずや国があるはずだ」と。そこで、天《あま》の瓊矛《とぼこ》を指《さ》し下《おろ》して掻き探ると、青海原がありました。その矛《ほこ》の先からしたたり落ちた潮《しお》が凝り固まって一つの島になりました。これを名付けて「磤馭盧嶋《おのごろしま》」といいます。瓊矛は瓊戈とも書きます。

一書《あるふみ》には次のようにあります。(『先代旧事本紀』巻一より)

天祖《あまつおや》が、伊弉諾尊と伊弉冊尊に詔《みことのり》して仰せになりました。「葦原千五百秋瑞穂《あしはらのちいほあきのみずほ》の地《くに》があります。あなた方が行って治めるとよいでしょう」と。そして、天瓊戈《あまのとぼこ》をお授けになりました。

一書《あるふみ》には次のようにあります。(『古語拾遺』より)

天照太神《あまてらすおおみかみ》と高皇産霊尊《たかみむすひのみこと》が相談して、二種《ふたくさ》(1)の神宝《かむたから》を皇孫《すめみま》にお授けになり、永久に天璽《あまつしるし》となさいました。矛玉はおのずと皇孫に従っています。

一書《あるふみ》には次のようにあります。(『元元集』巻五より)

「豊葦原千五百秋《とよあしはらのちいほあき》の瑞穂国《みずほのくに》」は、大八洲《おおやしま》が生まれる前から、すでにその名がありました。しかし、名前はあっても、まだ国としての形を成していません。あえていえば、その形は天瓊矛《あまのとぼこ》になぞらえられます。すなわち、大八洲国《おおやしまのくに》は瓊矛によって国の形になったのです。その中心を「大《おお》日本《やまと》日高見《ひたかみ》」といいます。

〈**講義**〉謹んで考察いたします。

神代の霊器(神聖な器物)は一つではありません。天祖は伊弉諾尊と伊弉冊尊に瓊矛を授けて、国を開くよう委任なさいました。瓊は玉です。矛は兵器です。矛に玉が付いているのは、神聖な武の精神を表し、残虐な殺戮を否定するという意味があります。

未開の暗い時代に乱暴で邪悪な者を追い払って平らげ、残賊を一掃するには、おそらく武威に頼らざるを得ないと思われます。ゆえに、天孫が降臨される時にもまた、武威の力が必要でした。「矛玉がおのずと皇孫に従った」というのは、そういう神聖な武の精神（真の勇気）が自然と心に備わったという意味です。

わが国の威武が、外朝やその他の諸外国においてはまったく望むべくもない精神であるというのは、まことに由緒あることなのです。以上、神戈《しんか》について述べました。

『日本書紀』巻二・第九段の一書第一より

天孫《あめみま》が天降られる時、天照太神は、八坂瓊曲玉《やさかにのまがたま》および八咫鏡《やたのかがみ》、草薙剣《くさなぎのつるぎ》という三種《みくさ》の宝物をお授けになりました。

一書《あるふみ》には次のようにあります。（『古語拾遺』より）

天祖《あまつみおや》・天照太神と高皇産霊尊が相談して仰せになりました。「葦原瑞穂国《あしはらのみずほのくに》は、わが子孫《うみのこ》の王《きみ》たるべき地《くに》です」と。そこで、八咫鏡および草薙剣という二種《ふたくさ》の神宝《かむたから》を皇孫《すめみま》にお授けになり、永久に天璽《あまつしるし》となさいました。矛玉は、おのずと従えておられます。

〈**講義**〉謹んで考察いたします。

これが、皇位継承にあたり授受される三種の神器です。

八坂瓊曲玉は、櫛明玉命《くしあかるたまのみこと》のお造りになった瑞玉です。櫛明玉は羽《は》明玉《あかるたま》または天明玉《あまのあかるたま》ともいい、伊弉諾尊の子《みこ》です。八咫鏡は、石凝姥神《いしこりどめのかみ》が鋳造した霊鏡（神聖な鏡）です。石凝姥は天糠戸命《あまのあらとのみこと》の子で、作鏡《かがみつくり》の祖先です。草薙剣は、八岐大蛇《やまたのおろち》の尾から出現した宝剣です。いずれの宝物も、この国のために大功がありました。

それればかりでなく、玉は温和仁愛の徳を表すと考えられます。鏡は物を正確に映し出して本質を明らかにするという「格物致知」（現実の物に即して道理を明らかにすること）の「知」を表すと考えられ、剣は決断する勇気の象徴といえます。これらはいずれも、天神の至誠の心をかたどって形にしたものです。

当時はまだ、わが国に「知仁勇」という言葉はなく、三つの徳に名称はありませんでした。しかし、それに相当する心の徳が存在しただけでなく、それらの徳を象徴する霊器が国内に備わっていました。また、単に霊器があるというだけでなく、これらの霊器は実際にこの国のために大功を成就しています。その霊威は、甚だ畏《おそ》れ多い極みです。

おそれながら、私は次のように考えています。

三器は天神が実際に使用された勲功のある器物で、知仁勇の三徳を完全に備え持っています。歴代天皇はこれを用いて、内には心《みこころ》を律する亀鑑とされ、外には国を公正に治め、民を教化する規範とされています。これはすなわち、神代から伝わった遺勅ではないでしょうか。もし、天皇が三器をお持ちになっているだけで内心を正されることがないとしたら、三器は名ばかりの宝物というだけで、神器としての霊力はありません。もし、天皇が心の中でいたずらに三器について考究するのみで、現実の統治に活用されないとしたら、空中に彫刻するのと同じで実際の役には立たず、神器は無いに等しい存在となります。

外朝では、夏《か》王朝に九つの鼎《かなえ》が作られ、殷《いん》・周《しゅう》王朝へと伝えられました。また、秦《しん》王朝では卞玉《べんぎょく》に文字を刻んで国璽《こくじ》（国家の表章として用いる印鑑）としました。漢《かん》王朝では、高祖が大蛇（白帝の子の化身）を斬ったという伝説を持つ斬蛇剣《ざんだのつるぎ》を、伝国の宝物としました。後世の皇帝は、明堂に坐すること、伝《でん》国璽《こくのじ》を用いること、九鼎を並べることを以て天下の三器としましたが、わが国の神器とは比べ物になりません。ましてや、赤刀《せきとう》（周の武王が殷の紂王を伐ったときに用いた刀で、赤色の飾りがある）・大訓《たいくん》（三皇五帝の書）・弘璧《こうへき》（大きな玉）・琬琰《えんえん》（琬圭と琰圭）といった宝物は、儀式用の祭器に過ぎません。

思うに、皇統の授受は必ず三種の神器を用いて行われます。これにより、宝祚（皇位）の永久を期し、国を伝えることに対する信頼と誠意を表明されるのです。また、天皇は必ず三種の神器と同じ御殿に住まわれ、同じ床《ゆか》の上で生活されます。これにより、皇祖から託された国家統治の道を尊崇されるのです。わが国の土台が大きく厚くゆるぎないのも、皇統が無窮に続いていくのも、すべて、天皇が神聖（天皇の御先祖の神々）の教えを守り、神器を大切に伝えてこられたおかげなのです。以上、三種の神器について述べました。

『日本書紀』巻二・第九段の一書第二より

天照太神は手《みて》に宝鏡《たからのかがみ》をお持ちになって、天忍穂耳尊《あまのおしほみみのみこと》に授け、祝福して仰せになりました。「わが児《みこ》よ、この宝鏡をご覧になるときは、まさに私を見ているものと思いなさい。あなたがお暮らしになるのと同じ床《ゆか》の上で、御殿《みあらか》を共《ひとつ》にして、斎鏡《いわいのかがみ》としてお祭りしなさい」と。

一書《あるふみ》には次のようにあります。（『古語拾遺』より）

日神《ひのかみ》が天石窟《あまのいわや》へお入りになられた時、思兼神《おもいかねのかみ》の計略《はかりごと》によって、石凝姥神《いしこりどめのかみ》に日像《ひのかたち》（太陽をかたどった形）の鏡を鋳造させました。最初に鋳たものは、少々意《みこころ》にかないませんでした。次に鋳たものは美麗《うるわ》しく仕上がりました。(2)

一書《あるふみ》には次のようにあります。（『日本書紀』巻一・第七段の一書第二より）

鏡作部《かがみつくり》の祖先・天糠戸者《あまのあらとのかみ》に命じて、鏡を造らせました。日神《ひのかみ》が磐戸《いわと》を開けて出てこられる時、その鏡を石窟《いわや》に差し入れたので、戸に触れて少し傷がつきました。その傷は今もなお残っています。この鏡がすなわち、伊勢に斎《いつ》き祭られている大神《おおみかみ》です。

〈**講義**〉謹んで考察いたします。

神代の霊器（神聖な器物）は一つではありません。天祖はその中から三種の神宝を選んで天孫・瓊瓊《にに》杵尊《ぎのみこと》にお授けになり、天神の子孫であることの表物《しるしのもの》となさいました。また、天照太神が宝鏡だけを手に取り、神勅によってこの鏡にこめられた意味を明らかに示されたのは、ここに記されている通りです。

思うに、鏡には、物を正確に映し出してその本質を明らかにするという性質があります。毎日きれいに磨いていれば、日々新たに明るく保たれ、暗くなることはありません。蔵の奥深くにしまい込み、秘蔵してかえりみないでいると、日ごとに輝きが失われ暗くなっていきます。これはつまり、明君になる資質をお持ちの人君が、日々怠ることなく研鑽なされば、その知徳は日一日と新たになっていきますが、威張って臣下の者を遠ざけ、意見も聞かず諫言も入れず、心を戒め正すことを怠れば、その知徳も公正を欠き、独りよがりになってしまうようなものです。

そもそも、人君の修養において重要なのは、知を明らかにすることです。知が明らかでなければ、寛仁の宝玉も、果断の宝剣も、正しく用いることができません。知を明らかにすれば、物事を正確に判断することができます。そこで初めて、寛仁の徳を生かすこともできれば勇気ある決断もでき、時に応じてその場にふさわしい行動ができるようになるのです。昔から「明君・暗君」といって、明暗を以て人君の優劣を表現することがありますが、この呼称にこめられた意味はまことに重いものがあります。

また、天照太神は手《みて》に宝鏡をお持ちになり、特に、「この鏡と同じ床《ゆか》の上で、御殿《みあらか》を共《ひとつ》にして生活しなさい」という「同床共殿《どうしょうきょうでん》の神勅」を示されています。その真意は、「日々心を新たにして努力することをやめてはならない」という至誠の心を伝えることにあったのです。大いなる治教の道といえましょう。

さて、伊弉諾尊と伊弉冊尊は以前、白銅鏡《ますみのかがみ》を用いて日神《ひのかみ》をお生みになりました。天照太神が伊勢州《いせのくに》に鎮座された時にもまた、鏡と剣が従っています。これらを総合して考えると、乾霊《あめのかみ》（高皇産霊尊《たかみむすひのみこと》）と天照太神の御神慮は、宝鏡のみに宿っているといえます。その重みは、剣璽と同類ではありません。

ゆえに、代々の天皇は、鏡の奉斎されている賢所《かしこどころ》を朝夕に敬拝するようにつとめておられます。これは、神勅に因《ちな》んでのことなのです。以上、神鏡について述べました。

『日本書紀』巻五より

崇神天皇の六年、百姓《おおみたから》が家や土地を捨ててさすらうようになり、あるいは朝廷にそむく者も現れました。その勢いは、天皇の徳《うつくしみ》を以てしても治めることができません。このため、天皇は朝早く起き夕《ゆうべ》に至るまで畏れ慎んで神祇に祈り、国民を安寧に統治できないことを謝罪なさいました。

これより前に、天照太神と和大国魂《やまとのおおくにたま》の二神《ふたはしらのかみ》を、天皇の大殿《みあらか》の内に並べてお祭りしていたのですが、天皇は御神威を畏れるあまり、神と共にお住まいになることに不安をお感じになりました。ゆえに、天照太神を豊鍬入姫命《とよすきいりびめのみこと》に託して、倭笠縫邑《やまとのかさぬいのむら》にお祭りし、磯堅城神籬《しかたきのひもろき》（石で堅固に築いた祭壇）をお立てになりました。また、日本大国魂神《やまとのおおくにたまのかみ》を渟名城入姫命《ぬなきのいりびめのみこと》に託してお祭りしましたが、渟名城入姫命は髪が抜け落ち、ひどくお痩せになって、神聖なお祭りに奉仕できなくなりました。

一書《あるふみ》には次のようにあります。（『古語拾遺』より）

神武天皇の御世に、天富命《あまのとみのみこと》が多くの斎部《いみべ》（天富命の一族の神職）を率いて天璽《あめのしるし》の鏡剣を捧げ持ち、正殿《みあらか》に安置申し上げました。当時はまだ、天皇と神との間柄はそれほど遠く隔たっていませんでしたから、神と天皇が同じ御殿の一つ床《ゆか》の上で生活を共にされるのは、ごく普通のことでした。ゆえに、神物《かむたから》（祭事に用いる神宝）と官物《みやけのもの》（宮廷で用いる器物）も区別されていませんでした。宮中に蔵《みくら》を立てて「斎蔵《いみくら》」（神聖な蔵）と称し、斎部氏に長い間管理させていました。

時代が下り、崇神天皇の御世に至ると、天皇は次第に御神威を畏れ慎むようになられました。神様に失礼があってはならないと気遣うあまり、同じ御殿で生活なさることに不安を感じられたのです。ゆえに、改めて斎部氏に命じ、石凝姥神《いしこりどめのかみ》の子孫と天目一神《あまのまひとつのかみ》の子孫を率いて、今一度鏡を鋳造させ剣を造らせて、護身《まもり》の御璽《みしるし》となさいました。これが、今も践祚の日に天皇に献上される神璽の鏡と剣です。そして、倭笠縫邑に、特別に磯城神籬《しきのひもろき》（石で築いた祭壇）を建立して、天照太神（八咫鏡）と草薙剣をお遷し申し上げ、皇女・豊鍬入姫命に奉斎させました。

一書《あるふみ》には次のようにあります。（『職原鈔』神祇官の条より）

神武天皇は都を大和国の橿原にお定めになりました。このとき、天照太神の御霊《みたま》の宿った八咫鏡および草薙剣を大殿《みあらか》に安置して、同じ床《ゆか》の上を御座所となさいました。往古の神勅のままになさったのです。皇居と神宮の区別はありませんでした。また、宮中に蔵を立てて「斎蔵《いみくら》」と称しました。官物と神物の区分もありません。

一書《あるふみ》には次のようにあります。（『本朝神社考』伊勢の条より、『神皇正統記』の漢訳文[3]）

崇神天皇は次第に御神威を畏れ慎むようになられました。鏡作《かがみつくり》・石凝姥神の孫に勅《みことのり》して鏡を改めて鋳造させ、天目一箇神《あまのまひとつのかみ》の孫に剣を改めて造らせました。この二種《ふたくさ》の宝物を大和の宇陀郡《うだのこおり》の宮城に移し、天皇の護身《まもり》として同じ御殿に安置しました。上古より伝わってきた神鏡と霊剣は、皇女・豊鍬入姫に託して、神籬《ひもろき》（祭壇）を大和笠縫邑に立ててお祭りすることにしました。この時から、神宮と皇居の区別が始まったのです。

一書《あるふみ》には次のようにあります。(『古語拾遺』より)

景行天皇の御世に至り、日本武命《やまとたけるのみこと》(4)に命じて東国の賊を征討させました。このとき、日本武命は寄り道をして伊勢神宮《いせのじんぐう》に参詣し、暇乞《いとまご》いをなさいました。倭姫命《やまとひめのみこと》(伊勢神宮の祭主で、日本武命の叔母)は日本武命に草薙剣《くさなぎのつるぎ》をお授けになって、「慎みを忘れず、怠ってはなりません」とお教えになりました。

日本武命は東国を平定した後に、尾張国《おわりのくに》まで帰還されて宮簀媛《みやすひめ》を妃とし、その屋敷に月を越えて長く逗留されました。そして、草薙剣をはずして屋敷に置いたまま、歩いて胆吹山《いぶきやま》に登り、毒気にあたってお亡くなりになりました。その草薙剣は、今も尾張国の熱田神宮にあります。『元元集』には次のようにあります。「草薙剣は尾張国吾湯市村《あゆちのむら》にあります。この剣《つるぎ》は、熱田の神職たちがお仕えしている神です。吾湯市村は今の愛智郡《えちのこおり》です」と。

〈**講義**〉謹んで考察いたします。

これが、神器を宮殿から遷して別の場所に奉安した始まりです。

天孫・瓊瓊杵尊《ににぎのみこと》より崇神天皇の御世に至るまで、神器は神勅のままに、天皇がお住まいの御殿に祭られていました。しかし、太平の世が長く続き、万機《ばんき》の政令が頻繁に発せられるようになると、御殿への人の出入りも増え、神聖にお祭りされている神と人とがたびたび接するようになり、神の祭られている宮殿を清浄に保つことが難しくなりました。そこで、天皇は神を敬うために、祭りの場を日常生活の場から遠ざけることになさったのです。ゆえに、神鏡と霊剣のお姿を模して、新たに鏡と剣を作らせ、これを温明殿《うんめいでん》に安置することになさいました。そして、上古から伝来してきた神器は別の場所に遷して尊崇されました。これもまた、ちょうどそのような時機が到来したということで、時宜にかなった取り計らいといえましょう。長い時を経て、神と人との間柄が遠のいてしまったのです。

天皇は鏡と剣を改めて作らせましたが、神璽の八坂瓊勾玉《やさかにのまがたま》はそのまま、お手元に留めました。一方、天照太神は倭姫命を通じて、宝剣を日本武尊にお与えになりましたが、鏡はそのまま神宮に留め置かれました。つまり、宝鏡は天照太神そのもので、神璽は天皇と一心同体、宝剣は人臣の司《つかさど》るところといえましょう。三つに分かれた神器の徳は、それぞれに明らかです。

そもそも、神は鏡です。神をカミと訓読するのは、カガミの略称と考えられます。私の考えでは、鏡の音《おん》「キョウ」は唐音《とうおん》で「カム」となり、ムの音はミに通じることから、神《かみ》という訓《くん》は鏡の音《おん》と同じだと思います。ゆえに、天孫降臨以降、「天照太神」とお呼び申し上げるのは、すべて宝鏡のことです。これは、「わが児《みこ》よ、この宝鏡をご覧になるときは、まさに私を見ているものと思いなさい」という神勅に因《ちな》んでのことです。そうであればこそ、天皇は日々怠ることなく努力されて長きにわたり君子の道に精進され、天神から伝えられた至誠の心を実現してこられたのです。これは、よく神を敬い、常に鏡の中に神の姿を見ておられるがゆえのことです。

そしてさらに、寛仁の度量を身につけ、親族と親しく交わり、賢人を賢人として遇されるならば、八坂瓊勾玉の徳は日々厚くなっていきます。また、人臣が天下の政権を担い、よく人情に通じ、身分をわきまえて礼を尽くし、政事を正すようにすれば、宝剣の霊威の及ばないところはありません。

このようにして初めて、君臣は互いに親しく結びつき、天皇の徳による感化は天下にゆきわたり、三器の働きが顕現するのです。以上、神器を別の場所に奉安した経緯を説明しました。

この章では、宝器の真価と効用について論じました。謹んで総括いたします。

何らかの事を行うには物が必要です。物とは器です。器を利用して事を行い、その事を通じて誠を表すのです。ゆえに、物があれば必ずそれを正しく用いるための則《のり》(規準となる法則)があります。衣食に用いる物も、家宅やそこで用いる調度品にしても、金玉《きんぎょく》などの財宝にも、文武の器物にも、それぞれ礼に基づく則があります。器物があっても、それを用いて誠を通じることができず、その使用法が正しくないときは、君子はこれに関与しません。ましてや、それが宝器であれば尚更《なおさら》です。

そもそも、一個人が使う私器や一事に利用する器物は宝ではありません。神といい、宝というからには、天下の大器です。万民に役立つものです。神聖(天皇の御先祖の神々)の霊器です。古今にわたり永久不変の法器です。そうであればこそ、天皇もこれを崇敬され、これを用いて天下も安寧に治まるのです。三種の神器が神であり宝であることを併せて考える必要があります。

おそらく、上古の時代にその人を慶賀してその徳を讃え、その権威を示すには、必ず玉・剣・鏡を用いたものと思われます。

仲哀天皇が九州地方に西征された時、筑紫《つくし》の伊都県主《いとのあがたぬし》・五十迹手《いとて》が、賢木《さかき》に玉と鏡と剣の三器を掛けて、穴門《あなと》の引嶋《ひこしま》(今の下関市彦島か)までお迎えに参上しました。そして次のような慶賀の言葉を奏上しました。「天皇陛下が、八尺瓊勾玉《やさかにのまがたま》の巧妙な細工のように巧みに美しく御世をお治めなさいますように。また、白銅鏡《ますみのかがみ》のように分明《あきらか》な御心で山川《やまかわ》・海原《うなばら》をご視察なさいますように。そして、この十《とつ》握剣《かのつるぎ》を手に取り持って天下を平定なさいますように」と。

また、日本武尊《やまとたけるのみこと》が東国に遠征された時にも、大きな鏡を王船《きみのみふね》(王の御座船)に懸けて海路を進みました。これはつまり、往古の遺風に従われたのです。景行天皇の十二年に、天皇が九州地方に西征された時、神夏磯《かむなつそ》媛《ひめ》が賢木に玉・鏡・剣の三器を掛けてお迎えし、ご挨拶申し上げたのも、また同様のことです。

注

(1) 津軽版・自筆本ともに「三種」とありますが、『古語拾遺』では「二種」とあり、また、後出の同書からの引用文では「二種」とありますので、ここは素行先生の誤写と判断して「二種」に改めました。

(2) 『古語拾遺』に「最初に鋳た鏡は紀伊国《きのくに》の日前神《ひのくまのかみ》、次に鋳た鏡は伊勢の大神《おおかみ》として祭られている」という意味の割注が付されています。

(3) 『本朝神社考』(林羅山著)に、「神皇正統記ニ載ス」と記して『神皇正統記』の漢訳文が引用されています。

(4) 津軽版・自筆本ともに「尊」とありますが、『古語拾遺』には「命」とあります。引用文の後出の部分に「命」の文字が用いてあるので、ここは誤写と判断して「命」に改めました。なお、素行先生の考察では「尊」の文字が用いてあります。

神教章——教学の淵源

素行先生の活躍された江戸時代前期、四書（大学・中庸・論語・孟子）や五経（易経・書経・詩経・礼記・春秋）を読む学問が盛んでした。これらは外朝から渡来した儒学の経典ですが、先生は、儒学が普及する以前から、日本人はすでにこれらの書物に記された教学と同様の教えを身につけ、実践していたと主張されます。なぜなら、教学の究極の目的は「己れを修め人を治める道を身につけること」にあるからです。言葉で論じるのではなく、実際の行動で示さなければ意味がありません。先生は、神話や史実として伝えられたわが国の「治教の道」の中にこそ教学実践の真の姿がある、と考えておられるのです。

この章では、日本人の心を育んできた教学の淵源について考察します。

『日本書紀』巻一・第四段の本文より

伊弉諾尊《いざなきのみこと》と伊弉冊尊《いざなみのみこと》は、磤馭盧嶋《おのごろしま》を国中《くにのなか》の柱《みはしら》とし、男神《おがみ》（陽神）は左から、女神《めがみ》（陰神）は右から巡り、一か所で顔を合わせました。この時、女神から先に声をかけました。「まあ嬉しい。立派な若い男性にお会いしました」と。男神はこれを聞き、喜ぶことなく言われました。「私は男子《ますらお》である。私の方から先に声をかけるのが自然の理《ことわり》だ。その理に反して、どうして婦人《たおやめ》の言葉が先行してしまったのか。このままでは宜しくない。改めてやり直すのがよいだろう」と。そこで、二神《ふたはしらのかみ》は元に戻って柱を巡り、再度、出会われました。

〈**講義**〉謹んで考察いたします。

ここに示されているのは、天神の教学です。夫唱婦随（陽が先行し、陰がそれに随う）という「陰陽唱和の道」は、天体の運行にかなった自然の理であり、天地至誠の道の実現にほかなりません。(1)最初に女神から先に声をかけました。しかし、男神がそれをたしなめると、女神は素直にその過ちをお改めになりました。この教学の示すところは、まことに明白です。天下の万物は陰陽によって構成されており、人間関係の始まりは夫婦にあるといえます。陰陽が調和することによって万物は健やかに生育します。夫婦が役割の違いを認識することによって人間関係の秩序が生まれ、五倫の道（君臣の義・父子の親・夫婦の別・長幼の序・朋友の信）が形成されます。万物の化育の本源は、ひとえにここにあるのです。

伊弉諾尊（陽神）は、地に働きかける天の徳をお持ちです。それを静かに受け止める伊弉冊尊（陰神）は、天に配する地の徳をお持ちです。二神の陰陽唱和の精神があったからこそ、神子がお生まれになって宇宙《あめのした》の主《きみ》となり、国家の宗廟を承継していくことができたのです。

このようにして、二神は夫婦の礼を正し、万物の幸福の根源をお教えになりました。それでもなお後世には、后妃選立の道を踏み外したり、狡猾な美女を寵愛したり、正妻と側室の区別を失ったりして、後宮が政治に介入し、外戚が権力をほしいままにするようなことが起きています。

夫婦の間柄を正すことは「始めを正す」ことであり、民を感化していく基礎となるものです。天下に及ぼす影響は極めて大きいといえましょう。以上、天神による教学の意義について述べました。

『日本書紀』巻一・第五段の本文より

伊弉諾尊《いざなきのみこと》と伊弉冊尊《いざなみのみこと》の二神《ふたはしらのかみ》は、素戔嗚尊《すさのおのみこと》にお命じになりました。「おまえは甚だ無道《むどう》である。宇宙《あめのした》に君臨させるわけにはいかない。さっさと遠い根の国へ行ってしまいなさい」と。このように仰せになって、ついに追い払ってしまわれました。

一書《あるふみ》には次のようにあります。（『日本書紀』巻一・第五段の一書第二より）

日月はすでにお生まれになり、次に蛭児《ひるこ》をお生みになりました。この児《みこ》は三歳《みとせ》になってもまだ脚《あし》が立たず歩けません。最初に二神《ふたはしらのかみ》が柱《みはしら》を巡って出会われた時、女神が先に喜びの言葉を発しました。すでに陰陽《めお》の理《ことわり》に反しています。それゆえ、今、蛭児が生まれたのです。

〈**講義**〉謹んで考察いたします。

伊弉諾尊と伊弉冊尊は、皇嗣《こうし》の建立《けんりつ》を企図するにあたり厳格な態度で臨まれ、「諭教《ゆきょう》の法」（子孫を教え諭すための規範）を正しく定めて、素戔嗚尊を追放なさいました。「無道不可以君臨宇宙（無道《むどう》にして以て宇宙《あめのした》に君《きみ》とし臨《のぞ》むべからず）」の九字は、万世の後までも太子建立の教戒とすべき言葉です。

天下がいかに広く人物がいかに多くても、それぞれが本来の性質を発揮していきいきと生活できるか否かは、ひとえに人君にかかっています。人君の行動が正しくなければ、政治は公正を欠き、礼が失われて社会秩序は乱れます。そうなると、人民は行動の規範を失い、あらゆる物が本来の性質を発揮することなく夭折して、天の災いと人の害が次々に到来することになります。

いわゆる「道」とは、人が行動するときの拠り所につけられた名称です。人が実際に踏み行うことのできない道は、いくら善いものであっても成果が現れることはなく、尊くもありません。人君は、万民が行うことのできる道に従って天下を統治するのでなければ、人君たり得ません。ゆえに、二神は今、「無道である」と仰せになって素戔嗚尊を戒め、後世に手本を示されたのです。

皇太子を建立するのは、先祖と国家を重んずるがゆえのことです。それは当代限りの私的な事業ではなく、天下の大義といえるでしょう。子孫の可愛さにそのことを忘れ、天下の大宝ともいうべき皇嗣の建立を企図する際に二神の諭教を見失ってしまうようでは、常に天下万民のことを考えて行動された二神の公正な心《みこころ》から逸脱してしまいます。このように教戒しても、なお嫡子と庶子の区別を見失い、正当な皇嗣を廃したり皇位を簒奪したりして、好悪の私情に従うことがあります。ああ、「無道にして以て宇宙に君とし臨むべからず」の一言は、何と偉大でゆきとどいた教えでしょうか。

外朝の聖賢の天子が禅譲《ぜんじょう》によって世子《せいし》を建てた原因は千差万別ですが、その基準もまた、道の有無にのみありました。伊弉諾尊が素戔嗚尊を戒めて「道」に言及されたのは、すなわち聖神の教学を実践されたことにほかならず、後世の拠り所となるものです。

また、いうまでもないことですが、二神が陰陽《めお》の理に反して蛭児をお生みになったのは、「胎教を重んぜよ」という天神《あまつかみ》の教戒です。 以上、立太子の際に求められる諭教の意義について述べました。

『日本書紀』巻一・第七段の本文より

天照太神《あまてらすおおみかみ》は天石窟《あまのいわや》へお入りになり、磐戸《いわと》を閉ざして中にこもってしまわれました。そのため、六合《くに》の内は常に暗闇に閉ざされ、昼と夜がいつ交代しているのかも分かりません。

この時、八十万神《やそよろずのかみ》たちが天安河辺《あまのやすのかわら》に集まって、天照太神にお出ましいただくにはどのようにして祈ればよいか、その方法を相談しました。そしてついに、思兼神《おもいかねのかみ》が遠謀深慮の末に策を立てました。まず、朝が来たことを告げるために、常世《とこよ》の長鳴鳥《ながなきどり》（鶏）を集めて互いに長鳴きをさせました。また、手力雄命《たぢからおのみこと》を磐戸のそばに隠して立たせました。中臣連《なかとみのむらじ》の祖先・天児屋命《あまのこやねのみこと》と忌部《いみべ》氏の祖先・太玉命《ふとたまのみこと》は、天香山《あまのかぐやま》の五百箇真坂樹《いおつのまさかき》（枝葉の多く茂った榊）を根こそぎにして来て、上の枝には八坂瓊《やさかに》の五百箇御統《いおつのみすまるの》玉《たま》を懸け、中の枝には八咫鏡《やたのかがみ》を懸け、下の枝には青和幣《あおにぎて》（麻布《あさぬの》の幣《ぬさ》）と白和幣《しらにぎて》（楮《こうぞ》で作った木綿《ゆう》の幣《ぬさ》）を懸けて垂れ下げ、ともに心をこめて祈禱しました。また、猿女君《さるめのきみ》の祖先・天鈿女命《あまのうずめのみこと》は手に茅纏《ちまき》の矟《ほこ》（茅で巻いた長い矛）を持ち、天石窟戸《あまのいわやと》の前に立って巧妙に作俳優《わざおき》をしました。

〈講義〉謹んで考察いたします。

ここには、神代の「思学《しがく》（思い学び考えること）の道」が記されています。

「思学」の最初の例として、伊弉諾尊と伊弉冊尊が共議をなさったことがあります。二神は天浮橋の上にお立ちになり、共《とも》に計《はか》られています。また、天下の主《きみ》たる者を生むときにも共《とも》に議《はか》っておられます。しかし、この時はまだそれほど詳細に思学をされたわけではありません。

そもそも、「学」は思いによって成立します。「思い」は、学ぶことによって審《つまび》らかになります[2]。おそらく思兼神は、神代におけるすぐれて賢明な「思学の神」ではないでしょうか。「思う」ことは「兼ねる」ことにあります。多くの考えを兼ね合わせて比較検討しなければ、その思いは独断臆説に陥ります。つまり、「思う」というのは、自分の内面にある知慮を尽くして考えることで、「兼ねる」というのは、自分以外の考えを取り入れて、外面の事物に向き合うことです。

天安河辺における思兼神の遠謀深慮がまことに思学の道にかなっていたからこそ、天照太神は石窟からお出ましになり、すべてが元にもどったのです。私たち日本国民が万億世にわたって天照太神の恵みと幸《さち》を受け、正しい道を踏み外すことなく生活できるのは、ひとえに思兼神のおかげです。ああ、その謀《はかりごと》の何と深く、その思慮の何と遠大なことでしょうか。天児屋命と太玉命の寛仁なる祈り、手力雄神と天鈿女命の勇敢な計略、真榊《まさかき》に懸けた霊璽《れいじ》と宝鏡、天鈿女命が手にした茅纏矟《ちまきのほこ》、その悠然たる演舞と神々の笑い声の楽しげな様子、何もかもが善美を尽くしています。天照太神が元通りにお出ましにならないわけがありません。

おそれながら、今、私がこの神代の物語に因《ちな》んで聖学（儒学をいう[3]）の道を説明するならば、聖学の道もまた、神代における思学の道にほかならないといえます。

　そもそも、人が人である理由は、「考える」という特性にあります。思うことも学ぶこともしないのでは、禽獣と異なりません。思学することもなく現状に満足しているのは、ちょうど真っ暗な部屋の中で物を探しているようなものです。暗闇の中では自分の手足さえどこに置いてよいか分からない状態なのですから、事物を探し出すことなど出来るはずがありません。

　今、あなたが思学の道を修めようと欲するなら、まず、それを思うことです。「思う」とは、色々な考えを兼ね合わせることです。あれこれ思って多くの意見を求めていけば、おのずと学習していることになります。しかし、それだけでは不十分です。有道の師（徳のある教師）の教えを受け、自分の考えを正していかねばなりません[4]。その間には、努力して勉学に励み、小さな知識をこつこつと積み重ねていくこともあれば、近くは現在の我が身に即して考え、遠くは歴史上の出来事の中に検証してみることもあり、自分の考えを天地の道理に照らし合わせ、その是非を鬼神に問いかけてみることもあります[5]。このようなことを、あるいは学問の説《よろこ》びとし、あるいは楽しみともして[6]、倦《う》まずたゆまず学習を続けていけば、いつしか心は澄みわたって明るく、物事の道理に通じるようになり、ついには教学に倦厭《けんえん》して離れたいと思うこともなくなります。これがすなわち、『易経』（乾卦・象伝）にある「天《てん》の行《ゆ》くこと健《けん》にして、君子以て自《みずか》ら強《つと》めて息《や》まず」（天が常に健やかに運行しているように、君子も道から離れることなく、自ら努力してやめることがない）という姿勢であり、このとき、天地自然の道は日月のように明らかに輝いて、心の中に懸かっているのです。

万世の後の今、私はこの神代の物語を読み、聖学の淵源がすべてここに備わっていることを知りました。「神の道」は、まぎれもなく聖学の「誠の道」(7)です。これをおおい隠すことはできません。以上、神代の思学の道について述べました。

『日本書紀』巻二・第九段の本文より

皇祖・高皇産霊尊《たかみむすひのみこと》は、皇孫《すめみま》を葦原中国《あしはらのなかつくに》の主《きみ》にしようと思い定めました。そこで、高皇産霊尊は八十《やそ》諸神《もろかみ》たちを召し集めておたずねになりました。「私は葦原中国の邪鬼《あしきもの》をはらって平定したいと思う。いったい誰を遣わせばよいだろうか。諸神《もろかみ》たちよ、どうかあなた方の知っているところを隠さずに教えてもらいたい」と。皆が口をそろえて言いました。「天穂日命《あまのほひのみこと》は、神の中でもすぐれた御神傑《ごしんけつ》です。あの方をお試しにならないわけにはまいりません」と。そこで高皇産霊尊は頭を下げて皆の言葉に従い、天穂日命を派遣なさいました。ところが、この神は大己貴神《おおあなむちのかみ》におもねり媚《こ》びて、三年《みとせ》になってもまだ報告をなさいません。そこで高皇産霊尊はさらに諸神たちを集めて、誰を遣わせばよいかおたずねになりました。皆が口をそろえて言いました。「天国玉《あまつくにたま》の子の天稚彦《あめわかひこ》は勇壮な男子です。お試しになるとよろしいでしょう」と。そこで高皇産霊尊は天稚彦に天鹿児弓《あまのかごゆみ》と天羽羽矢《あまのはばや》を授けて派遣しました。この神も忠誠《まめ》ではありませんでした。この後に、高皇産霊尊はさらに諸神たちを集めて、葦原中国に遣わす者をお選びになりました。皆が口をそろえて言うには、「経津主神《ふつぬしのかみ》がよいでしょう」と。そこで武甕槌神《たけみかづちのかみ》を経津主神に配《そ》えて派遣し、ついに葦原中国を平定させました。

一書《あるふみ》には次のようにあります。（『日本書紀』巻二・第九段の一書第一より）

天稚彦は復命《かえりごと》をしませんでした。そのため、天照太神は思兼神《おもいかねのかみ》を召し出して、帰ってこない事情をおたずねになりました。

〈**講義**〉謹んで考察いたします。

ここに、天神《あまつかみ》による「問学」（広く意見を求めて質問すること）の教えが記されています。人には必ず長所と短所があります。それを他人に質問し、情意を尽くして各々が至善の状態にとどまるようにすれば、天下は美しく治まるでしょう。もし私欲に従って思うままにふるまい、自分の短所を弁護して他人の忠告に耳を貸さず、あるいは質問をしても、その両端（長所と短所）を完全に把握しなければ、質問した意味がありません。「問うことを好む」とは、このように大いなる道なのです。高乾神の霊威を以てしても、問うことを好めばこそ、最後には大功を成就できるというわけです。高皇産霊尊が事細かに何度も問われたことや、頭を下げて皆の意見に従われたことは、後世の天皇が諫言を求め臣下の率直な意見をお聞き入れになるために、この上ない教戒です。

思うに、人君は宮中の奥深くに住まわれて、億兆の民の上に立っておられます。人君には激しい雷のような権威と極めて重い権勢があるだけでなく、身体の前には竜の喉の下にあるのと同じ逆鱗《げきりん》を持ち、背後には極刑に用いる道具をお持ちです。一度《ひとたび》その怒りに触れれば命がありません。何も言わなくても、威嚇しなくても、人君の前に出れば人民はまず恐れおののいてしまいます。ましてや人君が自分の短所を弁護し、諫言を拒み、威厳に満ちて猛々しくふるまわれるなら、人君と人民の間に言葉の行き交う道が通じるわけもありません。そもそも、人君は玉飾りを垂らした冕冠《べんかん》をつけて目をおおい、黄色い綿の耳ふさぎで耳を隠し、外出の際には人払いの先触れをするという有り様なのですから、なおのことです。

ゆえに、人君が臣下に目通りを許すときは、顔色を和らげて諫言を引き出し、虚心坦懐にその言葉を受け入れ、積極的に進言を迎え入れて、天下に善政をもたらすようにしなければなりません。それこそが人君の徳なのです。

外朝の聖帝もまた、事あるごとに臣下の言に従っています。堯帝《ぎょうてい》は身分の低い者にも問いかけて、その意見を受納しました。舜帝《しゅんてい》も問うことを好み、四方の事情を耳目に集めています。(8) 夏《か》の禹王《うおう》も昌言《しょうげん》（道理にかなった善い言葉）を拝して受け入れました。(9) 殷《いん》の湯王《とうおう》は坐して夜明けを待ち、才知にすぐれた人物を求めたといいます。(10) 周公旦《しゅうこうたん》は三王（夏の禹王、殷の湯王、周の文・武王）の事蹟を考え合わせて、善く国家を治めました。(11) 問学の重要性について考えるときは、これらの事例も参考にすべきです。

およそ、世の中が未開で人知も発達していない時代において、軍事作戦上の重要任務については、君臣ともに綿密な議論を重ねても、実際に行動する兵が思慮を失い、過ちをおかすことがないとは限りません。すでに天神《あまつかみ》（高皇産霊尊）ですら何度も失敗しているのですから、後世の者がどうして容易に成就できるでしょうか。天神がこのような教戒を遺し示された意図は明らかです。善言を求めて繰り返し問うことの大切さを教えてくださっているのです。以上、天神の問学の教えについて述べました。

『日本書紀』巻二・第九段の一書第二より

天照太神は手《みて》に宝鏡《たからのかがみ》をお持ちになって、天忍穂耳尊《あまのおしほみみのみこと》に授け、祝福して仰せになりました。「わが児《こ》よ、この宝鏡をご覧になるときは、まさに私を見ているものと思いなさい。あなたがお暮らしになるのと同じ床《ゆか》の上で、御殿《みあらか》を共《ひとつ》にして、斎鏡《いわいのかがみ》としてお祭りしなさい」と。

先人（北畠親房公）は、これを「往古の神勅」と述べています。（『職原鈔』神祇官の条より）

〈講義〉謹んで考察いたします。

これは往古の神勅です。「当猶視吾（当《まさ》に猶《なお》吾れを視《み》るがごとくすべし）」の四字は、天祖・天照太神が皇孫に伝授された天の教えであり、「千万世にわたり皇統を謹守すべし」という御遺戒にほかなりません。その言葉は簡単ですが、意味するところは深遠です。堯から舜、禹へと受け継がれた十六字の遺戒「人心《じんしんこ》惟れ危《あやう》く、道心《どうしんこ》惟れ微《び》なり。惟《こ》れ精《せいこ》惟れ一《いっ》、允《まこと》に厥《そ》の中《ちゅう》を執《と》れ」（人心は欲に満ちていて危うく、道を求める心は微《かす》かなものである。二つの心を一つに合わせ、精心一意に中正な道を守るようにせよ）[12]というども、どうしてこれ以上のものでありましょうか。

思うに、人の子たるもの、恒《つね》に祖先が目の前に存在するように思い、敬愛の心を抱いて生活するなら、いつまでたっても怠惰な気持ちが生じることはありません。あるいは最初は敬愛していても最後までその気持ちを保つことができなかったり、あるいは家の中では祖先を敬っていても外へ出ると心を緩めてしまったりするのは、日に日に遠ざかって祖先を忘れ、私欲に従って慎みを忘れるからそうなるのです。

祖先を祖先として敬愛する者は、臣下を臣下として大切にします。自分の祖先を忘れ去って、民に親しみ民を慈しむ者があった例《ためし》はありません。孔子は、「(父の死後)三年父の道を改むること無きを以て孝と為す」と言われました。[13] これもまた、適切な見解ではないでしょうか。

一般に人を慕うときは、その人の好きな樹木でさえ愛《いと》しく思い、人を愛するときは、その人の家の屋根にとまった烏《からす》でさえ慕わしく思うものです。それが遺愛の杯《さかずき》や書であればなおのこと、ましてや天照太神のお姿を映した宝鏡となればいうまでもありません。

鏡に向かってその形を見ると、明正無窮の日輪《にちりん》をかたどっているのが分かります。一心に君子の道を修めるときは、日々努力して一刻も休むことのない誠の徳を教えてくれます。そればかりか、日月と光を合わせて輝き、天地と働きをともにして、その道を明らかに照らしてくれます。そして何よりも、宝鏡には天照太神の霊《みたま》がこもっています。宝鏡は伊勢神宮の御神体にして、天照太神そのものです。天皇陛下が大切に思われないわけがありません。

思うに、鏡という物は、剛《かた》く精錬された銅を用いて銀や錫を焼き付け、磨き上げて明らかな光彩を発するように作ります。この工程を見ると、鏡は知仁勇の三徳によって成るものといえないでしょうか。すなわち、勇の徳を表す剛精の銅、努力して磨き上げる仁の徳、明らかな光を放つ知の徳です。

鏡は己《おの》れを虚しくして物の姿を受け入れますが、いまだ鏡の前に来ない物を迎えて映すことはなく、すでに去った物を追いかけて映すこともありません。つまり、実際に起きていないことを迎え入れて心配したり、すでに終わったことを追いかけていつまでもくよくよと悩むこともないわけです。また、布でおおえば隠れ、必要な時だけ姿を映して用いることができます。何ひとつ隠すことなく照らし出し、万物を公平に明らかに映します。どれだけ磨いても薄くならず、黒く染めようとしても黒くなりません。よく精錬されていて、悠久に用いることができます。

鏡を用いるにはそれなりの道があります。あまりにしばしば用いると物事が明らかになりすぎて、隠しておいた方が良いことや、曖昧にしておいた方が良いことまで暴《あば》き出してしまいます。逆に長い間布でおおっていると、錆《さび》が生じます。必要な時に出し、しまっておくにも節度が必要です。日々磨いて常に新しく保っておけば、大いに明鏡本来の力を得ることができるでしょう。これは宝鏡だけでなく、天下の鏡すべてに共通する使用法です。

ゆえに、鏡は人君の心を養い、学者の省察《せいさつ》を促すに十分な品物です。外朝古代の黄帝《こうてい》は神鏡を鋳造し、周の武王は鏡の銘を作り(14)、唐の太宗は三鑑《さんかん》の戒を残し(15)、玄宗は水心《すいしん》の鏡を珍重しました(16)。これらの故事も合わせて考えるとよいでしょう。

しかしながら、天照太神の宝鏡はその霊威において、これらと同類ではありません。天皇がよく慎んで神勅を護り、霊鏡の徳を中心に据えて生活なさるなら、神は洋々として恒《つね》に心の中に居られ、その徳は日に日に磨かれて新しくなります。それは、ただ単に天照太神のお姿が眼前から離れないというだけでもなければ、また、外朝の舜帝が、堯帝の亡き後、坐しては垣根にその俤《おもかげ》を見、食事中は汁物の中にその俤を見たというようなものでもないのです。以上、往古の神勅について述べました。

『日本書紀』巻十より

応神天皇の十五年秋八月六日に、百済王が阿直岐《あちき》を派遣して、良馬二頭を献上しました。軽坂上《かるのさかのうえ》の厩《うまや》で養うことになり、阿直岐を責任者として飼わせました。ゆえに、その馬を養った場所を厩坂《うまやさか》と名付けました。阿直岐もまた経典を読むことができました。そこで、皇太子・菟道稚郎子《うじのわきいらつこ》の教師に任じました。ここにおいて、天皇は阿直岐にたずねて仰せになりました。「もしや、貴国にはあなたよりすぐれた博士《ふみよみひと》もおられましょうか」と。阿直岐が答えて言うには、「王仁《わに》という者がいます。優秀な学者です」と。そこで、この時に上毛野君《かみつけののきみ》の祖先・荒田別《あらたわけ》と巫別《かむなきわけ》を百済に派遣して、王仁をお招きになりました。この阿直岐は、阿直岐史《あちきのふびと》という氏族の始祖《はじめのおや》です。

十六年春二月に、王仁が来朝しました。そこで、皇太子・菟道稚郎子が王仁を教師として諸々の典籍を習い、そのすべてに通達なさいました。ゆえに、王仁は書首《ふみのおびと》（西文氏《かわちのふみうじ》）らの始祖《はじめのおや》と言われています。

『続日本紀』巻四十より

百済王《くだらのこきし》真道《まみち》（後の菅野《すがの》氏）が、桓武天皇の御世（延暦九年七月）に上奏して申し上げました。

「真道らの本系は、百済国の貴須王《きすおう》から出ています。貴須王は、百済が始めて興《おこ》ってから第十六世の王です。そもそも百済の太祖・都慕大王《とぼだいおう》は日神《にっしん》の降霊によって誕生し、扶余《ふよ》族の居住する地方に国を開きました。これを天帝が天子として承認したので、諸韓を統一して王と称したのです。時代は降り、近肖古王《きんしょうこおう》(17)に至って貴国の天皇の徳をはるかに慕い、初めて貴国に使節を派遣しました。

これは神功皇后が摂政をされていた年のことです。その後(18)、応神天皇が上毛野氏《かみつけののうじ》の祖先・荒田別《あらたわけ》を百済に遣わし、有識者を捜して招こうとなさいました。国主・貴須王は恭しく使者の意向を聞き入れ、一族の者の中から選んで、その孫の辰孫王《しんそんおう》を使者とともに来朝させました。天皇はこれを喜ばれ、特に配慮して皇太子の教師となさいました。この時初めて書籍を伝えて儒教の学風を大いに開き、これによって文教が誠に盛んになっていったのです。仁徳天皇は辰孫王の長子・阿郎王《あろうおう》(19)をおそば近く仕えさせました。」

　桓武天皇の御世（延暦十年四月）に、武生連《たけふのむらじ》真象《まかた》らが申し上げました。「漢の高祖の子孫に鸞《らん》という人があり、鸞の子孫の王狗《おうく》が百済に移ってきました。久素王《くそおう》（貴須王《きすおう》）の時、日本の朝廷より使者を派遣し、文人（学者）を捜してお招きになりました。久素王は王狗の孫の王仁《わに》を推薦しました。この王仁が、文氏や武生氏らの祖先です」と。

〈講義〉謹んで考察いたします。

　これが、わが国において外朝の経典を学んだ始まりです。

学問というものは、己《おの》れを修め人を治めることを根本の目的とします。「己れを修め人を治める道」は、あらゆる人情や事物に通じなければ、真に達成することはできません。

　天神《あまつかみ》の霊妙な知力はあらゆる事物を見通し、天祖《あまつみおや》・天照太神の明らかな神勅は万事にわたってよくゆきとどいたものでした。ゆえに、神武天皇は建国の基礎を築かれ、その子の綏靖天皇は極めて親孝行でよく皇位を継承されました。崇神天皇は日々に慎んで神を敬われ、その子の垂仁天皇は偽り飾ることのない心で伊勢の神宮を創建されました。景行天皇は武勇にすぐれて地方を平定され、その子の成務天皇は畏れ慎みながら地方行政の制度を整えていかれました。

これらはすべて、歴代天皇が乾霊（天神）の正徳に従って天照太神の明教（神勅）を尋ね究めてよく理解され、それを実現するために人物の実情を詳しく調べ、それぞれの時代に必要な政務を遂行されたということです。それによって天下の秩序は整い、人物はその居場所を得ました。すなわち、わが国の神聖な天皇の学問は、その根本の目的が往古より明らかであったため、万世にわたってこれを法として従えば、天下を治めるに十分だったということです。

仲哀天皇の御世に、住吉大神《すみのえのおおみかみ》が「宝のある国を授けよう」という神託を下され、神功皇后は自《みずか》ら兵を率いて三韓（新羅《しらぎ》・百済《くだら》・高麗《こま》）[20]へと遠征なさいました。三韓は降伏し、神功皇后は武徳を外国に輝かせました。この時以来、三韓は毎年朝貢するようになり、貢ぎ物を運んでくる船の楫《かじ》は乾く間もなく、これによって外国の器物や経典が、わが国にも備わることになったのです。百済王は天皇に交誼《よしみ》を通じようと欲して博士や女工等を献上し、ここにおいて、わが国は初めて漢字を知りました。

応神天皇は武徳に富み聡明でしたから、広く外国の事物に通じようと欲して王仁《わに》を招聘し、典籍を講読させせました。皇太子は王仁を教師として学び、漢籍に深く通じるようになりました。これらの漢籍によると、外朝の三皇五帝（三皇は伏羲《ふくぎ》・女媧《じょか》または燧人《すいじん》・神農《しんのう》、五帝は黄帝《こうてい》・顓頊《せんぎょく》・帝嚳《ていこく》、帝堯《ていぎょう》・帝舜《ていしゅん》）および夏《か》の禹王《うおう》・殷《いん》の湯王《とうおう》・周《しゅう》の文王《ぶんおう》と武王《ぶおう》・周公旦《しゅうこうたん》・孔子《こうし》は大聖人とされていますが、これらの聖人が拠り所とする道は、わが国往古の神聖な神々の道と同じです。ゆえに、それらの書物を読んでも意味は完全に通じて、わが国の教えと何ら隔たるところはなく、趣意や志向も符節を合わせたように一致しています。これを汲み取って取捨選択すれば、天皇の徳を弘めていく助けになります。おそれながら私が考えるには、応神天皇が謙虚な心で百済の博士を招かれた後、わが国は外朝の典籍に広く通じ、聖賢の言行《げんこう》を知るようになりましたが、これこそが住吉大神より賜った宝物であったということです。

ある人が質問しました。「わが国と通交しなくても、外朝には豊かな文物がありました。わが国は外朝からそれらの文物を輸入して広く用いたのです。それなら、外朝の方がわが国よりすぐれているのではありませんか」と。

私の考えでは、それは違います。わが国には開闢以来、神々から承継した徳行と明教が、歴代天皇に兼ね備わっています。漢籍を知らなくても、まったく何一つとして欠けるものはありません。幸運にも外朝の事物に通じたので、その長所を取り入れて、天皇の徳を弘める助けとしたのです。これは実に寛容な態度ではありませんか。どうして外朝だけがすぐれているといえましょうか。

およそ、天下の事物を詳しく知って内外の知識を蓄《たくわ》え、他と比較することによって短所と長所を考え、役に立つものを余すことなく取り入れ、状況に応じて適用することができるのは、度量が大きいからです。人は内面の修養と外部からの知識を兼ね備えてこそ、立派な人物になるのです。自分の短所を弁護して、外国のすぐれた文物を排斥するような態度は、君子のとるべき道ではありません。ましてや、外朝はわが国と究極の道が一致しており、その歴史はまことに古く、領土は広大で人物も多いのですから、政事の加除修正については相互に参考とするに足るものなのです。これを利用するのは当然といえましょう。わが国を世界で最もすぐれた国と考えてよい理由はここにあります。後世、外朝との通交は断絶し、友好関係も失われてしまいましたが、わが国では特に不自由することはありませんでした。そのことも併せて考えるべきです。

ある人が質問しました。「王仁は徳が高く、『詩経』にもよく通じていました。ゆえに、『難波津《なにわづ》に咲くやこの花冬ごもり、今は春べと咲くやこの花[21]』という歌を詠んで、大鷦鷯尊《おおさざきのみこと》(後の仁徳天皇)に奉っています。仁徳天皇は王仁の輔佐のおかげで聖帝になられたのではありませんか」と。

私の考えでは、それは違います。

王仁は漢籍に通暁した博士でしたが、この時、日本人はまだ漢字に通じていませんでした。ゆえに、その手ほどきを彼に受けただけなのです。その後、履中天皇の御世に、「阿知使主《あちのおみ》と王仁に朝廷の蔵の出納を記録させた」ということが、『古語拾遺』に記されています。この事実によって、王仁の職務上の地位を知ることができます。仁徳天皇は謙徳寛仁の明君であって、当時の賢人はすべて登用され、朝廷の官位にふさわしくない挙用はなされていません。今も昔も「聖帝」と称えられていますが、王仁の才徳については、歴史書に何も記されていません。役職がただの「文首《ふひと》」であるのも、学者として恥ずべきことです。

世間一般の儒学者の多くが、自国を軽蔑して外朝を信奉しています。彼らは耳で聞く知識のみをありがたがり、目の前の事実を不当に蔑《さげす》んでいます。この連中が、外朝への過大評価を助長する悪弊を生んでいるのです。以上、外朝の書物を学ぶ意義について述べました。

この章では、わが国の教学の淵源を究明しました。謹んで総括いたします。

「学」とは「效《ならう》」ということです。知らないことやできないことをまねて身につけることです。身近な出来事については見て知り、遠くの出来事については聞いて知ります。人として生まれた以上、幼児から老人に至るまで、一日たりとも教学に由《よ》らずに生活することはできません。人が「万物の長」であるのは、おそらく「知」という能力を有するからです。「知」とは不思議な能力です。知りたいという思いがあれば理解できないことは無く、知を致《きわ》めればすみずみまで分かるようになります。ゆえに、その人が小人になるか君子になるかを決めるのは、総じて、どのような学問を習ったかということによるのです。

火には「燃える」という性質があります。しかし、薪や柴を加えて風を送らなければ、火の勢いを増すことはできません。水には「流れる」という素質があります。しかし、水路をつくって低い所へ誘導しなければ、遠くまで流れていくことはできません。あるいは暴風にあおられたり、水路に穴をあけたりすれば、火事や水害が起こって人物を害することになります。これは火や水のみに限りません。学問も同じです。学ぶ内容や知識の使い方を誤れば、とんでもないことになります。慎まねばなりません。

それゆえ、天神《あまつかみ》は生来の知恵によって、動作を見ただけでその本質を感じ取り、言葉を聞くだけですべてを理解するような能力をお持ちですが、それでもなお、事業に着手するにあたっては多くの意見を兼ね合わせて考え、協議して計画を立てるという、細かく丁寧な手順を踏んでおられるのです。また、天孫《あめみま》の降臨にあたっては、厳かな神勅を下し、常に守るべき神器を授け、天児屋命と太玉命に補佐を命じられました。このようにして、天神は身を修め人を治めるために必要な学問の道を、周到に教えておられるのです。これが後世の聖教（わが国の教学）の淵源ではないでしょうか。

ある人が質問しました。「わが国には経書と歴史書が少なく、学校や試験の制度も長い間設けられませんでした。ゆえに、すぐれた人材も育成できなかったのではありませんか」と。

この質問に対して、私は次のように考えます。

神聖（天皇の御先祖の神々）は実際に天神の感化を受け、目で見て教学を知りました。後世の人間は伝え聞いてその内容を知りました。そして、伝聞に食い違いや誤りがあってはならないと考え、次々に記録しました。しかしながら、これを書き記した人々は聖人ではないので、その内容は臆説にならざるを得ません。書籍は日々盛んに世に出され、人々は読書を学問と考えるようになりました。聖教は次第に日常生活からかけ離れて見えなくなり、異端の学説が横行して、「堅白論」(22)のようなこじつけの議論が盛んになりました。その様子はまるで空気や氷水に彫刻しているようです。いくら学校や試験の制度を設けても、学問の実際の目的（己れを修め人を治める道）を見失えば、人は偽りの学力を競い合い、利益や権勢を追い求めるようになるだけです。

博識を学問とするなら、内外の書物をすべて読み尽くしてもまだ足りません。しかし、真によく学問の道に通じるなら、一言を聞いただけで多くを知ることもあるのです。ましてや、わが国には神代からの歴史書が欠けることなくそろっていますから、人材を育成するには十分であるといえましょう。

注

(1) ここに天体の運行に関する説明があるのですが、難解なので意訳できません。省略しました。

(2) 『中庸』に「博《ひろ》く之《これ》を学び、審《つまびら》かに之を問ひ、慎《つつし》んで之を思ひ、明《あきら》かに之を弁《べん》じ、篤《あつ》く之を行《おこな》ふ」とあります。

(3) 素行先生は、四書五経を読むにあたって聖人の教えから直接学ぶことを主張され、外朝の聖人の学問を「聖学」と呼ばれました。

(4) 『論語』(学而篇)に「有道に就きて正す」という文言があります。

(5) 『中庸』に「君子《くんし》の道《みち》は、諸《これ》を身《み》に本《もと》づけ、諸《これ》を庶民《しょみん》に徴《ちょう》し、諸《これ》を三王《さんおう》に考《かんが》へて繆《あやま》らず。諸《これ》を天地《てんち》に建《た》てて悖《もと》らず、諸《これ》を鬼神《きじん》に質《ただ》して疑《うたがい》無《な》し」とあります。

(6) 『論語』(学而篇)に「学びて時に之《これ》を習ふ、亦《また》説《よろこ》ばしからずや。朋《とも》、遠方《えんぽう》より来《きた》る有り、亦楽しからずや」とあります。

(7) 『中庸』に「誠《まこと》は、天《てん》の道《みち》なり。之《これ》を誠《まこと》にするは、人《ひと》の道《みち》なり」とあります。

(8) 『書経』(堯典篇)に、堯帝が臣下に問いかけて人事を定めようとしたことが書かれています。また、舜帝に関しては、「月正元日《がつしょうがんじつ》、舜文祖《しゅんぶんそ》に格《いた》り、四岳《しがく》に詢《はか》り、四門《しもん》を闢《ひら》き、四目《しもく》を明かにし、四聡《しそう》を遠くし、十《じゅう》有二牧《またにぼく》に咨《はか》って曰く、云々」とあります。なお、文祖は堯帝の祖廟、四岳は四方の諸侯を統率する官、十二牧《じゅうにぼく》は十二州の地方長官のことです。

(9) 『書経』(大禹謨篇)に、禹《う》が益《えき》の昌言を拝して「兪《しか》り」と言ったことが載っています。

(10)『書経』(太甲上篇)に、伊尹《いいん》の言葉として「先王(湯王)昧爽《まいそう》丕《おお》いに顕《あきら》かにして、坐して以て旦《あした》を待ち、旁《あまね》く俊彦《しゅんげん》を求めて、後人《こうじん》を啓迪《けいてき》す」とあります。

(11)『孟子』(離婁章句下篇)に「周公は三王《さんおう》を兼ね、以て四事《しじ》を施《ほどこ》さんことを思ふ」とあります。

(12)この文言は『書経』(大禹謨篇)に見えます。なお、『中庸』(中庸章句序)に、人心と道心に関する朱子の説明があります。

(13)『論語』(学而篇)に「子曰く、父在《いま》せば其《そ》の志《こころざし》を観《み》、父没《ぼつ》すれば其の行《おこない》を観《み》る。三年《さんねん》父の道を改《あらた》むること無きは、孝《こう》と謂《い》ふ可《べ》し」とあります。

(14)「鏡を以て自ら昭かに形容を見る、人を以て自ら昭かに吉凶を見る」という銘。(『後漢書』朱穆伝の註より)

(15)「銅を以て鑑《かがみ》と為《な》せば、衣冠《いかん》を正すべく、古《いにしえ》を以て鑑《かがみ》と為《な》せば、興替《こうたい》を知るべく、人を以て鑑《かがみ》と為《な》せば、得失《とくしつ》を知るべし。」(「銅を鏡とすれば衣冠を正すことができ、過去の歴史を鏡とすれば国の盛衰を知ることができ、人を鏡とすれば長所と短所を知ることができる。」『唐書』より)

(16)唐の天宝三年(七四四)、揚州から玄宗皇帝に献じた鏡。「異聞録」によれば、水心鏡は、仙人の指示により鏡匠の呂暉などが揚子江に浮かべた船の中で鋳造した鏡で、日を受けて輝き、背面の盤竜は生きて動くが如きであったという。(『大漢和辞典』より)

(17)津軽版には「近コロ背古王」と書いてありますが、『続日本紀』・自筆本ともに「近肖古王」とあるので、改めました。なお、『大漢和辞典』によれば、近肖古王《きんしょうこおう》は百済第十三代の王であり、その子の第十四代・近仇首王《きんきゅうしゅおう》が貴須(久素)王にあたります。

(18)自筆本・津軽版ともに「其年」とありますが、『続日本紀』には「其後」とあり、文脈から判断して改めました。

(19)『続日本紀』には「太阿郎王」とありますが、自筆本・津軽版ともに「阿郎王」です。『日本書紀』にこの記事はありません。

(20)『日本書紀』の「高麗」は、『三国史記』(高麗王朝の時代に編纂された朝鮮最古の歴史書)における「高句麗」

のことです。

(21)『古今和歌集註』（北畠親房著）によれば、王仁がこの歌を詠んだ事情は次のようなものです。応神天皇は最末の御子の菟道稚郎子を皇太子に立て、第二の御子の大鷦鷯尊《おおさざきのみこと》にその補佐を命じて崩御されました。しかし、二人の皇子は互いに譲り合って皇位につかず、ついに菟道稚郎子は自殺してしまわれました。それでもなお、大鷦鷯尊が皇位につこうとなさらないので、王仁がこの歌を詠んで即位をお勧めしたのです。

(22) 戦国時代、趙の公孫竜《こうそんりゅう》が唱えた詭弁《きべん》。『史記』(孟子荀卿列伝)に「堅白同異の弁」として出ています。

神治章――国家統治の理想像

素行先生は、古代の天皇による政治の中に国家統治の理想像を見ておられます。天皇が御先祖の神々から受け継がれた統治の方法とは、どのようなものだったのでしょうか。

この章では、まず、国家統治に必要な人君の心構えについて論じます。次に、統治の体制について、封建制と郡県制の違いが説明されます。さらに、古代の天皇がどのように民を治められたのか具体例を挙げて考察し、それによって、わが国の治道の要諦を明らかにされるのです。

『日本書紀』巻二・第九段の一書第一より

天照太神《あまてらすおおみかみ》は、皇孫《すめみま》に勅《みことのり》して仰せになりました。「葦原千五百秋《あしはらのちいほのあき》の瑞穂国《みずほのくに》は、わが子孫《うみのこ》の王《きみ》たるべき地《くに》です。さあ、皇孫よ、あなたが行って治めなさい。行路の無事を祈ります。宝祚《あまつひつぎ》が栄えることは、まさに天壌《あめつち》とともに無窮であるはずです」と。

一書《あるふみ》には次のようにあります。(『日本書紀』巻一・第八段の一書第六より)

大己貴命《おおあなむちのみこと》は少彦名命《すくなびこなのみこと》と力を合わせ、心を一つにして国づくりをし、天下《あめのした》を経営しました。昔、大己貴命が少彦名命に向かって言われました。「吾等《われら》が造った国はどうだろうか。よく出来たと言えるだろうね」と。少彦名命はこれに答えて言われました。「あるいはよく出来たところもあります。あるいはよく出来ていないところもあります」と。この会話には、どうやら深遠な意味が隠されているようです。

（少彦名命が常世国へ去った後）大己貴神は、言葉に出して仰せになりました。「この葦原中国《あしはらのなかつくに》は、もとは荒れ果てていたのだ。岩や草木に至るまで、何もかもが強暴だった。しかし、私がすっかり砕き伏せたので、今では和合して従順になったのだ。」そして、誰も逆らう者がいないので、ついに次のように言われました。「今、この国を治めるのは私ただ一人である。私と一緒に天下を治める者が、はたして誰かいるだろうか」と。

この時、不思議な神光《しんこう》が海を照らし、たちまち浮き上がってこちらへ来る者があったと見るや、声がしました。「もし私がいなかったら、おまえはどうしてこの国を平定できただろうか。私がいたからこそ、おまえは国づくりという大きな功績を建てることができたのだ。」この時、大己貴神が問いかけました。「それでは、あなたはどなたですか」と。答えて言うには「私はおまえの幸魂《さきみたま》奇魂《くしみたま》である。」大己貴神が言われました。「なるほど、それで初めて分かりました。あなたは確かに私の幸魂奇魂です。今はどこに住もうと思われますか」と。答えて言うには「私は日本国《やまとのくに》の三諸山《みもろのやま》に住もうと思う。」そこで早速、その土地にお宮をつくり、そこへお連れしてお住みになっていただきました。これが大三輪《おおみわ》の神です。

〈**講義**〉謹んで考察いたします。

これは、天神《あまつかみ》による治道の始まりを伝えた物語です。

「与天壌無窮（天壌《あめつち》と窮《きわ》まり無《な》し）」の五字は、宝祚の無窮を言祝《ことほ》ぐとともに、国家統治の理想の姿を表現しています。そもそも、天地の至誠の働きは、一刻も休むことがありません。天は悠遠にして万物を覆い、地は博厚にして万物を載せ、無窮に続いています。君子がこの天地自然の働きを見習い、自《みず》ら努《か》めて徳を厚く積むならば、向かうところすべて有利に進行するでしょう。人君がこの至誠の心と一体になって天下を統治すれば、国内はことごとく安寧に治まります。これが、天壌とともに無窮であるという理由です。

また、『易経』に説かれているように、天道において、満月のように盈《み》ちたものは欠けていきます。地道において、盈ちて頂点に達したものは次第に壊れて形を変えます。鬼神は盈ちて栄華を極めた者に禍害を与え、人道においては、盈ち足りた者を憎みます(1)。ゆえに、盈ちて心が緩むと必ず失うところがあるのです(2)。どこまでも昇り続けてやめなければ、必ず困窮します(3)。十分に飾り整えて物事が順調に進行したとしても、やがて飾りは剝落し、すべてが尽きてしまいます(4)。これが、終わりを全うするために謙譲の美徳が必要な理由です。

大己貴命と少彦名命の会話が意味するところは、『易経』（謙卦）に「謙《けん》は、亨《とお》る。君子《くんし》終《おわ》り有《あ》り」とあるように、謙譲の美徳を持つことによって神意にかない、物事を成就して終わりを全うできる、ということを言いたかったのではないでしょうか。

つまり、天皇が天地の徳に法《のっと》って、六頭の駿馬《しゅんめ》の引く馬車に乗り、謙虚に下を向き、万民を照らすように天下を統治すれば、その治教の道は天壌無窮の働きに応じるものとなるのです。

『日本書紀』巻三より

神武天皇は、己未年《つちのとのひつじのとし》の春三月七日に令《のり》を下して仰せになりました。

「私が東征を開始してから、ここに六年《むとせ》が過ぎ、高天原《たかまのはら》の神々のご威光をいただいて敵は滅ぼされた。辺境の地《くに》はいまだ鎮圧されず、なお手強い賊が残っているとはいえ、この中央の大和国《やまとのくに》に、もはや兵乱の風塵は立たない。まことに広く大きく皇都《みやこ》を開き、正大な御殿を設計して建築するにふさわしい時である。今はまだ夜明けの時代にあたり、民の心は純朴で素直だが、鳥の巣や獣の穴のような場所に住む習俗《しわざ》が常態である。そもそも、聖人（大人《ひじり》）が制度（制《のり》）を立てるとき、その理非曲直の判断（義《ことわり》）は必ず時宜に随《したが》うものである。かりにも民の利益となる（民に利《くぼさ》ある）事業であるなら、どうして神聖な天皇の道（聖造《ひじりのわざ》）に反しているといえようか。今こそまさに、山林をきりひらき宮殿を造営して恭んで皇位に臨み、国民が安らかに暮らせるように国家統治の根幹を定めよう。天を仰いでは、乾霊《あめのかみ》が国をお授けくださった徳《うつくしみ》に感謝し、地に向かっては、皇孫《すめみま》・瓊瓊杵尊《ににぎのみこと》が人としての正しい道を養い育ててくださったその心を弘めよう。その後に六合《くにのうち》に住む皆の心を一つに合わせて都を開き、国家という大きな屋根で八紘《あめのした》をおおうのも、また良いことではないか。」

〈講義〉謹んで考察いたします。

これは、人皇《にんのう》（人間としてお生まれになった天皇）が、皇位という中心を建てて日本国の秩序を定め、初めて治道（統治の方法）を宣言なさった詔勅です。「大人《ひじり》」とは、聖人が君主の位に即いておられる時の呼称です。「制《のり》」は、礼楽刑政の制度のことです。「義《ことわり》」とは、今までの制度を削ったり増したり、受け継いだり改めたりして、正しい道にかなうように調節していくことです。「民を利《り》する」とは、人民が各々その楽しみとするところを楽しみ、利益とするところを利益として享受できるようにすることです。「聖造《ひじりのわざ》」とは、天祖《あまつみおや》と皇孫《すめみま》がお建てになった道を指します。

思うに、天下を治めるには、必ず時宜（それにふさわしい時）というものがあります。時宜を知らなければ、大人《ひじり》の政治とはいえません。天祖が国を授けて皇孫が降臨されるまでの遙かな時の流れの間に、国土はすでに定まり、天下は大いに造営されたとはいえ、世の中はまだ開けたばかりで混沌としていました。皇孫は西の偏境の地でひたすら人としての正しい道を養い育て、子孫が後を継いで国家建設の大事業を興してくれる時を待たれたのです。

神武天皇は一念発起して建国の大事業に着手し、初めて中州（わが国）を統制なさいました。この時にあたって、時宜にかなうように行政制度を整えていかなければ、国家建設が人民の希求する急務とはなり得ません。ゆえに、この詔勅を下して、都の建設が時代の要請する急務であることを宣言し、皇位に臨まれたのです。『易経』（随卦・彖伝）にも「時《とき》に随《したが》うの義《ぎ》、大《だい》なる哉《かな》」とあります。「時宜にかなう」というのは、天下を治める上で重要なことです。

神武天皇は、天祖が国を授け、皇孫が正しい道を養成されたその志を恒《つね》に大切にされ、民の心をそのまま自分の心としておられます。これがすなわち、「民の父母」ということです。万世の後まで、この神聖な詔勅に従って制度を立てていけば、天下の宝ともいえる大切な国民を間違った方向に導くことはないでしょう。

『日本書紀』巻五より

崇神天皇の四年冬十月二十三日、詔《みことのり》して仰せになりました。

「わが御先祖の歴代天皇が皇位に即《つ》かれ、天下を統治されたのは、決してご自身の利益のためではない。おそらく人と神との間を取り持ち、天下に秩序をもたらすためであろう。ゆえに、いずれの世々《よよ》においても、はるか昔から受け継いだ功績をよく弘め、時宜にかなった徳《うつくしみ》を施しておられる。今、朕《わたし》は皇位を継承し、黎元《おおみたから》(国民)を愛《めぐ》み養っていく務めを負ったが、どのようにして皇祖《みおや》の足跡《そくせき》を述べてその徳に従い、永く窮まりない皇位を保てばよかろうか。ついては群臣たち、諸々の役人たちよ、あなた方の忠実で貞節な心を尽くしてもらいたい。あなた方と共に天下を安寧に治めていくのも、また良いことではなかろうか。」

〈講義〉謹んで考察いたします。

人君が帝位を私《わたくし》のものと考え、その権限を自分のために用いるとき、天は決して味方をしません。ゆえに、天災と人害が次々に起こります。崇神天皇がこの詔勅により天下を公《おおやけ》のものと宣言されたことこそが、皇位の無窮を実現することにつながります。もし、天皇が皇位を私物化するつもりなら、群臣に議ることはありません。天下を公のものと考えておられるからこそ、「あなた方の忠実で貞節な心」と共に天下を治めようとなさるのです。崇神天皇の徳の何と偉大なことでしょうか。外国が朝貢してきたのも、まことに当然のことです（崇神天皇の六十五年七月に任那国が来貢しています）。

思うに、人君の治道の要諦は公私の区別にあります。もし、富貴を自分一人のために用いようとするなら、佞臣が取り入り、賢良な臣は日々遠ざかっていくでしょう。天子の位ほど貴いものはありません。天下の富を保有して遊び暮らす楽しみがその心を狂わし、音楽や美女がその耳目をくらまします。このような境遇にあって、祖先や国民に対する重責を顧みず、群臣たちの諤々《がくがく》たる諫言にも従わないとすれば、誘惑を退けてすぐれた君主として立つことは、ほとんど不可能でしょう。

ゆえに、過失は公私のわずかな差から始まって、果てには天下の困窮にまで至ります。皇位の安危の分かれ目は、このように微妙なところに兆《きざ》しているのです。以上、治道の要諦について述べました。

『日本書紀』巻二・第九段の一書第二より

大物主神《おおものぬしのかみ》と事代主神《ことしろぬしのかみ》は八十万神《やそよろずのかみ》たちを天高市《あまのたけち》に集め、彼らを率いて天に昇り、心をこめて忠誠の誓いを申し述べました。高皇産霊尊《たかみむすひのみこと》は大物主神に勅《みことのり》して仰せになりました。「そなたがもし、国神《くにつかみ》の娘を妻とするなら、私はなお、そなたには天神《あまつかみ》を疎んじる心があると考えるだろう。そこで今、私の娘の三穂津姫《みほつひめ》をそなたの妻として与えよう。八十万神たちを率いて、永久に皇孫《すめみま》をお護りするがよい」と。このようにして、地上に還り降らせました。

〈講義〉謹んで考察いたします。

高皇産霊尊のこの言葉は、封建（領地を与えて統治させること）を命じたのと同義です。

大物主神の子は全部で百八十一神あり、上手に天下を経営したので、国民の生活は大いにうるおい恩恵をこうむりました。その功績は甚だ大きいものがあります。

大物主神は天孫降臨の時、八十万神たちを率いて天へ昇り、交誼《よしみ》を通じるために、誠心をこめて天《あまつ》神《かみ》の門をたたきました。ゆえに、天神は領土を与えて治めさせることにし、大物主神はその後末永く、皇孫の藩屛《はんぺい》（守護の垣根）として皇家を守護し奉ったのです。

この時以来、大神《おおわ》（三輪神《みわのかみ》、大和《おおわ》ともいう）の子孫はこの国で大いに栄えました。事代主神には一男一女がありました。息子の天日方奇日方命《あまのひかたくしひかたのみこと》は、神武天皇の橿原の朝廷で食《け》国政申大夫《くにのまつりごともうすまえつきみ》となりました。娘の媛蹈鞴五十鈴媛命《ひめたたらいすずひめのみこと》は神武天皇の皇后となりました。綏靖天皇の母君です。

『日本書紀』巻七より

景行天皇の四年、七十人余の皇子《みこ》たちは皆、国郡《くにぐに》（地方）の領主に封じられ、それぞれの領国に赴きました。ゆえに、今の時代に諸国で見られる「別《わけ》」という名前は、その別王《わかれのみこ》の子孫です。天皇の皇子と皇女は、前後合わせて八十人ありました。そして今、七十人を封建したのです。

景行天皇の五十五年春二月五日に、彦狭嶋王《ひこさしまのみこ》を東山道《やまのみち》十五か国の都督《かみ》（行政長官）に任命なさいました。この人は豊城命《とよきのみこと》（崇神天皇の皇子）の孫です。しかしながら、早く世を去ってしまいました。五十六年の秋八月、御諸別王《みもろわけのみこ》に詔《みことのり》して仰せになりました。「そなたの父・彦狭嶋王は任地に到着しないうちに、早々に亡くなってしまわれた。よって、そなたが専任となって東国を治めよ」と。これにより、御諸別王は天皇の命を承るとともに、亡き父の仕事を成し遂げようと思い定めて任地に赴き、人々を治めて速やかに善政を布《し》くことができました。このようにして、東方の地は久しく無事に治まりました。これによって、その子孫は今も東国にいるのです。

〈講義〉謹んで考察いたします。

これが、人皇による封建の始まりです。子弟を封建して王室を守護するのは、国家統治における重要な施策です。彦狭嶋王が東山道の都督《かみ》に任命されたのは、東方の伯《はく》（領主たちの長官）に任じられたということです。

当時は封建方伯《ほうけんほうはく》の制度（地方領主たちを統轄するために長官を封建する制度）がありました。これにより、藩屏として日本国を守護し維持したのです。以上、封建の制度について述べました。

『日本書紀』巻七より

成務天皇の四年春二月一日、詔《みことのり》して仰せになりました。

「わが父である先帝《さきのみかど》・大足彦天皇《おおたらしひこのすめらみこと》（景行天皇）は聡明で武徳があり、天の命を受けて即位された。天道に則《のっと》って治め[5]、人道に順《したが》って賊を征伐し、世の中に正しい秩序を取り戻された。その徳《めぐみ》は天地のように広く、その統治は天地自然の道にかなっていた。これによって、天下《あめのした》に王臣でない者はいなくなり、万民はそれぞれに安らかな居場所を得たのである。今、朕《わたし》が皇位を継承して天皇になった。日夜に恐れ慎んで天下を治めているのだが、黎元《おおみたから》（国民）は蠢《うごめ》く虫のように道理をわきまえず、野蛮な心を改めようとしない。これは、国郡《くにこおり》に君長《ひとごのかみ》がおらず、県邑《あがたむら》に首渠《おびと》がいないからである。今より以後、国郡《くにこおり》に長《おさ》を立て、県邑《あがたむら》に首《かみ》を置き、その国のすぐれた人材を登用して国郡の首長に任命せよ。これを、中央の地を守る藩屏《かくし》とする。」

五年秋九月、諸国に命令して国郡《くにこおり》に造長《みやつこおさ》を立て、県邑《あがたむら》に稲置《いなき》を置くとともに、盾と矛を授けて役職の表《しるし》（表徴）としました。この時に山河を境界として国《くに》や県《あがた》を分け、縦横の道に従って邑里《むら》を定めました。これにより、東西を日縦《ひたたし》、南北を日横《ひよこし》とし、山陽《やまのみなみ》を影面《かげも》、山陰《やまのきた》を背面《そとも》ということになりました。このようにして地方行政の制度が定まったので、百姓《おおみたから》はそれぞれ安住の地を得て、天下は無事に治まりました。

先人（北畠親房公）は次のように述べています。

「国造《くにのみやつこ》」は国司の名称です。後に改めて「守《かみ》」となりました。（『職原鈔』諸国の条より）

天平宝字二年、(6)諸国の役所に勅《みことのり》して、国司の任期を四か年としました。宝亀十一年、大宰府に勅《みことのり》して任期を五か年としました。(『職原鈔』大宰府の条より)

〈**講義**〉謹んで考察いたします。

これが、わが国における郡県制の始まりです。

成務天皇の御世に至って初めて国土の境界を定め、国郡《くにこおり》を制定して行政区画を整備し、造長《みやつこひとごのかみ》を立て、稲置を置きました。これがすなわち、「郡県制」という統治法です。これより後は、歴代の天皇がこの制度を踏襲し、国ごとに守《かみ》・介《すけ》・掾《じょう》・目《さかん》および郡司《ぐんじ》・大領《だいりょう》・少領《しょうりょう》・主帳《しゅちょう》等の官職を置きました。また、辺境の要衝には、帥《そつ》・大少弐《だいしょうのに》・監《げん》・典《さかん》・将軍《しょうぐん》・軍監《ぐんげん》・軍曹《ぐんそう》・按察《あぜち》等の官職を置きました。各官吏の任期が終わると、その実績を調べます。公文書を調査検討して評価し、功のない人は退け、功のある人を任用します。この郡県制の実施に伴い、王室による封建の制度は無くなりました。

封建制は、侯王(貴族)を各地方の領主に任命して王家の藩屏とする制度です。天子は各地方を巡幸して「述職《じゅつしょく》の礼」(職務報告)を受け、領主は天子に拝謁するため朝廷に参内して「会同《かいどう》の儀」に参列します。

これに対して郡県制は、侯公を国郡の領主に封じるのではなく、朝廷が国郡の役人を任命し、任期を設けて交替させる制度です。この場合、租税は役所に納めさせて管理し、その中から役人や功臣に俸禄を分け与えることになります。

おそれながら、私は次のように考えています。

『大学』に説かれているように、天下を平らかに治めようと思う者は、まず自国を平らかに治めねばなりません。自国を平らかに治めようと思う者は、身内に争いが起こらないように、まず自分の家を斉《ととの》えねばなりません。家が集まって邑県《むらあがた》となり、邑県が集まって郡《こおり》となり、郡が集まって国となります。天下は多くの郡が集まったものです。ゆえに、郡を治めるための封建・郡県両制度は、天下を治めるための二大統治法です。

聖人が天下を治めるときは、天下の情勢を思量して制度を立て、時宜にかなった正しい方法（義）に従って社会秩序（礼）を明瞭に定めます。ゆえに、封建・郡県いずれの制度を採用しても、天下は平らかに治まります。暗主が天下を治めるときは、これと反対のことをします。ゆえに、封建・郡県いずれの制度を採用しても失敗します。このようなわけではありますが、二つの統治法に可否がないわけではありません。

私は次のように考えます。

「封建」は王侯に領地を分け与えて統治させるため、一見、天下を公《おおやけ》にするようですが、それはかえって天下を私《わたくし》することにつながり、王侯の家を代々その土地で繁栄させるようでかえってその存続をそこない、百姓（国民）の利益となるようでかえって百姓を苦しめ、王室を護るようでかえって王室の敵となることもあります。朝廷の政令が正しくても、領主たちはそれに従おうとせず、必ず自己の勢力を拡大しようという志を抱いています。これは、すべての領主に適切な人材を得ることはできず、しかも、一度領地を与えて封建すると、天子も即座にこれを変えることはできず、朝廷の執政官も直ちにこれを戒め正すのは難しいという理由があるからです。

「郡県」の制度はこれとは異なります。役人には任期があり、交替があり、任用の継続と打ち切りがあり、補佐官もあれば監察官もあります。人事異動をしやすく、過失を正しやすく、朝廷による政教の指導が十分でなくても、地方官の権勢が大きくなって朝廷にそむくという心配はありません。ゆえに、それぞれの職にふさわしい人材を選んで任用できます。これは天下を公にするということです。これが、王公の家を代々存続させることにつながります。王公は朝廷から罰せられるのを恐れて、私腹を肥やそうとはしません。王公（貴族）は役所から俸禄を得て生活しているので、自らの身の危険を招くような暴挙には出ません。これは百姓の利益にもなります。土地が開拓されて人民が増えれば、より上位の官職に昇進することを志して職務に励みます。これは百姓の利益にもなります。王室を護ることにもつながります。

封建・郡県両制度の可否は以上のようなものですが、どちらを実施するかは、天下の情勢によって判断します。わが国の草創期には、民が各々集団を形成して互いに敵対しながらも、あるいは相手が勇ましく強いのを恐れたり、あるいは計略にはまって服従したり、あるいは恩恵や施しを受けてなついたりして仲間となり、郷党を立て、勝手に境界を定めて相共《あいとも》にその土地に住みつくというようなことを、すでに長い間続けていました。天孫降臨の時もまた、そのような状態の民をそのまま治める必要があったので、それぞれの地域とつながりのある八十万神《やそよろずのかみ》たちを、彼らの首領として封建したのです。これは、当時の情勢を考えれば、やむを得ないことでした。

その後、長い年月を経て彼らの子孫の勢力が次第に衰えてきたので、成務天皇は郡県制を実施することができました。これは、天下の情勢に従ったわけです。概して、一度《ひとたび》封建制が行われると、郡県制に改めるのは難しいものです。しかし、当時は郡県制が大々的に施行されて成功し、皇統は連綿と続き、王公の家が断絶することもありませんでした。これらのことも併せて、その偉業を考えるべきです。

外朝の制度を考えると、上古より夏《か》・殷《いん》・周《しゅう》の三王の時代までは、すべて封建制でした。郡県制は、暴虐な秦《しん》の始皇帝が定めたもので、これは宰相・李斯《りし》の進言に従ったのです。魏《ぎ》の曹元首《そうげんしゅ》（曹操《そうそう》）や晋《しん》の陸士衡《りくしこう》は封建制を是とし、唐《とう》の李《り》百薬《ひやくやく》や柳宗元《りゆうそうげん》は郡県制を是としています。この二説の可否について、儒学者の間でも意見は一致していませんが、封建制は天下を公にするものであり、郡県制は天下を私するものであると考えられ、秦の始皇帝が郡県制を定めてわずか二代で滅亡したのを凶例としています。

今考えてみると、封建制を郡県制に改めるようなことは、秦の始皇帝のように暴虐で強大な権力を握った王でなければ、その時代の侯王の勢力を挫《くじ》いて実施することはできません。郡県制は古法にはない制度ですが、実に治道の要を得ています。しかしながら、李斯が進言して始皇帝が実施した郡県制は、実のところ、天下を私するものでした。ゆえに、その制度は明瞭でなく、運用の方法も正しくありませんでした。そのため、ついに乱賊を招く原因となったのです。これが世にいう柳宗元の「失は政に在りて制に在らず」（失敗の原因は政治にあって制度にはない）ということです。以上、郡県制について論じました。

『日本書紀』巻一・第五段の一書第十一より

天上《あめのうえ》にお住まいの天照太神が仰せになりました。「葦原中国《あしはらのなかつくに》に保食神《うけもちのかみ》がいると聞きました。月夜見尊《つくよみのみこと》よ、あなたが行って、様子を見てきてください」と。この勅《みことのり》を受けて月夜見尊は天降り、すでに保食神のもとに到着されました。保食神が首をめぐらせて陸地に向かうと、口から飯が出てきました。また、海に向かうと、鰭《ひれ》の広い大きな魚や鰭の狭い小さな魚も、口から出てきました。また、山に向かうと、毛の剛《かた》い大きな鳥獣や毛の柔らかい小さな鳥獣も、口から出てきました。このような品物をすべて取りそろえて百机《ももとりのつくえ》（多くの食膳）に載せ、飲食のもてなしをなさいました。この時、月夜見尊は怒りに顔を赤くして、「汚らわしいことだ。卑しいことだ。こともあろうに口から吐き出した物を、どうして私に食べさせようとするのか」と言われ、たちまち剣を抜いて、保食神をたたき殺してしまいました。このようにした後で天上に戻り、詳しくそのことを報告なさいました。この時、天照太神は激しくお怒りになって、「あなたは悪い神です。顔を合わせたくありません」と仰せになり、月夜見尊とは一日一夜《ひとひひとよ》を隔て、離れて住むことになさいました。

その後にまた、天照太神は天熊人《あまのくまひと》を見舞いに遣わされましたが、この時すでに保食神は死んでいました。ただし、その神の頭には牛馬が自然発生していて、額の上には粟《あわ》が生え、眉の上には繭《まゆ》が生じていました。眼の中には稗《ひえ》が生え、腹の中には稲が生え、陰部には麦と大豆《まめ》と小豆《あずき》が生えています。

天熊人はこれらすべてを取り持って天上に帰り、天照太神に献上しました。この時、天照太神は喜ばれて、「これらの物は、地上に住む民たちが食べて生きるための食糧《かて》となるでしょう」と仰せになり、さっそく粟・稗・麦・豆を畑に播く種子、稲を水田に播く種子に分類なさいました。また、栽培の責任者として天邑君《あまのむらきみ》を定め、初めて稲種を天狭田《あまのさなだ》および長田《ながた》に植えました。その秋の実りの穂は八握《やつか》（握りこぶし八つ分）にも垂れ下がり、ふさふさとしなやかにたわんで大変快い眺めでした。また、口の中に繭を含んで糸を弾き出す手法を獲得しました。この時から、養蚕の技術が始まったのです。

〈**講義**〉謹んで考察いたします。

これが、種々の穀物を播いて栽培した始まりです。

思うに、わが国にはもともと「秋瑞穂《あきのみずほ》」という呼称がありました。すなわち、美しい水土と豊かで瑞々しい稲穂の実りを、もとより備え持つ地《くに》なのです。

天照太神は保食神の教えによって、農業と養蚕の大いなる道を開かれました。この時以来、天下の人民は十分な食糧と、寒さを防ぐ衣服を手に入れたのです。何もかもが、神の広大な徳によるものです。以上、穀物栽培の始まりについて述べました。

『日本書紀』巻一・第七段の本文より

天照太神は、天狭田《あまのさなだ》と長田《ながた》を御田《みた》（神にお供えする米を作る田）となさいました。また、今まさに神衣《かむみそ》

（神がお召しになる衣服）を織りながら、斎服殿《いみはたどの》（神聖な機屋《はたや》）にいらっしゃいます。

〈講義〉謹んで考察いたします。

この記事は、天照太神が民の仕事を重んじられたことを伝えています。

尊い天神《あまつかみ》のご身分にあられ、他に織り手がないわけでもないのにその仕事を御自《おんみずか》らなさる理由は、ただ単にご自分で親しく誠信《まこと》の心をこめて神衣《かむみそ》をお作りになるだけでなく、民に先んじて働き、養蚕と機織りの苦労をよく理解し、器の中の一粒の米にこめられている農民の辛苦を嘗《な》めて心を同じくし、天下の農業と養蚕業を統率されるためです。

おそらく、人君が自ら耕して収穫した米を神前のお供え物とし、后妃が手ずから蚕を飼って祭祀の礼服を作られるのは、勤勉精励を天子の則《のり》として建て、国家統治の大本《おおもと》を示されるためと考えられます。継体天皇の詔に、「天皇が自ら田を耕して農業を勧め、后妃は手ずから蚕を飼い、桑の葉を与えて養蚕を勉《すす》めている。いうまでもなく、百官から万民に至るまで、農業と紡績の仕事をやめて富み栄える者があるはずもない」とあります。つまり、上古には王后が自ら耕蚕して教えを示すということがあったのです。

後世に及んでも、二月と八月の祈年穀《きねんこく》、四月と九月の神衣祭《かむみそのまつり》、六月の神今食《じんごんじき》や、新嘗会《しんじょうえ》および大《だい》嘗会《じょうえ》といったお祭りがあります。これらは皆、朝廷の政治が農事を中心に行われたことを示しています。往古の天皇がどれほど農事を重んじて誠意を尽くしてこられたか、これらの行事と照らし合わせて考えてみるとよいでしょう。

『日本書紀』巻三より

神武天皇の詔《みことのり》に次のようにあります。「恭んで皇位に臨み、国民が安らかに暮らせるように国家統治の根幹を定めよう。天を仰いでは、乾霊《あめのかみ》が国をお授けくださった徳《うつくしみ》に感謝し、地に向かっては、皇孫《すめみま》・瓊瓊杵尊《ににぎのみこと》が人としての正しい道を養い育ててくださったその心を弘めよう」と。

『日本書紀』巻五より

崇神天皇の六年、百姓《おおみたから》が家や土地を捨ててさすらうようになり、あるいは朝廷にそむく者も現れました。その勢いは、天皇の徳《うつくしみ》を以てしても治めることができません。このため、天皇は朝早く起き夕《ゆうべ》に至るまで畏れ慎んで神祇に祈り、国民を安寧に統治できないことを謝罪なさいました。

〈**講義**〉謹んで考察いたします。

国は、民によって構成されています。いわば、民は国の体《からだ》です。民が疲弊しているときは、体力が弱って国は衰えます。民が安らかに健康であれば、国は興隆します。乾霊が皇孫にお授けになったのは、この国民なのです。神武天皇と崇神天皇が国民のために神を敬い畏れ慎まれた御心の、何と尊いことでしょうか。

民は国の本《もと》です。本が確固たるとき、国は安寧です。ゆえに、神武天皇は民のためにわが国の根幹を定め、崇神天皇は民に教えを示されました。その徳の何と大きいことでしょうか。以上、天皇が国民を重んじられた事について述べました。

『日本書紀』巻十一より

仁徳天皇の四年春二月六日、群臣に詔《みことのり》して仰せになりました。

「朕《わたし》が高殿に登って遠く望み見たところ、国の中に煙が立っていない。思うに、百姓《おおみたから》（国民）が貧しくなってしまい、家の中で飯を炊く者がないのだろう。古《いにしえ》の聖主《ひじりのきみ》の世《みよ》には、人々がその徳を誉め称える声を挙げ、家々で「康哉之歌《やすらかなりのうた》」(7)が歌われたと聞いている。今、朕は国民を治めて三年《みとせ》になるが、称賛の声は聞こえず、炊飯の煙はいよいよ疎《まば》らになってきた。これでよく分かった。五穀が実らず、国民は窮乏しているに違いない。この畿内でさえ、なお食糧の不足する者がいるのだ。ましてや、畿外の諸国《くにぐに》ではどれほど困っているだろうか。」

三月二十一日に詔して、「今から三年の後まで、課役（租税と労役）をすべて免除して、国民の苦しみを和らげよ」と仰せになりました。この日から、天皇は自《みずか》ら率先して節約に励まれました。礼服や履《はき》物《もの》は破れて使えなくなるまで新調なさらず、ご飯や汁物は腐って酸っぱくなるまで取り替えないようになさいました。ひたすら質素倹約に心を用い、何もかも自然のままに放置してしずかに日々を送られました。そのため、宮殿の垣根が破れても造らず、茅葺き屋根が壊れても葺き替えず、風雨が隙間から吹き込んで衣服や夜具を濡らし、星の光が壊れた屋根から漏れ入って床の敷物を照らす、といった有様でした。この後、気候は順調に推移して五穀豊穣の年が続きました。三年の間に国民はゆとりができて豊かになり、天皇の徳を称賛する声はすでに満ちあふれ、炊飯の煙もしきりに立ち上るようになりました。

七年の夏四月一日に、天皇が高殿に登って遠くを望み見られると、煙がしきりに立ち上っています。この日、天皇は皇后に向かって言われました。「朕《わたし》はすでに富んでいる。何の愁いもなくなったよ」と。これに対して、皇后は「どうして富んでいるとおっしゃるのですか」とお尋ねになりました。天皇は「煙が国の中に満ちている。これは、国民が富んでいるからだ」とお答えになりました。皇后が重ねて言われます。「宮垣《みかき》は壊れて修理もできません。殿屋《おおとの》は破れて、着物や夜具が露に湿っています。これでどうして富んでいるとおっしゃるのでしょうか」と。天皇は仰せになりました。「そもそも、天が君主を立てるのは国民のためである。そうであるならば、君主は国民を本《もと》として政治を行わねばならぬ。そのため、古の聖主《ひじりのきみ》は、国民が一人でも飢えたり寒さに凍えたりしている時は、政治の至らなさを反省して自《みずか》らを責めたという。今、国民が貧しいとしたら、それはすなわち朕が貧しいということだ。国民の富は朕の富である。国民が富んでいるのに君主が貧しいということはあるわけがない」と。

秋八月九日に、大兄去来穂別皇子《おおえのいざほわけのみこ》のために御料地として壬生部《みぶべ》を定め、また、皇后のために御料地として葛城部《かずらきべ》を定めました。

九月に、諸国《くにぐに》の民がそろって請願して申し上げるには、「租税と労役をともに免除されてすでに三年になります。このため、宮殿《おおみや》は朽ち破れ、府庫《みくら》はすでに空っぽになっています。今、国民は富み豊かになり、道に落ちている物を拾うこともなくなりました。このようなわけで、里には妻を亡くした男や夫を亡くした女もなく、家には余分の蓄えもできました。もし、今この時に、稲や穀物の租税と布帛などの調《みつき》をお納めして、宮殿を修理しなければ、天罰があたるのではないかと懼《おそ》れております」と。それでもなお、天皇はじっと耐え忍んで、これをお許しになりませんでした。

十年の冬十月、やっと課役を仰せ付けられ、宮殿を造営することになりました。すると、国民は催促もされないのに、年寄りには力を貸し、幼児を連れて集まってきて、材木を運び、土を入れたもっこを担《かつ》いで働きました。日夜を問わず、力を尽くして競うように作業に励んだので、それほど時を経ずして宮殿はことごとく完成しました。

ゆえに、仁徳天皇は、今日に至るまで「聖帝《ひじりのみかど》」と呼ばれ、称賛されているのです。

〈講義〉謹んで考察いたします。

これは、民の財産を豊かにして民力にゆとりを生じさせた、という政治の極致を伝える物語です。民が健康に過ごして寿命を全うし、持って生まれた性質を発揮して生活できるか否かは、天下を治める人君の双肩にかかっています。人君は一人で億兆の民の父母とならねばなりません。その道は非常に難しいのです。

仁徳天皇はただ一人、その責務を全うし得たといえましょうか。自らは質素倹約につとめて民の家を活気づけ、物言わぬ民（弱い立場の人々）の苦衷を救い、民の貧富を天子の貧富とされ、「天が君主を立てるのは国民のためである。そうであるならば、君主は国民を本として政治を行わねばならぬ」と仰せになりました。この詔は、まことに、人君が民を養うときの至上の戒めです。ゆえに、天皇が宮殿を造営されると聞いて、多くの民が父母を慕う子のように集まってきました。国民は、宮殿を修理しなければ天罰があたるのではないかと懼れたのです。ああ、何という偉大な徳でしょうか。

思うに、仁徳天皇の前の時代には、仲哀天皇が早く崩御され、神功皇后の三韓への遠征もあって費用が嵩《かさ》みました。その後は、天候が不順で作物の稔りが悪いという天災もありました。このようなときは、『易経』（否卦・象伝）にあるように、「君子、徳を倹《けん》にして難を辟《さ》くる」（君子は徳を表に出さず控えめに行動して禍難を避けるよう心掛ける）という教えに従うのも、また天意にかなうのではないでしょうか。

後世、民を富ましたり土木の事業を興したりするときには、ただ、この仁徳天皇の徳を規範としさえすれば、決して大きな過失が生じることはないでしょう。外朝の聖帝・堯《ぎょう》は、宮殿を簡素にして倹約を心掛け、万事控えめに行動したということですが、その伝説も、どうしてこの物語よりまさっているといえましょうか。以上、天皇が民の財産を豊かにされた事を述べました。

『日本書紀』巻五より

崇神天皇の十二年春三月十一日、詔《みことのり》して仰せになりました。

「朕《わたし》は初めて皇位を継承し国家を保つことになったが、不明不徳のため、万民を安んずることができなかった。そのため、冬と夏が順序を取り違えて寒さと暑さが順調に推移せず、疫病が多発して国民は災害をこうむった。そこで、今は罪を祓《はら》い、過ちを改めて、厚く神祇を敬っている。また、教えを示して人々の荒れた心を和らげ、これに従わない賊は兵を挙げて討伐した。これによって、仕事を怠ける官吏はいなくなり、野に隠れて暮らす民もいなくなった。教化がゆきわたって国民は生業《なりわい》を楽しんでいる。地方から異俗の人が通訳を重ねて来訪し、すでに海外から帰化した者もいる。この時にあたり、さらに人民の戸口《ここう》を調査し、長幼の序列と課役の先後を知らしめよ。」

秋九月十六日、初めて人民の戸口を調査し、さらに調役を課しました。これを、男の弓弭調《ゆみはずのみつき》（獣肉・皮革等、狩猟による生産物の税）、女の手末調《たなすえのみつき》（布帛等、手工業による生産物の税）といいます。これらの品物を供えてお祭りをしたので、天神《あまつかみ》も地祇《くにつかみ》も共に和《なご》み、風雨も季節に従って順調に推移し、百穀も豊かに実り、家の暮らしは成り立ち、人々は満ち足りて天下は太平に治まりました。そこで、天皇を称賛して「御肇国天皇《はつくにしらすすめらみこと》」とお呼び申し上げたのです。

〈**講義**〉謹んで考察いたします。

これは、民の財産を調べて税制を定めたということです。

崇神天皇の御世には、すでに多くの生産物があり、すでに民も富んでいましたので、教戒が必要になりました。人には皆欲があります。民の欲は蠢《うごめ》く小虫のようなもので、感情はあっても節制することを知らず、欲はあっても制御することを知りません。ゆえに、ただ衣食を与えて養うだけでなく、礼節によって欲望を制御することを教えなければ、心身を健やかに保つことはできません。逆に、ひたすら礼節を教えるだけで、衣食が足りなければ、恒心《つねのこころ》（安定した心）を得ることはできません。慈しみ育てることと教え導くことの釣り合いがとれて、初めて家の暮らしは成り立ち、人は恥を知ることができるのです。

崇神天皇は、民を養う心と民を導く教えによって、初めて調賦《ちょうふ》（米以外の生産物の税）の制度を作り、年齢に従って先後を定めることにより、長幼の序をお教えになりました。その感化の力はまことに偉大です。以上、民の財産を調べて税制を定めた事を述べました。

『日本書紀』巻五より

崇神天皇の六十二年秋七月二日、詔《みことのり》して仰せになりました。

「農業は国の大本《おおもと》であり、民が生きていく拠り所でもある。今、河内《かわち》の狭山《さやま》の埴田《はにた》（水田）は水量が不足している。このため、その国の百姓は農作業を怠っている。灌概用の池や溝を多く掘り、それによって民の生業《なりわい》にゆとりを持たせよ。」

冬十月に依網池《よさみのいけ》を造り、十一月に苅坂池《かりさかのいけ》と反折池《さかおりのいけ》を作りました。

〈講義〉謹んで考察いたします。

これは、農業振興のため、水利事業に力を尽くされたということです。穀物を栽培する上で、水より大切なものはありません。今、この物語にあるように、崇神天皇は狭山および三つの池を掘り、土木工事に尽力されました。以後、歴代天皇はこれを踏襲して水利事業を行い、水不足という非常事態に備えておられます。垂仁天皇は諸国に池を作られました。(8)景行天皇もこれを受け継いで、水利事業に尽力されました。(9)そのため、国民は大いに富み、天下は太平に治まったのです。

おそれながら、私は次のように考えています。外朝では、周王朝が農業を中心にして国を治めた後、漢王朝の文帝と景帝ほど農業を重んじた帝王はいません。文帝は「農は天下の大本《たいほん》なり」と言われました。景帝は「農は天下の本《もと》なり」と言われました。先代の儒学者は、「文帝はこの詔を全部で三度出された。景帝も武帝もまた同じく、この言葉を詔の始まりの文言として用いている」と述べています。漢代の人は、古の聖代からそれほど遠く隔たっていなかったので、なお農政を重視することを知っていました。これは、今の崇神天皇の詔とまったく同じです。国に中外の違いはありますが、民事に誠意を尽くされたことについては同一です。以上、農業振興のために水利事業に尽力された事を述べました。

『日本書紀』巻十一より

仁徳天皇の十一年夏四月十七日、群臣に詔《みことのり》して仰せになりました。

「今、朕《わたし》がこの国を見たところ、野や沢が遠くまで広がっていて、田畑は少なく不足している。また、河の水が正しく流れていないので、下流の河口付近は流れが滞っている。そのため、少しでも長雨にあえば、海潮《うしお》が逆流して村里は水につかり、人々は船に乗らねばならず、道路もまた泥土となる。ゆえに、群臣たちは共に視察して、水路を深く掘り、源流を横向きにして海に通し、逆流する海水をせき止めて田と家を安全に守るようにせよ。」

冬十月に、難波高津宮《なにわのたかつのみや》の北の野原を掘って、南の河の水を西の海に引き入れ、これによって出来た水路を「掘江《ほりえ》」と呼びました。また、北の河の洪水を防ぐため、茨田堤《まむたのつつみ》を築きました。この時、堤の絶え間が二か所あり、何度塞いでもすぐに壊れてしまい工事は難航しました。すると、天皇の夢に神が現れて教えるということがあり、二か所とも塞ぐことができて茨田堤は完成しました。

〈講義〉謹んで考察いたします。

これは、民のために災害を取り除かれたということです。

天地の間には、民に害をもたらすものとして、天には日照りと大雨の災いがあり、地には河海の氾濫があります。人君として民を安寧に治めようという志のある者は、あらかじめそれらの災害に備えて対策を取るものです。それがうまく機能すれば、ほとんどの災害を免れることができます。これは、人が精心一意に努力するなら、物は所詮《しょせん》人心に勝つことができず、どのような事態でも打開できるということです。事前にその害を取り除けば、民の利益は百倍になります。

仁徳天皇は民の生活を極めて大切に考え、河を開いて水路を通し、堤を築いて洪水を防ごうとなさいました。民は親を慕う子のように集まってきて工事にあたり、神もこれを助けました。ゆえに、堤防の崩れることはなく、水源の涸れることもなく、土砂がたまって流れを妨げることもなければ、畦《あぜ》が流されることもありませんでした。ああ、その徳の何と大きいことでしょうか。

その後も、天皇は大いに土木工事に力を尽くされたので、国民は豊かに富んで凶年の心配もなくなりました。その上、橋や道路を建設して人民の利益をはかっただけでなく、陰陽の気を整えて民の健康を増進するため、冬の氷を蓄えて夏に利用するという氷室《ひむろ》の制度を作られました。このように政治を改め正すことによって、乾霊が国をお授けになった徳に大いに応えておられます。以上、民のために災害を取り除かれた事を述べました。

『日本書紀』巻一・第五段の一書第十一より

天照太神は、栽培の責任者として天邑君《あまのむらきみ》を定め、初めて稲種を天狭田《あまのさなだ》および長田《ながた》に植えました。その秋の実りの穂は八握《やつか》にも垂れ下がり、ふさふさとしなやかにたわんで大変快い眺めでした。

『日本書紀』巻七より

成務天皇の五年秋九月、諸国に命令して国郡《くにこおり》に造長《みやつこおさ》を立て、県邑《あがたむら》に稲置《いなき》を置きました。百姓《おおみたから》は安心して暮らせるようになり、天下は無事に治まりました。

〈講義〉謹んで考察いたします。

これは、天神と人君が、それぞれ民の長《おさ》を建てた始まりです。

およそ物が集まって数が多くなれば、長を建てて統率する必要が生じます。鳥獣の群れですら、必ず先頭に立つ者がいます。ましてや人においては、皆で協力して行う稲作のような仕事があるのですから、なおのことです。仕事には必ず教えがあり、人には必ず欲があります。教えを知らないときは、穀物は順調に生育せず、植え時や刈り入れの時期を取り違えて、民は恒産《こうさん》（一定の収入）を得ることが出来ません。また、人が欲を制御しなければ、諍《いさか》いが生じて日々訴訟が起こされ、それによって死者が出るような事態に至ります。

ゆえに、天照太神は霊妙な力でそれを予見され、まず邑君《むらきみ》（村長）を定めてから、百穀を栽培されたのです。後世の者は、この教えを決しておろそかにしてはなりません。

一方、成務天皇は、初めて国郡を分けて境界を定め、造長《みやつこひとごのかみ》に国郡を統率させ、稲置《いなき》に県邑を統率させました。これによって国民は安心して暮らせるようになり天下が無事に治まったというのは、まことにもっともなことです。

そもそも、天は多くの民を生じさせましたが、庶民だけではまとまりがつかず、自分たちを治めることができないため、ついに人君が現れるに至りました。しかし、人君一人だけで万民を統率して治めるのは難しいので、これを百官に付託することにしました。百官の取り扱う業務は多岐にわたりますが、いずれも民に関する仕事です。つまり、百官を設けるのはすべて民のためではないでしょうか。人君の位が重んじられるのも民のためではないでしょうか。天が民のために人君を立てたのだと自覚していれば、人君は民を重んじることを第一の務めとせずにはいられません。

民を重んじるには、民の長の選任を重んじることが大切です。その任にふさわしい人を選ばなければ、官務が正しく遂行されないからです。官務を正しく遂行しなければ、民の生活の実情を正しく把握して適切に対処することができません。民の実情に通じないようでは、「民の長」とはいえません。後世に民が安心して暮らせるようになり国が豊かに栄えたのは、適材適所の人材が民を指導したからです。民が苦しみ国が衰えるのは、適材適所の人材を得られないからです。

ゆえに、郡主と県令（郡県の長官）を軽んずることは、民を軽んずることになります。民を軽んずることは、天下国家を軽んずることです。天下国家を軽んずることは、乾霊が国をお授けくださった徳にそむき、天孫《あめみま》・瓊瓊杵尊《ににぎのみこと》から伝えられた皇統を根底から否定することにつながるのではないでしょうか。天下が平和に治まる喜びも、全国の人々にもたらされる安寧《やすらか》な生活も、その契機はまさに民の長の選任にあるのです。以上、民の長を建てる事について述べました。

この章では、治道の要諦について論じました。私の考えを述べます。

天下を治める方法に関しては、古今に多くの論説があります。人君は国家統治に臨んで、いずれの方法を採用すべきか迷わざるを得ません。本来、天下を形成しているのは国と家です。国と家を支えるのは民です。民を治めるのは人君です。人君が賢明であれば、民は安心して生活できます。民が安心して生活できれば、国は治まり家も斉《ととの》います。国と家が安寧に治まれば、天下は太平です。

国家を治める方法には、封建制と郡県制があります。

侯王を封建する場合は、天子の親族を親族として重んじ、賢者を賢者として登用し、その中から領地にふさわしい卿《けい》（領地を治める諸侯）を任命し、方伯《ほうはく》（地方を統轄する大諸侯）を建て、三監《さんかん》（方伯の国を監督する三人の官）を設けます。天子はそれぞれの国を親しく巡幸して礼を正し、地方の習俗を視察し、「功ある者は登用し、功なき者は退ける」という政治姿勢を明らかにします。諸侯は朝廷に参内して王室に忠誠を誓い、朝廷の定めた正暦を受け、退出した後も天子への敬意を保つようにします。これにより、天子の子弟は城、侯王は藩屏となって国家を守護することになるのです。

郡県制において守令（郡守と県令）を任命する場合は、任期を定めて官吏の業務を調べ、勤務評定を明らかにして賞罰を正し、その土地と人民の実情を按察使や巡察使に監督させるようにします。

このようにすれば、封建・郡県両制度ともに国家を維持することができ、天下を預かる天子の位が傾くことはありません。これが、「国と家が治まり、その後に天下が太平になる」ということです。

およそ人君は尊く庶民は賤しいものと考えて宮中の奥深くに坐し、卑俗な市井の人々を軽んじ遠ざけるならば、天子と人民との距離は天と地のように杳《よう》として隔たってしまいます。しかし、天子が誠心から民と親しく接することを求めるなら、ちょうど天が地を覆い、日月が万物を照らすように、その距離は極めて近いものとなり、宮中の奥深くに住まわれる天子の姿をおおい隠すことはできません。

天子と民の関係を近いものにするためには、まず衣食の糧を与えて、民の生活を安定させることが第一です。生物には衣食の養いが必要です。草木鳥獣には天与の衣食があります。すなわち、草木には枝葉があり、鳥獣には羽毛があり、それぞれに適した自然環境を与えられて生息しています。他の生物も皆同様です。ましてや、人民に衣食の糧が与えられなくてよいわけがありません。人は衣食が不足すれば恒心《つねのこころ》（安定した心）を失い、悪事を犯して刑罰を受け、苦境に陥ります。これは人君として看過できない事態です(10)。

民に衣食をゆきわたらせるための政策は、土地の境界を定め、その土地に適した産業を考え、農家の戸口《ここう》を詳しく調べて、適正な税を割り当てることにあります。この政策によって、すでに多くの物品が流通し、人々が豊かに生活できるようになったときは、民の教化を政策の根本に据えねばなりません。衣食は足りても教化しなければ民は欲望を制御できず、またもや恒心を失ってしまうからです。

教えの道とは、人倫（人間関係の基本）に基づいて秩序を立て、風俗を正し、悪事の芽を摘んで良い芽を伸ばし、正善な志を奨励して邪悪な志を懲らしめ、それによって、各々が利とすべきことを利とし、楽しみとすべきことを楽しむように、人々を教化していくことにあります。ひたすら可愛がり大切にするだけでは、民は感情のおもむくままに欲望を募らせて行動し、知らぬ間に生業をやめて怠けるようになります。逆に、ひたすら厳しく戒めるだけでは、民は刑罰を免れさえすればよいと考えて、恥もなく行動するようになります。慈しみ養うことと教え導くことの釣り合いがとれてこそ、民は安らかに生活できるのです。

そしてまた、天地自然の災害はいつ起こるか分かりません。人には必ず幸不幸の運があります。ゆえに、常日頃から非常時への備えを設けることによって、その害を除き、窮民を救い、備蓄した物品を人々にあまねく施すようにするのです。さもなければ、国民は必ず苦境に転落し、のたれ死《じに》をすることになります。人君が災害対策への備えを設け、五穀豊穣の祈りに誠意を尽くされるのは、まさにそのためです。

天下の人民をあまねく養いあまねく教えることは、人君ただ一人で出来ることではありません。ゆえに、民の長を建てることが必要になります。長を建てて民を治める方法は、次のようなものです。民間に近隣数家の隣組《となりぐみ》を立て、互いに親しく見守るようにします。民間で生じた訴えや口論などの争い事は皆、まず隣組に付託して解決をはかり、民心を戒め正し、これを和することによって、民が獄につながれたり人倫の教えにそむいたりする事態を未然に防ぎます。隣組の手に負えず、やむを得ない場合には、地方の下級官吏が調査して、守令（郡県の長官）が刑罰を下します。隣組には必ず長となる者があり、村里には必ず長老があります。これらの民の長を郡県の長官が統括し、国司が取り締まるのです。

これがすなわち、長を建てて民を治める方法です。しかしながら、長を務める者がこの制度の意義を理解せず、長としての道を尽くさないときは、「長」もただの虚名となり、治道の実績は上がりません。古来、任期を定めて功の有無を評価し任免を明らかにするのは、民の長が重要な役目だからです。民が安寧であれば国は平安に治まります。このように、民と国家は緊密に結びついているのです。

そして、人君が天下を大宝として祖先の教えを拳拳服膺《けんけんふくよう》し、恒《つね》にこの宝物を守るための道を追求し、これを失ってしまうという大きな過ちを犯さないように自らを顧みて身を慎むとともに、神聖（天皇の御先祖の神々）が日本建国の基礎を築いてこられた誠心を拠り所として、その心を拡充していくようにすれば、その統治は天壌《あめつち》とともに窮まりなく続いていくでしょう。治道の要諦がおおむね人君の志を本とする理由はここにあるのです。

注

(1)『易経』(謙卦・彖伝)に「天道《てんどう》は盈《えい》を虧《か》きて謙《けん》に益《ま》し、地道《ちどう》は盈を変じて謙に流《し》き、鬼神《きしん》は盈を害して謙に福《さいわい》し、人道《じんどう》は盈を悪《にく》みて謙を好む」とあります。

(2)『易経』(序卦伝)に「緩《ゆる》むれば必ず失ふ所有り」とあります。

(3)『易経』(序卦伝)に「升《のぼ》りて已《や》まざれば必ず困《くる》しむ」とあります。

(4)『易経』(序卦伝)に「飾《かざ》りを致《いた》して然る後に亨《とお》れば則ち尽《つ》く」とあります。なお、原文には「亨トキハ則尽ク」とだけあります。

(5)津軽版・自筆本ともに「天ニ治人ニ順テ」と書いてありますが、『日本書紀』には「天《あめ》に洽《かな》ひ人《ひと》に順《したが》ひて」とあります。

(6)津軽版・自筆本ともに「聖武天皇天平宝字二年」と書いてありますが、「天平宝字」は聖武天皇の御世の年号ではありません。『職原鈔』から引用する際に誤って混入したものと思われます。よって「聖武天皇」の文字は削りました。

(7)『書経』(皐陶謨篇)に「元首《げんしゅ》は明《めい》なる哉《かな》、股肱《ここう》は良《よ》き哉《かな》、庶事《しょじ》は康《やす》き哉《かな》」という皐陶《こうよう》の歌が載っています。

(8)『日本書紀』巻六に、垂仁天皇の三十五年の秋九月、河内国に高石池《たかしのいけ》・茅渟池《ちぬのいけ》を作らせ、冬十月に大和国に狭城池《さきのいけ》・迹見池《とみのいけ》を作ったという記事が見えます。また、同年、諸国に多くの池溝《うなで》を掘らせたともあります。

(9)『日本書紀』巻七に、景行天皇五十七年の秋九月、大和国に坂手池《さかてのいけ》を造って、その堤の上に竹を植えたという記事が見えます。

(10)『孟子』(滕文公章句上篇)に「民《たみ》の道たるや、恒産《こうさん》有る者は恒心《こうしん》有り。恒産無き者は恒心無し。苟《いやし》くも恒心無ければ、放辟邪侈《ほうへきじゃし》、為《な》さざる無きのみ。罪《つみ》に陥《おちい》るに及んで、然《しか》る後従《のちしたが》つて之《これ》を刑《けい》す。是れ民を罔《あみ》するなり。焉《いずく》んぞ仁人《じんじん》位《くらい》に在《あ》る有りて、民を罔することを而《しか》も為《な》す可《べ》けんや」とあります。

神知章――人材登用の道

君主がどれだけすぐれていても、一人で国を治めることはできません。国家を経営していくためには、人を知り、適材適所の人材を登用して政治制度を整えていくことが必要です。
この章では、人を知ることの難しさが語られ、登用した人材を活用するための心構えが説かれます。また、わが国における官僚制度の淵源が神代にあることも明らかにされます。

『日本書紀』巻一・第七段の本文より

天照太神《あまてらすおおみかみ》は天石窟《あまのいわや》へお入りになり、磐戸《いわと》を閉ざして中にこもってしまわれました。そのため、六合《くに》の内は常に暗闇に閉ざされ、昼と夜がいつ交代しているのかも分かりません。

この時、八十万神《やそよろずのかみ》たちが天安河辺《あまのやすのかわら》に集まって、天照太神にお出ましいただくにはどのようにして祈ればよいか、その方法を相談しました。そしてついに、思兼神《おもいかねのかみ》が遠謀深慮の末に策を立てました。まず、朝が来たことを告げるために、常世《とこよ》の長鳴鳥《ながなきどり》を集めて互いに長鳴きをさせました。また、手《た》力雄命《ぢからおのみこと》を磐戸のそばに隠して立たせました。中臣連《なかとみのむらじ》の祖先・天児屋命《あまのこやねのみこと》と忌部《いみべ》氏の祖先・太玉命《ふとたまのみこと》は、天香山《あまのかぐやま》の五百箇真坂樹《いおつまさかき》を根こそぎにして来て、上の枝には八坂瓊《やさかに》の五百箇御統玉《いおつのみすまるのたま》を懸け、中の枝には八咫鏡《やたのかがみ》を懸け、下の枝には青和幣《あおにぎて》と白和幣《しらにぎて》を懸けて垂れ下げ、ともに心をこめて祈禱しました。また、猿女君《さるめのきみ》の祖先・天鈿女命《あまのうずめのみこと》は手に茅纏《ちまき》の矟《ほこ》を持ち、天石窟戸《あまのいわやと》の前に立って巧妙に作俳優《わざおき》をしました。そしてまた、天香山の真坂樹を髪に挿し、蘿《ひかげ》（ヒカゲノカズラ）を手繦《たすき》にして、庭火《にわび》を焚き、桶を伏せて鳴り響かせ、神《かむ》がかりしました。この時、天照太神がこれをお聞きになって「私はこのところ石窟にこもっているのだから、豊葦原中国《とよあしはらのなかつくに》は必ずや長い夜が続いているものと思われる。それなのにどうして天鈿女命はあのように楽しく笑っているのだろうか」と仰せになり、御手《みて》で磐戸を細めに開けて外の様子をうかがわれました。その時すかさず、手力雄神が天照太神の手《みて》をお取りして外へ引き出し奉りました。ここに直ちに中臣神《なかとみのかみ》と忌部神《いみべのかみ》が端出之縄《しりくめなわ》（神事用の左綯《ひだりな》いの注連縄《しめなわ》）を張って結界《けっかい》を作り、「もう二度と石窟へはお戻りにならないでください」とお願い申し上げました。

〈**講義**〉謹んで考察いたします。

この時ほど有能な人材がめざましい働きをしたことはありません。

およそ事を行うときは、適切な人材を得なければ、これを成就する道が明らかになりません。天地が常闇《とこやみ》になるという非常時にあたっては、よほど有能な人材でなければ事態を打開して成功をおさめることはできません。すぐれた思慮で策を立て、大きな勇気でその事を遂行し、雄渾な技芸の限りを尽くし、寛優な心でその道に全力を尽くす。このようにして初めて、その事を成就できるのです。

高天原には八十万神たちという多くの神々がいますが、実際に活躍したのは、ここに見える数神のみです。つまり、すでに神代においてさえ、人材を得るのは容易でなかったというわけです。

この時の人材の活躍を知・仁・勇の三徳に要約すれば、知の徳は、遠謀深慮をめぐらせた思兼神がその任にあたったといえましょうか。仁の徳で力行したのは、天児屋命と太玉命でしょうか。勇の徳は、果断な行動をした手力雄神と天鈿女命が発揮したといえましょうか。三徳ここにそろったがゆえに、わが国は建国の基礎を取り戻し、その恩恵は万億世にまで及ぶという成果を得たのです。すぐれた人材の働きは何とすばらしいものでしょうか。以上、物事を成就するには人材が必要だということを論じました。

『日本書紀』巻二・第九段の本文より

皇祖《みおや》・高皇産霊尊《たかみむすひのみこと》は、皇孫《すめみま》を立てて葦原中国《あしはらのなかつくに》の主《きみ》にしようと思い定めました。しかし、その地《くに》には多くの蛍火《ほたるび》のように光る神と、蝿のようにうるさい邪神《あしきかみ》がいました。また、あらゆる草木《くさき》に物を言う能力がありました。そこで、高皇産霊尊は八十諸神《やそもろかみ》たちを召し集めておたずねになりました。「私は葦原中国の邪鬼《あしきもの》をはらって平定したいと思う。いったい誰を遣わせばよいだろうか。諸神《もろかみ》たちよ、どうかあなた方の知っているところを隠さずに教えてもらいたい」と。皆が口をそろえて言いました。「天穂日命《あまのほひのみこと》は、神の中でもすぐれた御神傑《ごしんけつ》です。あの方をお試しにならないわけにはまいりません」と。そこで高皇産霊尊は頭を下げて皆の言葉に従い、天穂日命を派遣なさいました。ところが、この神は大己貴神《おおあなむちのかみ》におもねり媚《こ》びて、三年《みとせ》になってもまだ報告をなさいません。そこで高皇産霊尊はさらに諸神たちを集めて、誰を遣わせばよいかおたずねになりました。皆が口をそろえて言いました。

「天国玉《あまつくにたま》の子の天稚彦《あめわかひこ》は勇壮な男子です。お試しになるとよろしいでしょう」と。そこで高皇産霊尊は天稚彦に天鹿児弓《あまのかごゆみ》と天羽羽矢《あまのはばや》を授けて派遣なさいました。この神もまた忠誠《まめ》ではありませんでした。

この後に、高皇産霊尊はさらに諸神たちを集めて、葦原中国に遣わす者《ひと》をお選びになりました。皆が口をそろえて言いました。「磐裂根《いわさくね》裂神《さくのかみ》の子である磐筒男《いわつつのお》と磐筒女《いわつつのめ》がお生みになった子《みこ》、経津主《ふつぬしの》神《かみ》がよろしいでしょう」と。この時、天石窟《あまのいわや》に住んでいる神・稜威雄《いつのお》走神《はしりのかみ》の子である甕速日神《みかのはやひのかみ》、その子の熯速日神《ひのはやひのかみ》、その熯速日神の子に武甕槌神《たけみかづちのかみ》がありました。この神が進み出て申し上げるには、「どうして経津主神ひとりだけが丈夫《ますらお》（強く勇ましい男子）なのでしょうか。私は丈夫ではないのでしょうか」と。その語気は激しく嘆き憤っていました。そこで、この神を経津主神に配《そ》えて、葦原中国を平定するために派遣しました。二神《ふたはしらのかみ》は出雲国の五十田狭《いそださ》の小汀《おばま》（稲佐の浜）に天降られ、帰順しない諸々の鬼神《かみ》たちを誅伐し、ついに復命《かえりごと》を果たしました。

〈**講義**〉謹んで考察いたします。

この物語は、天神が慎重な態度で人材を登用されたことを伝えています。

天神の不思議な霊力は、天の中心に日があるようなものです。森羅万象をことごとく照らし出し、片言《へんげん》を耳にしただけですべてを理解されます。これこそが神である所以《ゆえん》なのですが、そのような能力をお持ちでありながら、衆議を尽くし、頭を下げて皆の言葉に従っておられるのは、人選を重んずるがゆえです。

そもそも、人の性質には登用するにふさわしい美しい才能があったとしても、徳をみがき、自らの心の惑いをわきまえるようにしなければ、富貴（財産と地位）・威武（権力と武力）・声色（音楽と女色）の誘惑や圧力から逃れることはできません。天穂日命が大己貴神に媚び、天稚彦が下照姫《したでるひめ》を娶ったのは、そのためです。

経津主神と武甕槌神には、特に確固不抜の器量がありました。ゆえに、葦原中国の平定という大事業を成し遂げて復命し、その後もなお東方に退いて皇孫を防護し、天皇の敵に対峙しているのです。経津主神は斎主神《いわいぬしのかみ》ともまた斎之大人《いわいのうし》とも称し、香取神宮（千葉県香取市に鎮座）の御祭神です。健雷神《たけみかづちのかみ》は鹿島神宮（茨城県鹿嶋市に鎮座）の御祭神です。天下のための功業を忘れない精神は、何と偉大なことでしょうか。およそ、当時のように天地ができて間もない未開の時代において、険難の地へ赴きながら固く心を守り、節を曲げずに行動して大いに成功をおさめることができるのは、大丈夫《だいじょうふ》（武勇にすぐれた立派な男子）以外にあり得ません。

人材の得がたさ、人を知ることの難しさを、後世の者も決して軽々しく考えてはなりません。外朝の先代の儒学者は次のように述べています。「人を知ることの難しさは、聖帝の堯《ぎょう》と舜《しゅん》でさえ悩んだほどだ。孔子もまた、言葉を聴くだけでなく行動を見て判断しなければならないという教戒を残している」(1)と。つまり、わが国も外朝も同様に、人を知ることに重きを置いているのです。まことに、もっともなことでありましょう。以上、人材登用の論議を詳らかにしました。

『日本書紀』巻二・第九段の一書第一より

天照太神は、天津彦彦火瓊瓊杵尊《あまつひこひこほのににぎのみこと》に八坂瓊曲玉《やさかにのまがたま》および八咫鏡《やたのかがみ》、草薙剣《くさなぎのつるぎ》という三種宝物《みくさのたからもの》をお授けになるにあたり、中臣《なかとみ》氏の祖先・天児屋命《あまのこやねのみこと》、忌部《いみべ》氏の祖先・太玉命《ふとたまのみこと》、猿女《さるめ》の祖先・天鈿女命《あまのうずめのみこと》、鏡作りの祖先・石凝姥命《いしこりどめのみこと》、玉作りの祖先・玉屋命《たまやのみこと》という、神事に関する五つの職種の神たちをお伴に添えることになさいました。

一書《あるふみ》には次のようにあります。（『日本書紀』巻二・第九段の一書第二より）

天照太神は手《みて》に宝鏡《たからのかがみ》をお持ちになって天忍穂耳尊《あまのおしほみみのみこと》に授け、祝福して仰せになりました。「わが児《こ》よ、この宝鏡をご覧になるときは、まさに私を見ているものと思いなさい。あなたがお暮らしになるのと同じ床《ゆか》の上で、御殿《みあらか》を共《ひとつ》にして、斎鏡《いわいのかがみ》としてお祭りしなさい」と。重ねて、天児屋命と太玉命にお命じになりました。「どうか、あなた方二神《ふたはしらのかみ》もまた同じように御殿の内に奉仕して、よく防ぎお護りしていただきたい」と。

一書《あるふみ》には次のようにあります。（『日本書紀』巻二・第九段の一書第四より）

高皇産霊尊《たかみむすひのみこと》は、真床覆衾《まとこおうふすま》を天津彦国光彦火瓊瓊杵尊《あまつひこくにてるひこほのににぎのみこと》にお着せして、天磐戸《あまのいわと》を引き開け、天八重《あまのやえ》雲《くも》を押し分けて、高天原から葦原中国へとお降し申し上げました。

この時、大伴連《おおとものむらじ》の祖先・天忍日命《あまのおしひのみこと》は、来目部《くめべ》の祖先・天槵津大来目《あめくしつのおおくめ》を率いて、背《そびら》には天磐靫《あまのいわゆき》（天上界の堅固な矢を入れる箱形の筒）を負い、臂《ただむき》（ひじから手首まで）には稜威高鞆《いつのたかとも》（厳めしく高い音をたてる鞆）を着け、手には天梔弓《あまのはじゆみ》と天羽羽矢《あまのははや》を摑《つか》み、八目鳴鏑《やつめのかぶら》（多くの穴をあけた鏑矢）を添え持って、また頭槌剣《かぶつちのつるぎ》を腰につけて、天孫《あめみま》の前《みさき》に立ちました。一行《いっこう》は空中を巡り歩いて降って行き、日向《ひむか》の襲《そ》の高千穂《たかちほ》の槵日《くしひ》の二上峰《ふたがみのたけ》の天浮橋《あまのうきはし》に到着しました。

一書《あるふみ》には次のようにあります。(『職原鈔』三公の条より)

天孫が天降られた時、天児屋根命《あまのこやねのみこと》(津速産霊神《つはやむすひのかみ》の孫で中臣氏の祖先)と天太玉命《あまのふとたまのみこと》(高皇産霊神の子で、斎部氏の祖先)が、天照太神の勅《みことのり》を奉じて左右の扶翼《ふよく》(天孫を扶助する役目の臣)となりました。今の世の左右の大臣のようなものでしょうか。

〈**講義**〉謹んで考察いたします。

これが、才能のある臣を選任した始まりです。治世の道は人材の用い方にあるといえます。ましてや、未開で困難な時代においては、なおのことです。

この五神には、すでに葦原中国に日神《ひのかみ》を取り戻したという功績がありますが、今また、天孫の護衛役に選ばれてお側近くに従っています。考えてみれば、五神のような世臣《せいしん》(譜代の臣)の徳と功業は、時を経てすでに評価が定まっています。名誉と人望は高山や巨海のように世に顕れ、その姿は皆が仰ぎ見るにふさわしい立派なものです。初めから人に働きかける労は無くとも、深厚な効果を及ぼすことができるのです。

天神《あまつかみ》はこれらの人材を得て、彼らに皇孫を補弼《ほひつ》する任務を与え、それによって皇統を正しく伝え、人としての正しい道を養い、皇孫が天子の衣服を身につけ手を拱《こまぬ》いているだけで天下の功業が成就するように援助を仰いだのです。このような臣があれば、凶悪な乱暴者も服従しないわけがなく、貴族から庶民まで感化を受けないわけがありません。

およそ、臣には文官と武官、役職の大小、君主との親疎といった区別がありますが、これらの臣の一つでも欠けると、国を完全に治めることはできません。文武の大臣は天下を治め、国民が安全で健康に暮らせるように制度を整えます。近親の侍臣は君主を薫陶《くんとう》し涵養《かんよう》して、明君となられるように補佐します。

重臣は国家の安危を託され、近臣には君主の人格に影響を与えるという責任がありますが、いずれの職も天下の政の根本に関わるという点では一致しています。

天孫降臨の物語には、五神が天孫のお伴に選ばれた事が記されていますが、それとは別に、天児屋命と天太玉命の二神に「天孫と同じ御殿に住むように」という勅が下されています。これは、大臣に対する敬意の表れです。また、天忍日命は天孫の前に立ち、天鈿女命は天孫のお側近くで護衛しています。これは、雲路を押し分け先払いをしながら天降っていく時、天孫が右手に武、左手に文を携えて、その威光と武力を天下に知らしめたという意味なのです。ああ、人材を得て礼を正し、威風堂々と進んでいく様子は、治世の道をきわめた偉容であり、後世の者が望むべくもないことです。この時すでに、補弼の大臣と近衛《このえ》の職がありました。天孫降臨によって、高天原の治世がそのまま人の世に伝えられ、受け継がれていったのです(2)。

このようなわけですから、後世においても官職を立てて人を任用することを軽々しく考えてはなりません。

『日本書紀』巻三より

神武天皇は甲寅年《きのえとらのとし》に東征を開始され、菟狭津媛《うさつひめ》を侍臣《おおまちきみ》の天種子命《あまのたねのみこと》に娶《めあわ》せられました。天種子命は、中臣氏の祖先です。

戊午年《つちのえうまのとし》の夏六月に、大伴氏の祖先・日臣命《ひのおみのみこと》は大来目《おおくめ》の軍将の大兵を率いて、山を踏み、道を開いて進軍し、頭八咫烏《やたのからす》の行方を追いました。この時、天皇は勅《みことのり》して日臣命を誉め、次のように仰せになりました。「そなたは忠実かつ勇敢である。また、先導の功績もある。これにより、そなたの名を改めて、道臣《みちのおみ》としよう」と。

辛酉年《かのとのとりのとし》の春正月に、神武天皇は即位されました。この時、道臣命《みちのおみのみこと》は大来目部《おおくめら》を率いて密計を承り、巧みに諷歌《そえうた》(物になぞらえて遠回しにさとす歌)を詠みました。

即位して二年目の春二月二日に、神武天皇は臣下の論功行賞を行われました。道臣命は宅地を賜り、特に恩寵にあずかりました。

〈講義〉謹んで考察いたします。

『職原鈔』に「天種子命と天富命《あまのとみのみこと》を左右の臣とする」ということが書かれ、また、『先代旧事本紀』

に「宇麻志麻治命《うましまじのみこと》と櫛日方命《くしひがたのみこと》を食国《けくにの》政《まつりごと》申《もうす》大夫《まちきみ》とする」ということが書いてあります。これらはいずれも、大臣・執政を意味する称号です。

神武天皇の御世には、文武の臣が対等に並んでいました。文と武はちょうど左右の手のようなものです。陰陽のように相対し、どちらか一方だけを取り除くことはできません。その時の状況に応じて、優先順位が入れ替わるだけです。天孫降臨から神武天皇の御世に至るまでは、何もかもが未開で困難な時代でしたから、武臣が先頭に立たなければ、国家建設の創業を完成できませんでした。ゆえに文官より先に武官に褒賞を与えたということを、併せて推察すべきなのです。

後世に至ると平和な時代が続いたために、文臣を重んじて武臣を軽んじるようになりましたが、この状況は、上古の時代に神が定めた政治体制とは大きく異なっています。外朝の聖人が政治制度を整えたときにも、虎賁《こほん》（天子の護衛官）を三事《さんじ》（天子を補佐する三人の文官、太師・太傅・太保）と同等に論じ、枢密《すうみつ》（軍事）を中書《ちゅうしょ》（行政）と並べ称しています。ましてや、わが国においては往古より威武（神聖な武の精神）を以て皇統が建てられているのですから、なおのこと、武臣を軽んじてはならないのです。以上、文武の大臣を重んずることについて述べました。

『日本書紀』巻五より

崇神天皇の十年秋九月九日、大彦命《おおびこのみこと》を北陸《くぬがのみち》（北陸道）に遣わし、武渟川別《たけぬなかわわけ》を東海《うみつみち》（東海道）に遣わし、吉備津彦《きびつひこ》を西道《にしのみち》（山陽道）に遣わし、丹波道主命《たにはのちぬしのみこと》を丹波《たには》（山陰道）に遣わすことになり、詔《みことのり》して仰せになりました。「もし、教化に応じない賊があれば、兵を挙げて征伐せよ」と。出発にあたり、四人の者にそれぞれ印綬《しるし》(信任の印の品物)を与えて将軍《いくさのきみ》に任命なさいました。

〈講義〉謹んで考察いたします。

これが武官の始まりです。神代にはすでに将帥《しょうすい》の任命がありました。神武天皇の御世には軍帥《ぐんすい》という総大将がありました。しかしながら、まだ官職としての称号はありません。今、初めて将軍という官職を定めて印綬を授け、「四道将軍《しどうのしょうぐん》」と名付けたのです。その任務はまことに重大です。以上、軍帥を選任したことについて述べました。

『日本書紀』巻七より

景行天皇の五十一年春正月七日、群臣を招いて宴《とよのあかり》を催すことが数日間続きました。この時、皇子の稚足彦尊《わかたらしひこのみこと》と武内宿禰《たけしうちのすくね》は、宴の庭に参加しませんでした。天皇は二人を呼び寄せて、その理由をおたずねになりました。すると、二人は次のように申し上げました。「このような饗宴の日には、群臣も百官も必ずや遊びに夢中になり、国家のことも忘れて楽しんでいることでしょう。もしや狂った人がいて、宮城の垣根の警戒の隙をうかがわないとも限りません。それゆえ、門下《みかど》に待機して非常時に備えていたのです」と。これを聞いた天皇は、二人に向かって「輝くばかりに立派な心がけである」と仰せになり、格別に寵愛なさいました。

秋八月四日に、稚足彦尊を立てて皇太子となさいました。同じ日に、武内宿禰に命《みことのり》して棟梁之臣《むねまちきみ》となさいました。

〈講義〉謹んで考察いたします。

この物語には、優秀な人材を選んで大職に任じたという意味があります。「棟梁之臣」は、成務天皇（稚足彦天皇）の御世に「大臣《おおおみ》」と改称され、武内宿禰がこの職に任命されました。この後も「大臣」の称号は連綿として続き、ついには、三公（太政大臣・左大臣・右大臣）の称号となりました。

思うに、大臣は上御一人《かみごいちじん》（天皇）の師範として、天下の万民が手本とすべき存在です。その職にふさわしい人が無ければ、「則闕之官《そつけつのかん》」として空席にします。古来、そのようにしてこの職を重んじてきました。これは、その職にある者が国を治め、人としての正しい道を論じ、天地陰陽の心を和らげて調和をはかるという重い職責を負っているからです。天皇のためには必ず善言を述べて邪悪を封《ふう》じ、君主としての徳を増すように取り計らい、国民のためには必ず仁政をしき、風俗習慣を改善するように務めねばなりません。このような重責に耐えうる人物であって初めてこの職に任命し、上《かみ》は人君の道を補佐せしめ、下《しも》は万民が安心して暮らせるように天下の政治を指導させるのです。

天皇は武内宿禰の篤実な行動を見て、それにふさわしい重大な任務を授けました。以後、武内宿禰は六世の天皇を導き補佐しています。その姿は高く険しく、武人としての威厳がありました。このような人を「経験豊かな長寿の老臣」というのでしょうか。

後世において大臣を任命するときも、往古の方法を踏襲して精心一意に人を選ぶようにすれば大きな過失はないと考えられます。以上、大臣の選任を重んじることについて述べました。

『日本書紀』巻七より

成務天皇の四年春二月一日、詔《みことのり》して仰せになりました。「今より以後、国郡に長《おさ》を立て、県邑に首《かみ》を置き、その国のすぐれた人材を登用して国郡の首長に任命せよ。これを、中央の地を守る藩屛《かくし》とする」と。

先人（北畠親房公）は次のように述べています。（『職原鈔』諸国の条より）

国司は地方の重大任務を寄託され、百姓の寒苦を察して生活の安定をはからねばなりません。凡人のあずかり望むべき役職ではありません。ゆえに、昔は格式《きやくしき》の制度を設けて能力の適否を勘案し、その規定に合う者には賞（官位）を与え、違反する者は退けました。これは、有能な官吏を選ぶためです。

また、次のようにも述べています。（『職原鈔』国司の条より）

七か国の受領《ずりよう》（長官）を歴任して格式の規定にそむかず職責を果たした官吏は、公文書を勘案した上で参議に任じられます。白河院は「但し、才学にもよるべきである」と仰せになりました。

〈講義〉謹んで考察いたします。

これらは、国郡の長官の選任に関する記事です。

思うに、人君は民の父母のようなものです。両者の間柄を身分の上からいえば、天と地のように遠く隔たっていますが、気持ちの上では、心と体のように互いに助け合う存在と考えられます。ゆえに、天皇は宮中の奥深くにお住まいになり、九重の天の上に坐しているようなご身分にあられますが、恒《つね》に誠心から民の父母となることを求めておいでなのですから、どうして国郡の長官の選任をおろそかにできましょうか。一度《ひとたび》その選任を誤ったなら、億兆の民がことごとく災いをこうむることになります。民の父母たる人君が、どうしてそれを許容できましょうか。ゆえに、昔から国郡の長官には特にすぐれた適任者を選んで任命してきました。後世に至ってもそれに基づき、任期を正しく定め、勤務評定を慎重にして賞罰を明らかにするなど、引き続き厳格な制度を設けています。

外朝の先代の儒学者は、次のように述べました。「郡守県令（地方長官）は民を統率する教師のようなもので、天子の思し召しを承って民を教化し善政を施くのが任務である。ゆえに、教師が賢明でなければ、天子の徳を弘めることができず、民は天子の恩恵にあずかることができない」と。

これについて、私は次のように考えます。

国郡の長官が、ただ単に租税と調と賦役を民に課すことのみを自分の仕事と考え、礼教（礼による教化）をなおざりにするなら、それは天皇の徳を弘める政治ではありません。ゆえに、税を徴収し訴訟を裁く際にも、礼教をゆきわたらせて大いに感化を与え、それにより自然と習俗も改善され、人情も敦《あつ》くなっていくようにします。その後に初めて「賢良な国郡の長官」と称することができるのです。

以上、国郡の長官の任務を正すことについて述べました。

『日本書紀』巻十より

応神天皇の九年夏四月、武内宿禰《たけしうちのすくね》を筑紫に派遣して、百姓《おおみたから》の状況を視察させました。この時、武内宿禰の弟・甘美内宿禰《うましうちのすくね》が兄を除こうと考え、天皇に讒言《ざんげん》して次のように申し上げました。「武内宿禰は、常に天下を自分のものにしたいという野心を持っています。今、私が聞くところによると、兄は筑紫に居て、ひそかにたくらんで言っているそうです。『独断で筑紫を分割し、三韓を招き入れて自分に従わせ、ついには天下を手に入れようと思う』と。」これを聞いた天皇は、使者を遣わして武内宿禰を殺そうとなさいました。

この時、武内宿禰は嘆いて言いました。「私は二心《ふたごころ》なく忠義を尽くして、天皇陛下にお仕えしてまいりました。今、どのような禍いによって、罪もなく死なねばならないのでしょうか」と。ここに、壹伎直《いきのあたい》真根子《まねこ》という者がいました。武内宿禰と容姿がよく似ています。この人はひとり心の中で武内宿禰ほどの人が罪もないのに空しく死ぬことを惜しみ、すばやく決断して武内宿禰に語りかけました。「今、大臣は忠義を尽くして天皇に仕えておられます。大臣に邪心のないことは、以前から天下の者がともに知るところです。どうか、ひそかに逃れて朝廷に参内し、ご自分で罪のないことを弁明してください。死ぬのはそれからでも遅くありません。また、世間では誰もが、私の姿は大臣にそっくりだと噂していいます。ゆえに、今、私が大臣の身代わりとなって死ぬことで、大臣の丹心《きよきこころ》（潔白で誠実な心）を明らかにいたしましょう」と言って、直ちに剣に伏して死んでしまいました。これを見た武内宿禰は心の中でひとり大いに悲しみましたが、ひそかに筑紫から逃れて船に乗り、南の海を廻って紀水門《きのみなと》に停泊しました。そして、何とか無事に朝廷に到着して、自分が無罪であることを弁明しました。

天皇はすぐに武内宿禰と甘美内宿禰を取り調べ、問いただされました。二人はそれぞれ堅く自己主張して争い、どちらが正しいか決着がつきません。天皇は勅《みことのり》して神祇にうかがいを立て、探湯《くかたち》をして真相を知ることになさいました。これにより、武内宿禰と甘美内宿禰がともに磯城川《しきのかわ》のほとりに出て探湯をしたところ、武内宿禰が勝ちました。武内宿禰は直ちに横刀《たち》を手に取って甘美内宿禰を打ち倒し、ついには殺してしまおうとしました。天皇はそれを制止され、勅して「甘美内宿禰を許すように」と仰せになりました。そして、紀伊直《きのあたい》らの祖先に甘美内宿禰を奴婢としてお与えになりました。

〈講義〉謹んで考察いたします。

良臣と奸臣は互いに対立し、君子と小人は互いに敵対する関係にあります。ゆえに、いつの世にも奸臣は存在します。思うに、ずる賢い讒言が実行に移されるのは、適当な時機と理由を得たとき以外にありません。

今、甘美内宿禰は兄の武内宿禰が遠く筑紫に派遣された時をねらって、天皇の心を惑わし動揺させてその耳目を塞ぎ、陰険で狡猾な性質を発揮して、巧みな弁舌を思うままにふるいました。しかも、その讒言の相手は自らの親戚、それも兄弟なのですから、天皇が過って信じてしまわれたのも当然ではないでしょうか。

そもそも、武内宿禰は六世の天皇にお仕えして政務を補佐してきました。それぞれの御世において、天皇の師として進言し、立派な功績を立てたことも多くありました。まことに長寿の老臣です。長い時代を生きて多くのことを見聞し、先王の政治や祖宗の教え、古今にわたる興衰治乱の歴史、文武の行迹《こうせき》、当時の儀式・典礼の由来や廃典の理由などをすべて知り、経験を積んできました。ゆえに、何事も見聞するだけで明らかに理解し、僅かの間に指で絵を描くようにあざやかに指図します。天下の万民がともに仰ぎ見るような、すぐれた大臣というべきです。それほどの人が一時の讒言により死地に追い込まれてしまうのですから、ああ、何と危ういことでしょうか。

真根子とはいったい何者でしょうか。武内宿禰の忠義に感動し、讒言に憤り、速やかに死ぬことで自分の命を大臣の命に振り当てました。天が善人を佑《たす》けたのです。天皇はそれでもなお心を決めかねて、ついに探湯の誓いをさせ、それによって冤罪を明らかになさいました。讒言はこのように物事の是非をくつがえし、邪正の判断を迷わせてしまうのです。

狭穂彦王《さほびこのおおきみ》は、妹で皇后の狭穂姫《さほびめ》をそそのかして、垂仁天皇の朝廷をくつがえそうとしました。(3)平群真鳥《へぐりのまとり》は国政を思うままに動かして、武烈天皇の皇位を奪おうとしました。(4)刺領巾《さしひれ》は主君の住吉《すみのえの》仲皇子《なかつみこ》を殺し、(5)眉輪王《まよわのおおきみ》は義父の安康天皇を弑《しい》し奉りました。(6)これらの事件には皆深い事情があり、一朝一夕に起こったわけではありません。水がしだいにしみこんでいって潤うように讒言が浸潤し、時を経てまぎれもなく現れてきたのです。ゆえに、根使主《ねのおみ》の奸謀は十四年を経た後に発覚し、それによって一族の者が皆、罰を受けました。(7) 大伴金村臣《おおとものかなむらのおみ》は、六世の天皇にお仕えして輔佐申し上げた忠義の臣ですが、衆人の噂を憂慮して住吉の自宅に蟄居《ちっきょ》しました。(8)

人君は人を知ることに志を定め、警戒を怠ってはなりません。さもなければ、奸雄が国を奪おうとして徐々に進行させていく野心、邪悪で不実な臣が君主をないがしろにして行動する身分不相応なおごりの心、媚びへつらって君主に取り入った臣が権力をほしいままにする私の心、民から重税を取り立てて君主におもねり媚びようとする欲深の心、これらの心が、『易経』(剝卦)にあるように、君主の寝台を足元から剝ぎ取っていって、その上に寝ている人の皮膚にまで及んでいるのに気がつきません。小人が私欲を満たして志を遂げれば君子は屈辱を受け、小人は鬼《き》となり蜮《よく》(いさご虫)となって意のままに人を害することになります。青蠅のようにせっせと飛び回り、ぶんぶんと耳元にささやきかけてくる連中に、心を許してはなりません。(9)

以上、奸臣の讒言を警戒すべきことについて述べました。

この章では、「人を知る」ということについて論じました。私の考えを述べます。

天下の治道において最も重要なのは、人材を得ることです。適切な人材を得なければ、人君がどれだけ苦労しても成功は得られません。適切な人材を得れば、人君は何もせず手を拱《こまぬ》いていても国は治まります。それはちょうど耳目手足が聡明健強によく働くようなもので、心はこれに命令して思いを伝えればよいのです。

政務は多岐にわたり煩雑ですから、人君が自《みずか》らこれに臨んで一々決定するのでは、昼夜を継いで励んでも処理しきれません。天下は大きく広いため、人君がすべてを視察して巡るのでは、どれだけあかぎれやしもやけを作って成果を求めても際限がありません。明君は天から帝位を承継して国家の則《のり》を建て、良臣が明君に代わって職務を分担する、これこそが「至誠の道」なのです。

およそ、百官には種々雑多な職務がありますが、総じて、大臣（朝廷で国政を担当する高官）と守司（地方の役人）と近親（天子に近侍する役人と、天子の親戚）の三つに分類できます。この三者の一つでも欠ければ国政とはいえません。

「大臣」には文臣、武臣、旧老の臣、勲功の臣などがあります。各々が職務を正しく遂行すれば、国家組織は正され、多くの物があらかじめ整備されて人心にゆとりを生じ、礼楽が盛んになって文化風俗も厚くなります。「守司」には国守や郡県の長官があり、人物事儀に各々担当の役人がいます。適材適所の人材を配置すれば、民はその感化を受けて勤勉に働き、土地は開拓され、事物もそれぞれにふさわしく整っていきます。「近親」には近侍の護衛官や宮中の雑用係があり、左右の近臣や親戚の区別があって、天子の一族のみではありません。各々の役職にふさわしい人材を得れば、左右の近臣の徳によって天子の人格は涵養され、朝夕の勤務も忠実に行われ、宿直番の衛兵の威儀も正され、天子の子弟は城、親戚は藩屛となって朝廷を守ります。

ゆえに、百官が職務に忠実であるならば、大明《たいめい》（明徳のある天子）は泰山《たいざん》を枕にするように安らかな気持ちで、北極星が全天の中心にあるように手を拱いているだけで、天下の万民は朝廷に帰服し、一つの天を皆で共にすることができるのです。これを「労せずして功成る」というのではないでしょうか。

思うに、人材を得るには人を知らねばなりませんが、「人を知る」というのは非常に難しいことです。人を知るには、その人の内面の「知徳」を知ることに主眼を置いて外面に表れた言行を観察し、長い時間をかけて試してみる必要があります。もし、「知」のみを重視して、気の利いた言葉による機敏な応答を貴《たっと》ぶときは、饒舌で口の巧みな者が重用され、人々は軽佻浮薄になってしまいます。「徳」のみを重視して、篤実な行動を尚《たっと》ぶときは、沈黙して唯々諾々と上官に従う者が重用され、人々は黙りこくった暗い顔で理知を追いやるようになります。

奸佞《かんねい》（心がねじけて口先上手な人）は利にさとく、あらゆる状況につけこんできます。人君が宮中奥深く玉座に坐り、何事に対しても自分で決めることなく、深い淵のように物静かに口数も少なくお過ごしになり、人に対しても直接会って話してみることなく、実際の功績や才能を観察しないで、一方的な毀誉《きよ》の評判を信じ、その人本来の性情を規準とせずに一時の出来事で人を判断されるなら、結局のところ、最後までその人の真価を知ることはできません。

ゆえに、往古の人君は、政治の重要事項に関しては自ら目を通してその事物を調べるとともに、日々群臣に接してその人材を考えておられます。また、大臣以下の役人は各々に与えられた職を慎んで勤め、意見を述べ、忠義を尽くして隠すところなく働いていますが、それでもなお、その能力に差がないわけではありません。乾霊（高皇産霊尊《たかみむすひのみこと》）が霊妙な力を持った神でありながら、葦原中国へ派遣する神を選ぶたびに必ず八十万神《やそよろずのかみ》たちに相談し、皆の意見に従って任用し、その神を試してみられたことを併せて考えるべきです。

いったい、登用した人材にどのような任務を与え、どのように仕事をさせるかということを考えるのも、容易なことではありません。親しく用いると、隔てがなくなって主君を侮り、職権を濫用する恐れがあります。距離を置きすぎると、君臣間の意思が通わず、せっかくの人材を活用できない懸念があります。

すでに大臣を登用したなら、その地位にふさわしい礼遇をして、職務の規制（規準と制限）を厳密に定め、俸禄を多くして高い官位を与え、疑うことなく信頼して仕事を任せるようにします。これが、大臣を敬うということです。守令（地方官）の場合は、任期を定めて勤務評定を明確にし、監督および巡視を正しく行い、礼を明らかにして待遇すれば、賢人を賢人として用いることができます。近親の場合は、宮中の風紀を正して佞奸《ねいかん》を遠ざけ、先祖代々の臣を重んじて老臣を大切にし、親戚間の親疎を明確に区別して待遇します。これが近親と親しく交わり、群臣と一体になって天下を治める道です。

さて、人を登用しておきながら相応の仕事をさせないときは、せっかくの人材が意気阻喪して潰れてしまいます。相応の人材を任用しても職務の規制を明らかにしなければ、佞奸が隙をうかがい、讒言が人君と臣との仲を裂く機会を与えることになります。このように、臣下を登用して使いこなす道の難しさは、並々ならぬものがあるのです。

外朝の古代の聖帝・堯と舜も、すでに人を知ることの難しさを承知していました。登用した人材には必ず諮問《しもん》をしてその人物を試しています。舜帝は重臣・皐陶《こうよう》の作った歌を聞いて拝し(10)、禹王も重臣・益《えき》の進めた昌言《しょうげん》（理にかなった言葉）を拝して受け入れました(11)。周公旦《たん》は洛邑の都の建設にあたり、それを占った亀卜《きぼく》を成王《せいおう》に献じ、成王はこれを拝して受け取りました(12)。これらの事例は皆、大臣を敬ったことを意味するのではないでしょうか。また、堯・舜の時代における四岳《しがく》（四方の諸侯を統治する長官）と十二牧《じゅうにぼく》（十二州の長官）や、夏・殷・周の三王朝における方伯《ほうはく》・連帥《れんすい》（一地方を統べる大諸侯）の制度は、地方長官を選任するために作られたのではないでしょうか。周の文王と武王は聡明で慎み深い明君であったがゆえに、ことごとく忠良な小大の臣を召しかかえることにより、国民が次第に感化されていくのを切実に待ち望まれたのではないでしょうか。ましてや、諸々の職種の官吏が各々その心を尽くして任務に精励しないことは無かったということも、併せて考えてみるべきでしょう。

ある人が質問しました。「近臣の人柄を知るのはたやすいが、遠臣の人柄を知るのは難しいのではありませんか」と。

私は、近臣を知るのは難しく、遠臣を知るのは容易だと考えています。

そもそも、遠臣は人君の権威を懼れて大臣の命令を重んじます。ゆえに、その行動が上意に大きく違《たが》うことはありません。近臣は人君に親しく接するため、隔てがなくなって慢心を生じ、人君を侮るようになります。そのため、明徳ある天子の隙をうかがい、大臣の機嫌を取り、キクイムシのようにその皮膚をむしばみ、穀物を食い荒らす虫のようにその心の中に入り込んで惑わします。その害は非常に根深いものがあります。古来、人君が道理を見失って横暴にふるまうのは、近親の臣の邪悪是非に関係しなかった例《ためし》はありません。はたして近臣を知るのはたやすいといえましょうか。

近臣については、人君がその人物を自《みずか》ら試して評価することになります。したがって、考察の及ぶ範囲は最も狭くなります。遠臣については、その友人や家柄、学問、行動に関して人々が毀誉の評価を加えた後に、任免を決することになります。したがって、判断材料を求める範囲は甚だ広くなります。ゆえに、近臣を知るのは難しく、遠臣を知るのは容易であるといえます。

また、ある人が質問しました。「奸臣による讒言が行われないようにする方法はありませんか」と。私は次のように考えます。

人君は人を用いるとき、礼を正して職務の規制を厳密に定め、それによって人を正しく使う道を究めるようにします。そして、恒《つね》に教え導き、恒に省察《せいさつ》するようにすれば、結局のところ、臣下が私利私欲をほしいままにする隙を与えることはありません。

もし、一度《ひとたび》任命しておきながら規《ただ》すこともなく、詳細に命令しておきながら省みることもなく、名誉に従うだけで能力を試すこともなく、功績を重んじるだけで親しく視察することもないようでは、さながら新しい柱も長い年月の間に朽ち果て、清らかな水もせき止めれば汚れてしまうようなもので、せっかくの人材も腐ってしまいます。どうしてこれを臣下の罪といえましょうか。

注

（1）『論語』（公治長篇）に「子曰く、始め吾人《われ》に於けるや、其の言《げん》を聴きて其の行《おこない》を信ぜり。今吾人《われ》に於けるや、其の言《げん》を聴きて其の行《おこない》を観《み》る」とあります。
（2）原文には『書経』（皐陶謨篇）に見える「天工《てんこう》は人其《ひとそ》れ之《これ》に代《かわ》る」（天の仕事を人が代わって行う）という文言が用いてあります。
（3）狭穂彦王は垂仁天皇の皇后の同母の兄です。この事件は『日本書紀』巻六・垂仁天皇四年の条に見えます。
（4）この事件は『日本書紀』巻十六・武烈天皇の即位前紀に見えます。
（5）この事件は『日本書紀』巻十二・履中天皇即位前紀に見えます。
（6）この事件は『日本書紀』巻十三・安康天皇三年の条、および巻十四・雄略天皇即位前紀に見えます。
（7）この事件は『日本書紀』巻十三・安康天皇元年の条、および巻十四・雄略天皇十四年の条に見えます。
（8）この事件は『日本書紀』巻十九・欽明天皇元年の条に見えます。なお『日本書紀』では、大伴金村は、武烈・継体・安閑・宣化・欽明天皇の五朝に、その名が見えます。
（9）蜮《よく》は想像上の動物で、形は亀に似て三足、水中に住み、砂を含んで人に吹きかけ傷つけるといいます。鬼と蜮は『詩経』（小雅）「何人斯《かじんし》」に見える語、青蠅は同書「青蠅《せいよう》」の詩を踏まえた表現です。
（10）この歌は『書経』（皐陶謨篇）に見えます。神治章の注（7）を参照してください。
（11）神教章の注（9）を参照してください。
（12）この逸話は『書経』（洛誥篇）に見えます。成王は武王の子、周公旦は武王の弟で成王の政治を輔弼しました。

聖政章——天皇の政治

『日本書紀』に記された詔《みことのり》を読むと、歴代天皇の御心《みこころ》が同一の精神でつながっていることが分かります。これは、今上陛下の「お言葉」にも通じる精神です。現在、天皇陛下が宮中祭祀を大切になさっていることも、皇居で稲を育てておられることも、また、皇后陛下が養蚕をなさっていることも、すべて神代の昔から皇統とともに承継されてきた尊い御心によるのです。

この章では、古代の天皇が実際にどのような政治をなさったのか、『日本書紀』に基づいて考察します。それにより、天皇の国民に対する深いご配慮と、祭政一致という政治理念が明らかにされています。

『日本書紀』巻三より

神武天皇は、己未《つちのとのひつじのとし》年の春三月七日に、令《のり》を下して仰せになりました。

「今はまだ夜明けの時代にあたり、民の心は純朴で素直だが、鳥の巣や獣の穴のような場所に住む習俗《しわざ》が常態である。そもそも、聖人が制度を立てるとき、その理非曲直の判断は必ず時宜に随《したが》うものである。（即位して都を開くことが）かりにも民の利益となる事業であるなら、どうして神聖な天皇の道に反しているといえようか。」

〈**講義**〉謹んで考察いたします。

これが、わが国における政令の始まりです。

「民の心」とは天下の人心のことです。「習俗《しわざ》」とは、人々が習って身につけたその土地の習慣です。つまり、未開で困難な黎明の時代、人の心は純朴で偽りを知らず、野獣のように穴に住み野宿をして生活するのが習俗であった、という意味です。今、天皇は建国の大業を天から受け継いで国の秩序を建て、天下の礼を正して古い野蛮な習俗を一新しようと決意なさいました。ゆえに、この詔《みことのり》を発せられたのです。

純朴で素直な人心は新たな善政に馴染《なじ》みやすいように思われますが、実際には、古くから慣れ親しんだ未開の習俗を一変するのは難しいものです。しかし、この詔によって、世の中は変革の時代に入りました。『易経』（革卦・象伝）に「革《かく》の時《とき》、大《おお》いなる哉《かな》」とありますが、まさに大いなる変革です。生まれながらの英雄でなければ、このような時宜を得ることはできません。

思うに、政治の要諦は、民心と習俗とをよく調べて理解することにあります。人心は必ず習俗とともに変化し、それによって善悪の意識が形成されていくものです。人君が政治の道を立て、正しい教えを明らかにして民を統率すれば、民心はその教化を受けて新しい風俗習慣を形成します。風俗習慣は長い時を経て習熟され、形成されるものです。長い時をかけて習熟していけば、民は自然に教化されて、そのことを意識しません。ゆえに、政治の要諦は、民心と習俗とをよく調べて理解することにあるといえるのです。

この詔には、政教の大要が述べ尽くされているといえましょう。以上、政教の大要について述べました。

『日本書紀』巻三より

神武天皇の四年春二月二十三日、詔《みことのり》して仰せになりました。「(かつて東征の際、困難に遭遇した時に)我が皇祖《みおや》の霊《みたま》は天から下界をご覧になって光を下し、我が身を照らして助けてくださった。そのおかげで、すでに諸々の仇《あだ》なす賊を平定し、今、天下は無事に治まっている。よって、天神《あめのかみ》をお祭りして大孝の志(祖先を大切にし感謝する気持ち)を申し述べたいと思う」と。

そこで、神聖な祭礼の庭を鳥見山《とみのやま》の中に設営し、その地を上小野榛原《かみつおののはりはら》、下小野榛原《しもつおののはりはら》と名付けました。この祭場を用いて、皇祖の天神をお祭りになりました。

先人(北畠親房公)は次のように述べています。(『職原抄』神祇官の条より)

神武天皇は都を大和国《やまとのくに》の橿原《かしはら》にお定めになりました。このとき、三種の神宝を大殿《みあらか》に安置して、同じ床《ゆか》の上を御座所となさいました。おそらく往古の神勅のとおりになさったのでしょう。したがって、皇居と神宮の区別はありません。また、宮中に庫蔵を立てて「斎蔵《いみくら》」と称しました。官物(政事に用いる器物)と神物(祭事に用いる器物)の区分もありません。この時、天児屋根命《あまのこやねのみこと》の孫・天種子命《あまのたねのみこと》が専任となって祭祀のことを掌《つかさど》りました。これはすなわち、政事を執るための朝儀を担当したということです。

〈講義〉謹んで考察いたします。

天下の政事において最も重大とされるのが、天地の神と皇室の御先祖をお祭りすることです。そもそも、人君は天命を受けて民を統治するのですから、天地を父母としてお祭りするのは大切なことです。ましてや、わが国の天皇は乾霊《あめのかみ》と天孫《あめみま》の皇統を承け継ぎ天下に君臨しておられるのですから、なおのことです。

思うに、神と交感する道は、心を誠にすることによって得られます。至誠の心でお祭りをすれば、目に見えぬ鬼神の心にも、思いを通じることができます。取るに足りない小さな存在の民でさえ、至誠の心で神を求めれば、それを感じることができるものです。神意をうかがって民を治めるのが政事の基本姿勢ですから、昔は神祇の祭祀と朝廷の政事は同義とされ、二つに分けて行うことはありませんでした。まことに奥深い考えといえましょう。一般に「政」の字を「祭事《まつりごと》」と訓読するのは、そのためです。

およそ、祭祀を掌《つかさど》る者は皆、朝政を執り行っています。それは、天種子命や神八井耳命《かむやいみみのみこと》のような先例によって明らかです。神八井耳命は神武天皇の皇子で綏靖天皇の兄です。神八井耳命は言われました。「私はあなたの兄ですが、臆病な性格で、計画を実行することができませんでした(1)。今、あなたは殊にすぐれた勇気を発揮し、自ら手を下して大悪人を誅伐しました。まことに、あなたこそが天位に臨まれ、皇祖の大業を承け継がれるにふさわしいお方です。私はあなたを輔佐し、謹んで神祇を奉斎いたしましょう」と。この神八井耳命が多臣《おおのおみ》の始祖です。

神武天皇は、天照太神の神勅を守って三種の神器を敬い、さらに、天神《あまつかみ》をお祭りして大孝の志をお述べになりました。このように神々を畏れ敬いながら政教を執り行われた慎み深い姿勢は、万世にわたる規範となり、歴代天皇の教戒ともなっています。以上、祭政の本来の姿について述べました。

『日本書紀』巻五より

崇神天皇の十年秋七月二十四日に、群臣たちに詔《みことのり》して仰せになりました。

「民を導く根本は教化することにある。今ではすでに神祇《あまつかみくにつかみ》を敬い、心をこめてお祭りしているので、災害は尽き果てた。しかしながら、都から遠い地方の人々はまだ朝廷の定めた正朔《せいさく》（正暦）を受け入れず、王命に従おうとしない。これは、いまだに王化の恩恵に浴していないためと思われる。群臣たちの中から適任者を選んで四方の地に派遣し、朕《わ》が憲《のり》（祖宗の教え）を知らしめよ。」

〈**講義**〉謹んで考察いたします。

これが、使者を遣わして天皇の教えを四方の地域に弘めた始まりです。

「導く」とは、啓迪《けいてき》する（啓発して教え導く）ことです。教えを身につけ、自然と実践できるようにならなければ、民と教えとはいつまでも別のものです。民の情《こころ》が変化して初めて教えは完成するのです。これを「教化《きょうか》」といいます。「正朔」とは、天子の定めた暦です。「天下の民が皆正朔を受ける」とは、同じ一つの天の運行に従うことを意味します。暦が異なればそれに伴って習俗も異なり、同じ王朝に属さないことになります。「王化」とは、天下の万民が天皇の教えや命令を守って人倫の道を学び、君臣・父子・夫婦の関係を正しく保つことです。王化によって徳を身につけ価値観を共有しなければ、人々は心の持ち方が異なり、お互いに気持ちを通わせることができません。「憲」は国家の基本法です。祖宗の教えを明らかにして人々に示すよう命じられたのです。

この詔の意味は、次のようなものです。

民は皆心を持っていますが、教化がゆきとどかないために、生まれながらの善い性質を発揮することができません。心を啓発して導くには、教えによる感化が必要です。人君が鬼神を敬いお祭りするのも、民を教化するのも、その基本は「至誠」以外にありません。鬼神は目に見えずしてその存在を信じるものであり、人民は習俗を学ぶことによって社会に溶け込み生活するものです。ゆえに、鬼神をお祭りする方法は至誠の心で敬意の限りを尽くすことにあり、人民を治める方法は至誠の心で教化を尽くすことにあります。

天皇はすでに朝早く起き夕刻に至るまで畏れ慎み、心身を清め正装して鬼神を敬い祭られたので、災害はもはや尽き果てました。しかしながら、天下はいまだ一つにまとまらず、地方の民の習俗はいまだに都の民と同等ではありません。今、天皇は、憲章（国家の基本法）を建てることによって暦の統一をはかり、礼楽制度を同じくすることによって民の性情を正しく保ち、道徳を一つにすることによって天下の万民が習俗を共有できるようにしたい、と考えられたのです。

その結果、崇神天皇の十二年に至ると教化がゆきわたり、多くの国民が楽しく生業に励むようになり、豊富な物資はすでに世の中に満ち、すべての人民が「長幼の序」と「課役の制度」を知ることになりました。天皇の至徳を称賛して「御肇国天皇《はつくにしらすすめらみこと》」とお呼び申し上げたのも、まことにもっともなことでしょう。

後世に至るまでこの詔の精神は受け継がれ、巡察使《じゅんさつし》・按察使《あぜち》・宣撫《せんぶ》の法を制定し、風俗や行政制度を改め正していったと考えられます。推古天皇の御世には、聖徳太子が「十七条の憲法」を制定しました。孝徳天皇は「大化の改新」によって天下の政治制度を詳細に整え、天武天皇は律令法式（飛鳥《あすか》浄御原律令《きよみはらりつりょう》）をお定めになりました。文武天皇の朝廷では、淡海公《たんかいこう》（藤原不比等《ふじわらのふひと》）が勅を奉じて「大宝律令」を撰定し、ついにこれが万世にわたる政令の標準となったのです。

これらの法律制度の根幹は、すべて崇神天皇のこの詔に基づいています。崇神天皇の功績もまた偉大ではありませんか。以上、国家の基本法に基づく教化について述べました。

『日本書紀』巻六より

垂仁天皇の二十八年、詔《みことのり》して仰せになりました。

「生きているときに寵愛されたからという理由で、死者の後を追って殉死させるのは、甚だ痛ましいことである。昔からの風習といえども、良くないことにどうして従う必要があろうか。今より以後《のち》は、皆で協議して殉死をやめさせせよ。」

〈**講義**〉謹んで考察いたします。

「殉」は、人を死者に従わせることです。そもそも、人君は民の父母にあたります。父母でありながら子供を愛さない者はありません。死者に殉じるのは、哀しみのあまり愛が行き過ぎたものと考えられます。聖人（天皇）の政治において、このような制度を用いるわけにはいきません。

当時は、古代の未開の時代からそれほど遠く隔たっていませんでした。人民は哀しみの情のおもむくまま、俗習に従い、身分の上下を問わず殉死を行っていました。そこで、垂仁天皇は新たな制度を建て、法を改めて「殉死を止《や》めよ」という詔を発せられたのです。

三十二年に皇后が薨去された時、野見宿禰《のみのすくね》が葬祭用の埴輪《はにわ》を作って殉死者の身代わりとしました。垂仁天皇は大いにその徳を称賛され、野見宿禰に「土師《はじ》」という姓をお与えになりました。これによって、民の父母としての誠心をますます広く深くされたわけです。この時以来、朝廷では殉死の制度は行われていません。垂仁天皇の徳の何と偉大なことでしょうか。

おそれながら、私は次のように考えています。

外朝では、最初に「俑《よう》」という人形が作られ、死者と共に埋葬されました。その後、人形が人間に変わって殉死の風習が始まり、その弊害は国を乱すまでに至ったのです。わが国では、始めに殉死があって、後に埴輪が作られ、ついに殉死の制度はなくなりました。わが国の風俗がいかに重厚でゆるぎないものであるか、これによって明らかに知ることができます。以上、殉死を禁じたことについて述べました。

『日本書紀』巻七より

景行天皇の十二年秋八月十五日、筑紫に行幸されました。

〈講義〉謹んで考察いたします。

これが、天皇による地方巡視の始まりです。

この時、南九州地方に住む熊襲《くまそ》が、朝廷にそむいて朝貢をしませんでした。ゆえにこの行幸があり、天皇は西方地域の諸侯の状況を大いに観察し、それによって風俗を正し、行政制度を整えていかれました。この後もまた、天皇は東方地域を巡視して、地方行政の制度をお定めになりました。この時、天下は大いに治まり、地方の諸国に多くの皇子が封建されて、それぞれの境域が定まりました。

成務天皇の御世になると、国郡県邑《くにこおりあがたむら》の制度（郡県制）が実施され、造長《みやつこおさ》と首渠《おびと》の法が定まるに至りました。これによって天下は一つの家のようにまとまり、人々は教化を受け、習俗を同じくして生活するようになったのです。巡視による施政の効果は絶大なものがあります。以上、天皇の地方巡視について述べました。

『日本書紀』巻十一より

仁徳天皇の十一年、武蔵《むさし》の人・強頸《こわくび》と河内《かわち》の人・茨田連衫子《まむたのむらじころものこ》の二人を人柱に捧げて、河神《かわのかみ》をお祭りしました。

〈原本にはありませんが、参考までに、『日本書紀』巻十一より、茨田堤《まむたのつつみ》の物語を掲載しておきます。〉

仁徳天皇は、難波《なにわ》の高津宮《たかつのみや》の北の河の洪水を防ぐために、茨田堤を築くことになさいました。ところが、堤の絶え間が二か所あり、何度塞いでもすぐに壊れてしまい、工事は難航しました。この時、天皇の夢に神が現れ、「武蔵の人・強頸と河内の人・茨田連衫子の二人を河神に捧げれば、必ず堤は塞がるだろう」と告げました。

そこで、さっそく二人を探し出してきて、河神に捧げ祈りました。強頸は泣き悲しみながらも水に入って死にました。こうして、堤の一か所は完成しました。しかし、衫子は二個の瓢箪《ひょうたん》を水中に投げ入れて言いました。「もし、お前が本当の神であるなら、この瓢箪を沈めてみよ。沈められれば私も水に入ろう。もし沈めることができなければ、お前は偽りの神だから、無駄に命を捧げることはしないぞ」と。

すると、たちまちつむじ風が起こり、瓢箪を水に沈めようとしましたが、二個の瓢箪は波の上をころがって沈まず、急流に浮かびただよって、遠くへ流れていってしまいました。衫子はこのようにして死を免れましたが、堤は見事に完成しました。人々はこの二か所を「強頸《こわくび》の断間《たえま》」「衫子《ころものこ》の断間《たえま》」と名付けました。

〈**講義**〉謹んで考察いたします。

妖神に人を捧げ、殺して牲《いけにえ》にするのは、野蛮な習俗です。これは、まだ天孫が高天原からお降りになる前に、悪鬼や妖怪がこの国を治めていた頃の名残《なごり》の習俗です。

思うに、堤防を築いたり用水路を設けたりするのは、人民への慈愛に満ちた事業です。本来、人を慈しむはずの神が、どうして自《みずか》らの心に反する非礼の祭をお受けになるでしょうか。仁徳天皇は夢の中に現れた妖神を信じて人柱を立て、河神をお祭りになりました。ああ、どうしてこのように惑わされてしまわれたのでしょうか。

そもそも、仁徳天皇は聡明で質素倹約に努める美徳をお持ちでした。そのために天下が無事太平に治まったのは、後世の者がつま先立ちして望んでもかなわないことです。それほどすぐれた天皇でありながら、鬼神を信じておしまいになったのです。聖帝の判断は、この神が偽りの妖神であることを見抜いた衫子の思いつきの計略にも及ばず、民を一人犠牲にしてしまいました。この過失はどこから生じたのでしょうか。それはひとえに、思弁の道に誠を尽くさなかっただけなのですが、これは、人君が政教を考えるとき、最も重要とすべきことです。慎まずにはいられません。

今、この一件を取り上げて仁徳天皇の政治の悪弊としたのは、「君主の悪を暴き立てるものではない」という教戒を懼《おそ》れないからではありません。何といっても天皇の仁徳は天下に名高く、知らない者はありません。それでもなお、世間の習俗がその徳を汚すことがあるのですから、後世、政治の道に携わる人はこの先例を念頭に置き、よく考えてみなければなりません。以上、「悪弊を改める」ということについて述べました。

『日本書紀』巻十二より

履中天皇の四年秋八月八日、初めて諸国に国史《くにのふみひと》（地方書記官）を置きました。各地の言い伝えや地理・産業などの事物を記録させ、四方の地域の実情を記した文書を、朝廷に届けさせました。

〈講義〉謹んで考察いたします。

これが、各国に書記官を配属した始まりです。「史」とは、事物を記録するための官職です。この政令の意味するところは、次のようなものです。

諸国に書記官を立て、上《かみ》は天子の教令から、下《しも》は国郡の事物までを記録しました。これは、諸国の習俗を正し、人々の実情を報告させることを目的とした政令です。およそ、東西南北および中央という五つの地方にはそれぞれの地域に応じた生活があり、民の習俗も異なります。ゆえに、人君はそれらの事物を知らなければ、民の実情に応じた政令を発することができません。そこで今、国史を置いて言い伝えや事物を記し、地方書記官の制度を正したのは、国ごとの習俗が民に与える影響を知り、それによって各地の事情に適したきめ細かい政治を行うようにしたのです。

後世、国守のほかに目《さかん》・史《ふひと》等の官職ができましたが、これらは皆、各国の事物を記録して政治を正すために設置されたのです。以上、国史について述べました。

『日本書紀』巻十五より

清寧天皇の三年秋九月二日、臣《おみ》・連《むらじ》を派遣して、各地の風俗を巡察させました。

冬十月四日、詔《みことのり》して「犬・馬・器翫《もてあそびもの》を献上してはならない」と仰せになりました。

〈講義〉謹んで考察いたします。

臣下を派遣して地方を巡察させるのは政治の恒例です。民の風俗を視察してまわります。これは、教化をゆきわたらせるために風俗の果たす役割が大きいからです。そのようにした上で、玩弄物《がんろうぶつ》（もてあそぶための器物）や犬馬を献上することを禁止したのは、風俗を正すためです。

人君が物に執着し、これを翫《もてあそ》ぶことに夢中になると、志《こころざし》を喪失します。物は極めて小さいものですが、志は極めて大きいものです。小さな物に対する欲望を慎むことができなくては、大きな志を制御することなどできるはずがありません。天下の万民は、人君の愛好する物を見てこれに習い従います。そのことを軽々に考えてはなりません。天皇は民の風俗を正そうと思し召され、それゆえにこの詔を発せられたのです。

またその一方で、天皇は人々の情《こころ》を寛《ひろ》く豊かに育《はぐく》みたいと思し召され、群臣を招いて宴会を催されています。大いに酒盛りすること五日に及びました。(2)一方では倹約を奨励し、他方では寛大な心を養うように配慮されたのです。この御世に海外の諸国が貢物を献上し、(3)天下が安寧に治まったというのは、まことにもっともなことではありませんか。以上、「風俗を正す」ということについて述べました。

『日本書紀』巻十七より

継体天皇の即位元年、詔《みことのり》して仰せになりました。

「朕《わたし》が聞いたところによると、男が耕作をしない年には天下に食物が不足して、人々が飢えることがあるという。女が糸を紡がない年には天下に衣服が不足して、人々は寒さに凍えることがあるという。ゆえに宮中では、天皇が自《みずか》ら田を耕して農業を勧め、后妃は手ずから蚕を飼い、桑の葉を与えて養蚕を勉《すす》めている。いうまでもなく、百官から万民に至るまで、農耕と紡績の仕事をやめて富み栄える者があるはずもない。役人たちは天下の万民に普《あまね》く告げて、わが胸懐《むねのうち》を知らしめよ。」

〈**講義**〉謹んで考察いたします。

およそ天下の人民には皆、それぞれにふさわしい日々の仕事があります。その仕事の成功と失敗とは、まったく、その人が勤勉であるか怠惰であるかに関連しているのです。

農業は天下の人々を飢えから救い、養蚕業は天下の人々を寒さから守ります。人は一日でも衣食が不足すると苦しみます。ゆえに、神聖な天皇と賢明な皇后は、自ら耕し蚕を飼うことによって農作業の艱難を十分に経験されるとともに、天下の万民にも勤勉に働くことを勧められたのです。これは、人君が民の父母であればこその教戒です。

継体天皇は志を政教に置かれ、即位元年にこの詔を発せられて、日々の仕事に勤勉に励むよう天下に告げられました。諸々の官職の役人たちも、決して怠るわけにはいかないでしょう。以上、民政の極致について述べました。

この章では、政教の道について論じました。謹んで総括いたします。

政《まつりごと》の基本は誠《まこと》を以て臨むことにあります。教化の基本は、物事の本質を見極めて審《つまび》らかにすることにあります。政教の道というものは、時代の変化を察して従来の方法を加除修正し、水土の特徴を知って風俗を考え、人情に通じて過不及（行き過ぎと不足）がないように調節し、事物を詳しく調べて制度を定め、人としての正しい道を明らかにして礼による秩序を築き、その上で、しばしば省察を加えながら民を教化していくことにあります。これこそが「聖政の極致」といえましょう。

さもなくば、あるいは細かく煩わしい規則や法律で民を取り締まって統制をはかるか、あるいは教えることなくして人心が自然と感化されるのを期待するしかありませんが、結局のところ、それでは政教の実効は得られません。

ある人が質問しました。「外朝の聖人（孔子）は、政《せい》は正《せい》である[4]と教えていますが、今の説明では、政を誠と解することが多いようです。それは何故でしょうか」と。

私は次のように考えています。

わが国では、天地の神と皇室の御先祖をお祭りすることを、政治の要諦としています。ゆえに、「政」の字の訓を「まつりごと（祭事）」というのです。これは、祭祀と政事が同義であることを示しています。祭祀を執り行うときに何より大切なのは心が「誠《まこと》」であることだと思いますが、政事の要諦もまた、人君の誠にあるのです。為政者の心に誠が無いとしたら、それは、ただ法律の条文だけがあって中心となる綱領が無いのと同じです。毎日煩わしく政務を執り、毎月苦労しても、教化の実効は得られません。その理由は、『論語』（為政篇）に「これを斉《ととの》うるに刑を以てすれば、民免《まぬか》れんとして恥《はじ》無し」とあるように、民を法律で統制しようとすれば、彼らは法の網をくぐって刑罰を免れることを恥と思わなくなるからです。

これに対して、至誠の心でお祭りをすれば、目に見えぬ鬼神もすぐそこに存在するように感じられます。それと同様に、誠を尽くして人民に臨めば、まるで自分の手のひらを見るようにその気持ちが感じられるようになり、たやすく天下を治められるでしょう。外朝の聖人は、「神を祭るときは、そこに神様がいらっしゃるように思い、誠意をこめてお祭りに奉仕すべきである」[5]とも、「祭りの意義（誠意をこめて神意をうかがうということ）が理解できるようになれば、天下を治める方法は手のひらに書いてあるように明らかで容易である」[6]とも述べておられます。つまり、「正」と「誠」の二つの字の間には、まったく何の隔たりもないのです。

ある人が質問しました。「政教法令は徳の端々《はしばし》を形にしたもので、徳の末節に過ぎません。徳の高邁な精神性に比べれば、一段下位に属するのではありませんか」と。

私の考えでは、それは違います。

物があれば、必ずそれを取り扱うための法則があります。[7]天下国家があれば、必ずそれを経綸していくための政教法令があります。政教法令の四者以外に、どのような徳があるというのでしょうか。

明聖の君主もこの四者を用いて天下を治めます。愚昧の君主もこの四者を用いて天下を治めます。四者の優劣や、運用の方法が煩雑か簡略かなどの差異によって、天下の治乱が別れるのです。天下の安寧も混乱も、その原因はこの四者にあるといえます。

政教法令の四者が正明であれば、ちょうど正確な秤《はかり》が設置されているようなもので、軽重をごまかすことはできません。また、墨縄《すみなわ》（大工が直線を引くための道具）が引かれているようなもので、曲直をごまかすことはできません。政教法令が無ければ、どのようにして平直・真偽・邪正を弁別すればよいのでしょうか。

ある人が質問しました。「政教法令は、いわば道具のようなものです。人君が徳を修めれば、道具も自然と切れ味がよくなります。人君が徳を修めなければ、道具があっても役に立たないのではありませんか」と。

私は次のように考えます。

たとえ良工であっても、道具が無ければ仕事はできません。良工が良工でいられるのは、手入れのゆきとどいた良い道具を持っているからです。よく切れない刃物を使うと筋肉や骨を痛めるだけで、良い仕事はできません。

政教法令が整備されているのは、ちょうど舟に乗って大河を渡るようなものです（この場合、舟が政教法令にあたります）。水泳の得意な者も泳げない者も、舟に乗れば、ともに安心してやすやすと川を渡ることができます。ひたすら徳を修めてそれによる効果を期待するのは、いわば水泳の得意な者が、自分の力をあてにして泳いで川を渡ろうとするようなものです。大変な労力を費やしながら効果は少なく、しかも危険なので、同じように泳いで渡ることのできる者は少数です。いわんや、徳を修めず、政教法令にもよらず、独りよがりのでたらめな考えで行動して施政の効果を求めるのは、いわば舟も無く、水泳の技術も無く、力任せにひとりで出来ると思い込んで水に入るようなものです。溺れるだけで、期待できるものは何もありません。

ゆえに、国を治め天下を平らかに保つための要諦は、人君が身を修め、それによって政教法令を正しくしていく以外にありません。両者の釣り合いがとれて初めて、政治の功績や民の教化を語ることができるのです。

わが国古代の天皇によるすぐれた政教の功績については、『日本書紀』などの古典に数多く記されています。後世の者がこれを読んで模範とし、受け継いで更に発展させ、その教えを明らかに世に示すようにすれば、「無為《むい》にして感化《かんか》する」という理想の政治が実現し、千万世にわたりその恩恵をこうむることができるでしょう。

注

（1）二人の皇子の殺害を企てた庶兄の手研耳命《たぎしみみのみこと》を弓矢で射殺す計画。『日本書紀』巻四・綏靖天皇即位前紀に見えます。

（2）この記事は『日本書紀』巻十五・清寧天皇四年夏閏五月の条に見えます。

（3）この記事は『日本書紀』巻十五・清寧天皇三年十一月の条に見えます。

（4）『論語』（顔淵篇）に「季康子《きこうし》、政《まつりごと》を孔子に問ふ。孔子対《こた》へて曰く、政《せい》は正《せい》なり。子帥《ひき》ゐるに正を以てせば、孰《たれ》か敢て正しからざらん」とあります。

（5）『論語』（八佾篇）に「神を祭るには神在《いま》すが如くす」とあります。

（6）『論語』（八佾篇）に「其の説《せつ》を知る者の天下に於けるや、其れ諸《これ》を斯《ここ》に示すが如きかとて、其の掌《たなごころ》を指《さ》す」とあります。

（7）『詩経』（大雅「烝民」）に、「天《てん》、烝民《じょうみん》を生《しょう》ず、物《もの》有《あ》れば則《のり》有《あ》り」とあります。

礼儀章——様々な儀礼とその意義について

「挨拶は礼の始まり」と言います。挨拶の言葉を用いれば自然と相手に心が通じ、気持ちもさわやかになります。これが礼の効用です。現代人は、礼をとかく堅苦しいものと考えがちですが、昔の人は「親しき仲にも礼儀あり」と言って、礼を大切にしました。

素行先生は、礼の本質は上下の秩序を立てることにあると説かれます。また、「己《おのれ》に克《か》ちて礼に復《かえ》る」(『論語』顔淵篇)ことが、人としてのふるまいの基本であるとも言われます。(1)

この章を読んで、礼の役割と意義について考えてみましょう。

『日本書紀』巻一・第一段の本文より

天《あめ》が先《さき》に生成し、地《つち》が後《のち》に定まりました。その後に、神聖《かみ》(2)(神聖な神)が天と地の中間に現れました。

〈講義〉謹んで考察いたします。

天が先行して上に居り、地が後《おく》れて下に居りました。上に在るものは高く明るく徳を輝かせ、下に在るものは低くどっしりと落ち着いて従順でした。この両者の中間に万物が生じ、その万物の長として、聖神が天地自然の理《ことわり》に基づく道を定めました。これはすなわち、天地には天地の形があり、自然の秩序があるということです。聖人は、これを「礼」と名付けました。

礼は、上下を認識することによって天下の人心を定め、身分の上下を分けることによって天下の秩序を健全に整えていく道です。礼の行いがゆきわたると、天地の陰陽を本とする自然の道理に起因して、日常生活を統制する仕組みがおのずと整っていきます。天下の人々がこれを受け継ぎ、礼に則って行動するときは、贅沢や倹約が度を超えることは決してなく、上《かみ》は君父の親しみと尊厳を忘れず、下《しも》は臣子としての分限を超えることがありません。天地が定まって以来、どれだけ天下が広く、万機の政務が多様であるにしても、すべての事物に礼がゆきわたるため上下の等級は明白となり、混乱が生じることはないのです。このような礼の義もまた偉大ではありませんか。

およそ、天下を平安に治めるための本源は、礼にあります。君臣の位が定まって身分の上下が明らかになり、誰もが己れの分を守り、常に礼に則って行動するなら、乱を起こすことを好む者が現れるはずはないのです。

『日本書紀』巻一・第四段の本文より

伊弉諾尊《いざなきのみこと》と伊弉冊尊《いざなみのみこと》は磤馭盧嶋《おのごろしま》を国中《くにのなか》の柱《みはしら》とし、男神《おがみ》は左から、女神《めがみ》は右から巡り、一か所で顔を合わせました。この時、女神から先に声をかけ、男神はこれを喜ぶことなく言われました。「私は男《ます》子《らお》である。私の方から先に声をかけるのが自然の理《ことわり》だ。その理に反して、どうして婦人《たおやめ》の言葉が先行してしまったのか。このままでは宜しくない。改めてやり直すのがよいだろう」と。そこで、二神《ふたはしらのかみ》は元に戻って柱を巡り、再度、出会われました。今度は男神が先に声をかけて、女神が答えました。このようにして夫婦となり、大日本豊秋津洲《おおやまととよあきつしま》をお生みになりました。

〈**講義**〉謹んで考察いたします。

これは、天神《あまつかみ》が男女の礼を正された儀式です。

二神（伊弉諾尊と伊弉冊尊）はすなわち天地であり、陰陽であり、男女であり、万物を生み出す根源の神であり、日本国の祖先神です。わが国が中州（中を得た国）である理由も、人物がそれぞれ立派な性質を継承している理由も、わが国の教えが聖教（聖人の道に基づく教え）である理由も、元をたどれば、すべて二神の徳と功業に拠るのです。

思うに、理とは条理（正しい筋道）です。条理を通して乱れないようにするのが、礼の役割です。この時はまだ「礼」という名称はありませんでしたが、伊弉諾尊が「理《ことわり》」と仰せになったとき、「礼」の概念はすでにその言葉の中に含まれていました。いよいよこれから宇宙《あめのした》を経営し、人物を生成しようとする始まりの時にあたって、この大礼（婚礼の儀式）を挙行しないわけにはいきません。

天下の礼は、人君を中心にして形成されます。人君が礼を正された後に天下の条理が正され、人々はこれに則って行動するようになります。ゆえに、男神と女神は天地自然の序に従い、各々が自《みずか》ら左と右に別れて柱を巡り、それによって先後・唱和の礼節を正し、天下の事物の秩序をお定めになったのです。

礼が正しく行われる時、その効用の何と偉大なことでしょうか。一度《ひとたび》この礼を定めたことによって、後世にわたり、先後・上下・男女の道が大いに明らかになり、万民がこれを行動の拠り所とするようになりました。

二神の徳を仰がないわけにはいきません。

『日本書紀』巻一・第七段の本文より

素戔鳴尊《すさのおのみこと》の所行は甚だ無状《あじきな》く、尋常ではありませんでした。
天照太神《あまてらすおおみかみ》はお怒りになって天石窟《あまのいわや》へお入りになり、磐戸《いわと》を閉ざして中にこもってしまわれました。そのため、六合《くに》の内は常に暗闇に閉ざされ、昼と夜がいつ交代しているのかも分かりません。

〈講義〉謹んで考察いたします。

「無状《あじきなし》」とは、「礼儀が無い」という意味の言葉です。神は情け深く寛容な心とすぐれた知徳をお持ちですが、無礼者にはこのように厳正に対処されます。

思うに、礼とは、上《かみ》を安んじ奉ることによって条理を正し、民を安寧に治めようとする道です。礼が失われれば、上下の区別が無くなって、尊いことと卑しいことの識別がつかなくなります。上下の区別が無ければ、人々は上を懼《おそ》れることもなく、誰かに遠慮することもなく、欲情に従って直ちに行動するようになります。誰も彼も平等ですから、君臣の別もありません。尊いことと卑しいことを識別できなくなると、行動に歯止めが掛からなくなりますから、弱肉強食の世界が出現します。強者は弱者を踏みつけ、金持ちは貧乏人を侮り、大は小を圧倒します。ゆえに、善悪正邪のわきまえも無くなります。それゆえ、天照太神は素戔嗚尊の「無状」を深く憂慮して、戒められたのです。

天照太神が天石窟へお入りになって磐戸を閉ざすと、世界は闇に包まれました。闇の中では上下左右の区別もつかず、身の置き所もありません。このようにして、天を失い礼を失った世の中が、邪正の区別さえつかない暗黒の世界になることをお示しになったのです。その御神慮の何と深遠なことでしょうか。

後世にも臣が主君の位を侵したり、子が父をないがしろにしたりすることがありましたが、これらはすべて、礼をわきまえないのが原因です。このようなわけですから、今日では神代を去ることすでに遠く、神の霊験がたちまち顕現するという懼れもなくなりましたが、もし、不忠不孝の乱臣賊子がほしいままに行動するようなことがあれば、神は必ず石窟に入り、世界は闇に閉ざされるでしょう。天照太神が今日でも存在されるのかどうか、それはさておき、礼儀正しくふるまうことを忘れてはなりません。

『日本書紀』巻十三より

允恭天皇の四年秋九月九日、詔《みことのり》して仰せになりました。「上古の時代に国がよく治まっていたとき、人民《おおみたから》は先祖代々の土地に住んで親の職業を継ぎ、姓名《かばねな》を正しく名乗っていた。今、朕《わたし》が即位して四《よ》年《とせ》を経たが、百姓《おおみたから》は互いに氏姓《うじかばね》の身分を争うようになり、治安が悪くなっている。ある者は誤って自分の姓《かばね》を失い、ある者は故意に本来の氏《うじ》よりも高い身分の氏を名乗っている。治安が上古の時代に及ばないのは、おそらくそのためだろう。朕は不賢ではあるが、どうして氏姓の乱れを正さずにいられようか。群臣たちはこのことを協議して意見を奏上せよ」と。

群臣たちは皆、言いました。「陛下《きみ》が過ちを指摘し、間違いを正して氏姓をお定めになるのでしたら、私どもは身命を賭してそのお定めに従います、と申し上げましょう」と。

天皇はこの奏上を裁可され、二十八日に詔して仰せになりました。

「朝廷の群臣と役人、および諸国造《もろもろのくにのみやつこ》たちは、皆それぞれに自分は天皇の子孫だと名乗ったり、あるいは天降りした神の末裔だと主張したりしている。しかしながら、三才《みつのみち》（天地人）が出現し、それぞれの働きに別れて以来、多くの年月を経てきた。それゆえ、子孫が繁栄して一つの氏《うじ》から多くの姓《かばね》を生じ、真実《まこと》の祖先を知ることが難しくなっている。ゆえに、諸氏姓《もろもろのうじかばね》の人々は、それぞれ沐浴斎戒して身を清め、盟神探湯《くかたち》(3)をして自分の出自を確かめよ。」

そこで、味橿丘《うまかしのおか》の先端に位置する辞禍戸岬《ことのまがへのさき》に探湯瓦《くかへ》を据え、諸人《もろひと》を引き連れて行って告げました。

「正しい姓名を名乗る者は無事だが、偽りを言う者は必ず傷つくだろう」と。

こうして、諸人は神事に用いる木綿《ゆう》の襷《たすき》を掛けて釜の前に行き、各々探湯《くかたち》をしました。すると、正しい姓名を名乗った者は何事もありませんでしたが、偽りを述べた者は皆傷つきました。これを見て、故意に氏姓を詐称した者は恐れおののき、最初から後ろへ退いて、釜の前へ進み出ることはありませんでした。これより後、氏姓は自然に定まり、詐称する者は一人もいませんでした。

〈**講義**〉謹んで考察いたします。

姓氏が明らかでなくなり、上下尊卑の秩序が乱れたのは、先祖が分からなくなって礼が乱れ、身分を正しくわきまえることができなくなったという事情によるものです。往古の神聖な天皇は、臣下の功業に応じて姓氏をお与えになり、名乗りを命じて善人と悪人を区別し、芳名を広く世に知らしめることによって悪を抑制し、百世の後までもその名を伝えて滅びないようにしようとなさいました。これは、人民に礼を守らせて尊卑を混同しないようにし、それによって善悪を乱さないようにする、という政道です。

姓氏を得ている者が一度これを捨てて勝手に別の姓氏を名乗ると、人は皆、本来の出自を忘れ、祖先を失って本源が分からなくなり、「善を顕彰して悪を弱らせる」という礼に反することになります(4)。ゆえに、天皇は姓氏を定めるために、盟神探湯の誓いをさせて神意をうかがいました。これによって諸人の真偽が明らかになり、初めて尊卑が定まったのです。これは、礼による秩序を築くための大きな糸口となります。

この後、天武天皇は八色《やくさ》の姓《かばね》を作り、万民を含めて旧来の姓を改めさせました。近臣には各々「朝臣《あそみ》」と「宿禰《すくね》」の姓を下賜し、雅楽の男女の歌手《うたいて》や笛吹きの者には、子孫に技芸を伝習させました。

嵯峨天皇の弘仁年間には、万多親王《まんだしんのう》と右大臣・藤原園人《ふじわらのそのひと》らに勅《みことのり》して『新撰姓氏録』を編纂させました。醍醐天皇の延喜年間には、正親司《おおきみのつかさ》を設置して皇親の籍を管理させ、皇族への季節の衣服の下賜や、臣籍降下の際に姓を改める事務などを担当させました。これらは皆、多くの姓の分岐を正し、身分にふさわしい礼儀を明らかにするための教えです。さもなければ、民の情《こころ》は安定せず、姓氏の詐偽が日々行われることになるからです。

『日本書紀』巻二十二より

推古天皇の十二年夏四月三日、皇太子（聖徳太子）が手ずから筆をとり、初めて憲法十七条を作りました。その第四条に、次のようにあります。

「群臣や役人たち、朝廷に仕える者は礼を以て本とせよ。民を治める根本は礼にある。上に立つ者が礼を守らなければ、下の者は秩序を守らない。下の者が礼を守らなければ、必ず罪を犯す。それゆえ、君臣[5]が礼を守れば、官位の序列が乱れることはなく、百姓《おおみたから》が礼を守れば、国家は自然と治まるものである。」

〈**講義**〉謹んで考察いたします。

この時代に至って初めて礼の重要性を憲法の条文に著し、天下の人民に知らしめて、これに基づいて行動するように命ぜられました。

そもそも、礼は天地自然の理法にして、人が常に踏むべき大道です。伊弉諾尊《いざなきのみこと》と伊弉冊尊《いざなみのみこと》は礼を正して中国《なかつくに》をお定めになり、天照太神は素戔嗚尊《すさのおのみこと》の非礼によって石窟《いわや》へお入りになりました。礼の及ぼす影響は極めて重大です。礼に基づく作法は生活の万般に及ぶため、これを知らなければ手足の置き場にも困ります。

すでに天下国家があるということは、国家によって定められた上下の秩序（礼）があるということです。礼に基づいて治めなければ、いわゆる「治国平天下」はあり得ません。民を治めるための根本は必ず礼にあるからです。人君が礼にかなった行動を示さなければ、民の習俗は改まりません。礼を用いて下の者を正しく導くようにしなければ、民は心服しません。礼を丁寧に実践し、謙譲の心で行動することによって、初めて究極の教化が実現するのです。

思うに、人が人らしくあるのも、わが国が「中華の国」（中を得た文明国）として立派に整っているのも、礼が実践されているからにほかなりません。礼に則って行動しなければ、人も禽獣に異なりません。ゆえに、伊弉諾尊は最初に「天地自然の理《ことわり》に基づいた教え」を建て、天照太神は素戔嗚尊の「無状」を戒め、それによって礼を正されたのです。

聖徳太子は聡明で気高くすぐれた性質をお持ちでしたから、初めて冠位十二階をお定めになり、手ずから憲法を撰定されました。礼を治国の本とする教えは、極めて明らかに天下に示されたといえましょう。

この後も連綿として、天下万民の礼や制度の法が大いに定まっていきました。そして、ついに律《りつ》令格式《りょうきゃくしき》の法制度が施行され、天下の人々は万世にわたり、礼こそが国の大本であることを知ったのです。聖徳太子の功績の何と偉大なことでしょうか。以上、礼儀の効用について総論しました。

『日本書紀』巻三より

神武天皇の辛酉年《かのとのとりのとし》春正月一日、天皇は橿原宮《かしはらのみや》で即位されました。この年を天皇元年《すめらみことのはじめのとし》とします。

〈講義〉謹んで考察いたします。

即位は人君の大礼です。天は人君が祖宗として仰ぐところ、人君は庶民が天として仰ぐところです。天は上空に高く存在し、その徳は明るく輝いて四海（天下）を照らし、人君は大宝の位にあって明徳を天下にあまねく弘めます。それゆえに、人君は即位の礼を挙行して、天下を治めるため万機の政務を開始されるのです。

神武天皇は、東征という大きな功績を成就して日本国を定め、初代天皇として初めて即位の礼を挙行されました。この年を元年とし、即位された正月を規準にして暦を作り、季節を区切り時節を定めて天地を一つの暦法で統治し、人君の大礼を天下に示されたのです。

それ以来、改めることなく、歴代天皇はこの儀礼を踏襲されて今日に至っています。大臣は天皇の御前《ごぜん》に北面して神器を捧げ持ち、天皇は南面して天下の諸国に即位の詔を発し、上下尊卑の礼を正し、道徳と智恵による政治を国のすみずみにまで広く宣言されます。その影響は極めて重大です。

おそらくこの時はまだ、わが国に外朝の暦「三統《さんとう》」(6)は伝わっていなかったと思われますが、自然と人統《じんとう》（春の初めを正月とする暦）が作られ、四季は順当に巡りました。これは、神聖な天皇の不思議な霊力の現れといえましょう。

それよりこのかた、天皇の正暦は一度も失われることなく正確な時を授け、日本国民は皆同じ暦のもとで生活し習俗を一《いつ》にしています。わが国の文明が堂々としてゆるぎないのは、まことに偉大なことです。(7)　以上、即位の礼について論じました。

『日本書紀』巻三より

神武天皇の庚申年《かのえさるのとし》秋八月十六日、天皇は正妃をお選びになるために、改めて広く貴族の娘をお探しになりました。

九月二十四日に媛蹈鞴五十鈴媛命《ひめたたらいすずひめのみこと》を宮中に召し入れて、正妃となさいました。

辛酉年《かのとのとりのとし》春正月一日、天皇は即位され、正妃を尊んで皇后《きさき》となさいました。

〈**講義**〉謹んで考察いたします。

これは、后妃《こうひ》を選定し擁立した始まりです。

天皇が良き配偶者を得てすぐれた子供を持ち、良き子孫が続いていけば、百代ですら一日のようなものです。天下は安寧に存続するでしょう。人君が良き配偶者を選ぶのは、何よりも天下を愛するがゆえなのです。

およそ、天皇の結婚は風俗教化の本となるものであり、礼の重儀にあたります。適切な方法で后妃の選定擁立にあたるのでなければ、欲情のおもむくままに相手を選ぶことになり、始めは良くても終わりを全うすることはできません。天皇の正妃を擁立するにあたっては、広く意見を求めて家柄を調査し、女性としての徳性を明らかにする必要があります。その上で正妃として迎え、即位に及んですなわち皇后となります。このように皇后への礼を厚くすることによって、男女の別を明らかにし、侍女や側室の品性を弁別し、男女の道の教戒を万世に示されるわけです。

しかしながら、それでもなお後世には、淫乱な行動によって自らの徳を汚《けが》し、正妃と側室の区別が乱れ、皇太子の廃奪が行われるという失態がなかったわけではありません。まず男女の関係があって、その後に父子の関係が生じるのですから、結婚は国家の大事です。神から授かった皇位の安定と継承は、ひとえに后妃の選定擁立に繫《か》かっているのです。この儀礼を決して軽々しく扱ってはなりません。

『日本書紀』巻十七より

継体天皇の元年三月一日、詔《みことのり》して仰せになりました。

「神祇を祭る社《やしろ》には神主がいなければならない。宇宙《あめのした》には君主がいなければならない。天は多くの民を生み、元首《きみ》を樹《た》てて民を扶養し、天与の性質と寿命を全うさせている。大連《おおむらじ》(大伴金村《おおとものかなむら》)は、朕《わたし》に息子がいないことを憂慮して、衷心から国家《くに》に世継ぎを得るよう進言してくれた。この忠誠心は、決して朕《わ》が世だけに限ってのものではないだろう。礼儀を尽くして手白香皇女《たしらかのひめみこ》をお迎えし、皇后として内廷を修めさせるがよい。」

〈**講義**〉謹んで考察いたします。

この詔には、皇后を立て、礼儀を整えて後宮を教え正すことの意味が、明瞭に説かれています。

思うに、人君は恒《つね》に宮中の奥深くに住まわれ、天下の富を治めておられます。近臣は人君に媚びて意を迎えようとし、佞臣はひそかに悪事を企んでいます。少しでも油断して気を許すと、彼らの奉じた鴆毒《ちんどく》が、人君の心の中に入り込んでしまいます。ゆえに人君は、外廷においては議会を設けて諫言を求め、史官を置いて過去の事例に鑑み、言行を正すように心がけておられますが、それでもまだ遺漏がないとは限りません。このようなときに内廷が仲むつまじく修まっていれば、ご婦人方の内助の功と察しのよい忠告によってこれを補い、悪事を未然に防ぐことができます。これが、良妻や賢夫人の尚《たつと》ばれる理由です。継体天皇の御世の後も立后《りつこう》の礼が代々行われ、皇統は連綿と続きました。

およそ、后妃を選定するにあたって女性の徳を正当に評価しなければ、淫婦妖女が人君のお側に上がり、必ず魔物のようにその心を惑わすことになります。后妃の一族への教戒が厳正になされなければ、外戚が権力を握り、人君の威を借りて、必ず天下に害を及ぼすことになります。立后の礼が正しく行われなければ、男女の間柄の区別が明らかでなくなり、内廷を修めるための教戒が行われなくなります。また、礼に基づいて皇妃の道を正さなければ、後宮が朝政に臨み、皇太后が幼帝に代わって政治を行い、天皇の位は名前のみで実権を伴わない虚位になってしまいます。

ゆえに、礼の根本は夫婦にあるといえるのです。国の治乱の原因はこれにあり、国の興亡もこれに連関しています。往古の詔や法典をよく読み、歴史書に記録された国の盛衰興亡の原因をよく考えてみなければなりません。以上、立后の礼について論じました。

『日本書紀』巻三より

神武天皇の四十二年春正月三日、皇子の神渟名川耳尊《かむぬなかわみみのみこと》を立てて皇太子《ひつぎのみこ》となさいました。

〈講義〉謹んで考察いたします。

これが、皇太子を立てた始まりです。

思うに、皇太子を建てるのは、国の本を定め、祖先と国家を重んずるがゆえです。一般に跡継ぎを立てるときは、必ず長子を選ぶのが礼の常道です。しかしながら、それぞれ種々個別の事情がありま す。時代には治世と乱世、困難な草創期と久しく承継されてきた安定期の違いがあり、統治する土地にも新旧、大小の差があり、後継者たるべき人にも、賢い子もあれば愚かな不肖の子もあります。ゆえに、それらの事情を勘案した上で、慎重に考え明確に判断して最善の道を選択するのが、人君の徳なのです。

神武天皇は、初めてわが国の中心を定めて皇位に即《つ》かれました。当時はまだ皇威に従わない凶暴な賊もいたはずです。まことに苦難に満ちた草創の時代ですから、皇太子を建立《けんりつ》するにあたっても慎重に考えないわけにはいきません。神渟名川耳尊は神武天皇の第三皇子で、容姿は高く秀で、若い頃から雄々しい気性をお持ちでした。子供の性質や能力について、父親ほどよく知っている者はいません。そこで、最終的にこの第三皇子を立てて皇太子となさいました。

一度《ひとたび》太子建立の礼を行うことによって天下の大本《たいほん》が定まり、人心も安定します。わが国ではこの時以来、連綿として「建儲《けんちょ》の儀」（立太子の礼）が行われているのです。ああ、何と素晴らしいことでしょうか。

『日本書紀』巻五より

崇神天皇の四十八年春正月十日、天皇は豊城命《とよきのみこと》と活目尊《いくめのみこと》に勅《みことのり》して仰せになりました。「おまえたち二人の皇子《みこ》に対する朕《わたし》の慈愛はまったく同じだ。どちらを皇太子にしたら良いか分からない。二人ともそれぞれ夢を見なさい。その夢によって占おう」と。二人の皇子は天皇の命を受け、沐浴して身を清め、神に祈ってから眠り、それぞれ夢を見ました。

明け方、兄の豊城命が夢のお告げを天皇に奏上しました。「私は自《みずか》ら御諸山《みもろのやま》に登っていきました。東に向かって八回槍を突き出し、八回刀を撃ち振りました」と。弟の活目尊も夢のお告げを奏上しました。「私は自ら御諸山の嶺《たけ》に登っていきました。縄を四方《よも》に引き渡して、粟を食べる雀を追い払いました」と。これを聞いた天皇は夢占いをして、二人の皇子に仰せになりました。「兄は東の一方だけを向いて行き、東国《あずまのくに》を治めなさい。弟はあまねく四方に臨み、朕《わ》が位《くらい》を継ぐが良い」と。

四月十九日に、活目尊を立てて皇太子とし、豊城命には東国を治めさせました。豊城命は上毛野《かみつけのの》君《きみ》・下毛野君《しもつけののきみ》の始祖《とおつおや》です。

〈**講義**〉謹んで考察いたします。

立太子の礼は天下の大本《たいほん》です。今、天皇は夢を見ることによって皇太子をお定めになりました。後世には、夢のお告げによって判断することに疑念を抱く者もないわけではありません。しかし、当時は神代の昔からまだそれほど遠くなく、人心は素朴で、誠信の心を以て臨めば神意に感通することも可能でした。ゆえに、このような方法をとられたのです。また、二皇子もこれを受け入れ、天皇の詔を承けて最後までその期待を裏切ることなく、永く国のために尽くされました。これは、崇神天皇の聖徳と、二皇子の厚くゆるぎない心によって実現したのです。後世の者が真似できることではありません。

思うに、帝位は天下の大宝です。これを欲しない人はありません。ましてや、皇位継承の資格のある皇子にとってはなおのことです。ゆえに、太子建立の礼は早く定めることを貴ぶのです。早く定まらないときは嫡子と庶子の区別が明らかでなくなり、あるいは才智によってこれを求め、功績を立ててこれを欲し、力によってこれを争うようになります。古今の歴史を見ると、皇族が天下の安寧と幸福を乱すときに皇位継承の問題がからんでいないことはありません。立太子の礼が早く定まれば、衆人の嘱望も絶えて、天下の情勢は自然と定まります。皇族の間でもそれぞれ身分が定まり、結束も固くなります。

人君は決して立太子の礼をおろそかにしてはなりません。

『日本書紀』巻十より

応神天皇の十五年秋八月六日に、百済王が阿直岐《あちき》を派遣して、良馬を献上しました。阿直岐は経典を読むことができました。そこで、皇太子・菟道稚郎子《うじのわきいらつこ》の教師に任じました。ここにおいて、天皇は阿直岐にたずねて仰せになりました。「もしや、貴国にはあなたよりすぐれた博士《ふみよみひと》もおられましょうか」と。阿直岐が答えて言うには、「王仁《わに》という者がいます。優秀な学者です」と。そこで、この時に上毛野君《かみつけののきみ》の祖先・荒田別《あらたわけ》と巫別《かむなきわけ》を百済に派遣して、王仁をお招きになりました。

十六年春二月に、王仁が来朝しました。そこで、皇太子・菟道稚郎子が王仁を教師として諸々の典籍を習い、そのすべてに通達なさいました。

〈講義〉謹んで考察いたします。

ここには、皇太子の「諭教《ゆきょう》の礼」（教育に関する礼）が記されています。

この時、稚郎子《わきいらつこ》はまだ皇太子の命を受けていませんでした。しかしながら、天皇はすでに皇太子とすることを心に決めておられました。ゆえに、このような教育をされたのです。

思うに、あらかじめ皇太子が定まっている場合には、その諭教の礼として、師《し》（学問の教師）・傅《ふ》（道徳を教える傅育官）・保《ほ》（生活指導にあたる保育官）に、それぞれ優秀な人物を選ぶ必要があります。皇太子を正明に薫陶して君子の気質を身につけていただくためです。太子は聡明で、生まれつき謙譲の性質があり、すぐれた雄武の才能もお持ちでした。よくわが国の事物に習熟し、さらに外朝の儒教の経典にも通じ、知識を啓発して真理を悟り、身につけた習慣は天性ののもののようでした。ゆえに、太子は無礼な手紙を奉った高麗《こま》の使者を責め、天皇の位を兄の仁徳天皇に譲って「兄が上で弟は下、聖人が君主となり愚者は臣となる」という不変の法規を厳守されました。このように英邁で豪胆な行動力も、皇太子でありながら天皇の位を辞退された決断力も、すべて教育から得て影響を受けたのです。⑻

その後、万世にわたり、これを先例として皇太子に学問の師をつけ、傅育と保育の指導者を置き、東宮坊という家令の官職をつくりました。皇太子に対する諭教は特に慎重を期する必要があります。おそれながら意見を述べます。

教諭の方法は外朝の書籍を用いて行われることが多いのですが、これは後世における過誤であると考えます。わが国の古今にわたる天下の興廃治乱の歴史、事物の制度（慣習法や行政の制度）、国民の儀礼などは、文献に記載されて残っています。よって、日常の言行を正しく身につける際に、これらの事物や往古の歴史を詳細に学び、まずこれを模範として学問を修めることが重要です。その後に外朝の聖賢の書物を読んで知識を広め、その事迹を明らかに調べ、比較検討した上で用いるべきものは用い、捨てるべきものは捨て、さらに有道の師（徳のある教師）に就いて学び、見識を正していけば、教諭の成果も上がると考えられます。以上、建儲《けんちょ》の礼について論じました。

おそれながら、私は次のように考えます。

父母があるときは必ず子があります。子が親の後を嗣《つ》ぎ、孫がそれを承継し、連綿と引き継いで万世に及ぶのが人倫の大綱です。子には嫡子があり、長子があり、賢い子もあれば愚かな子もあります。嫡子を尊重するのは、一族の祖宗と姓氏を明らかにし、正室と側室の区別を正すためです。長子を用いるのは、天から与えられた人倫の序列に順って長幼の道を正すためです。賢い子を用いるのは、その器量が家を統率する任務に堪え得るからです。ゆえに、嫡子と庶子の間で選ぶなら嫡子がふさわしく、長幼の間柄で選ぶなら長子がふさわしく、徳と智恵が傑出しているなら、賢い子を選びます。これが後嗣《こうし》を立てるときの礼の常道です。

国家の世子《せいし》は生まれたときから重い任務を負い、多くの家臣や人民を統率していかねばなりません。ましてや、天下の皇太子ともなればなおのことです。よって、太子建立《けんりつ》の礼をおろそかにするわけにはいきません。往古の神聖な天皇が、父の後を子に継がせるだけでなく、あるいは兄の後を弟に譲り、あるいは長子を除き、あるいは智恵によって選ぶなど、必ずしも常道の礼を用いられなかった理由はここにあります。皇太子は天下の重職を受け継いで億兆の民の君主となり、指導者となるべき存在です。天下の安危と治乱はひとえにその双肩にかかっています。高明な智恵、悠々として寛容な心、博く厚い人望、これらを等しく身につけた後に、初めて三種の神器を継承する任務に堪え得るのです。

そもそも、皇太子を選ぼうと欲しても、早く決めるという定めがあるわけではありません。また、早く決めようと欲しても、その子がどのように成長するか、君父にも分からないものです。ゆえに、嫡子と長子の序列に従い、なるべく早く皇太子を定めて国の安定をはかり、その上で、親の教育と側近の扶翼によって人品を正すようにします。これが、「建儲の大礼」というものです。

およそ、上智《じょうち》（すぐれた才能のある賢人）と下愚《かぐ》（極めつきの愚者）とは、いくら教育してもその気質を変えることはできません。(9) しかし、そのような人はごく稀で、多くは中人《ちゅうじん》（普通の才能の人）です。中人は習慣と薫陶によって、必ずその気質を変えることができます。皇太子を建てておきながら、親としての諭教（諭《さと》し教えること）に心を尽くさなければ、その子は遊び暮らすままに放っておかれることになり、宮中の奥深くで大切にかしずかれて勝手気ままにふるまい、愚かな気質になってしまうでしょう。君徳を身につけることはできません。これでどうして、子を子として愛情深く育てているといえましょうか。今までに、このような育て方をされて天下を平らかに治める方法を知った者はありません。

教育を始めるには、三歳くらいの幼児で、智恵のつき始めた頃が適当です。この頃に左右の側近を選び、師傅《しふ》（学問の教師と道徳の指導者）を置けば、言行は日々に感化され、生活習慣は月日とともに身になじみ、やがて心の奥にまで入り込み、さらに学習を積み重ねていけば、自分でも気付かないうちに知識も徳もいつの間にか大成していきます。これが諭教の効果です。

人は皆、その人の天性の賢愚を見て用いることを知っていますが、諭教によって気質が変わることを知りません。ゆえに、教え導いて真理を悟らせるという教育を究めようとしないのです。悪を懲戒せねばならないことは知っていますが、幼児の心が徐々にうるおい、善にも悪にも染まっていくという教訓を知りません。そのため、悪を見て初めて教戒し、強く諫めようとします。たとえば、木が初めて芽を出した時に環境を整え養分を与えればすくすくと伸びるように、また、鳥が卵を出る時に初めて見た者を親としてこれに習うように、教育の要諦はまったく幼児期にあるのです。すでに幹を手でつかむことができるほど大きくなり、空高く飛べるほど成長した後に、教え習わせて矯正しようとしても、結局、効果はありません。ましてや、人が知識を得て、しかも悪習に染まっているとあっては、どうして親の諭教を受け入れる余地がありましょうか。

したがって、太子の建立と諭教がそれぞれ時宜を得て正しく行われなければ、皇太子とは名ばかりで実益は無く、ついには父子の関係も損なわれ、国家存亡の危機に陥ることになります。その予兆はひとえに最初にあるのです。

『日本書紀』巻十四より

雄略天皇の二十三年秋八月七日、天皇のご病気はいよいよ重くなりました。天皇は、多くの臣下たちと別れの挨拶を交わされ、手を握ってすすり泣かれ、大殿で崩御なさいました。大伴室屋大連《おおとものむろやのおおむらじ》と東漢掬直《やまとのあやのつかのあたい》とに遺詔《のちのみことのり》して仰せになりました。

「今まさに天下は一つの家のように治まり、かまどの煙は遠くまで立ち上っている。百姓《おおみたから》（国民）は安寧に暮らし、海外の異民族も来朝して皇威に服している。これは、国内の安寧を願われる天神《あまつかみ》の御《み》意《こころ》によるものである。それゆえ、その御意にかなうように心からつとめ、己れを励まして一日一日を慎み深く暮らしてきたのであるが、それは国民のためを思うがゆえであった。臣《おみ》・連《むらじ》・伴造《とものみやつこ》は毎日朝廷に参内し、国司《くにのみこともち》・郡司《こおりのみやつこ》は時を定めて朝廷に参集してくる。どうして誠心を尽くして懇《ねん》ろに勅《みことのり》を発し、戒め諭さないでいられようか。義《ことわり》の上では君臣の関係であるが、情の上では父子の気持ちを合わせ持っているのだから。できることなら、どうか臣・連の智力を借りて内外の人々の心を歓びに満たし、広い天下を永く保ち、安らかに楽しく暮らせるようにしたいと願っている。

思いがけなく病気が重くなり、危篤となるに至ったが、これは人生の常理であって、何も言及するほどのことではない。ただ、朝廷や地方官の衣服と冠の規定がいまだに美しく整っていない。教化や政刑の制度もまだ十分に善くなっていない。このような念《おもい》を口に出して言ってみると、ひたすら心残りである。今、朕《わたし》の年齢はそれほど若くはなく、決して早死にとはいえないが、筋力《かたち》・精神《たましい》ともに一時に衰えてしまった。このようなことは、もとより我が身のために言うのではない。ただ、国民を安寧に養いたいと思うがゆえに、この遺詔を残すのである。

人は誰でも子孫を心にかけて念《おも》うものであるが、天下のためには真心をこめて愛情を断ち切るべきである。今、星川王《ほしかわのみこ》は、心に邪悪な考えを抱き、行いは兄弟の情に欠けている。昔の人は次のように言っている。君主以上に臣下を知る者はなく、父親以上に子を知る者はない、と。もし、星川が志を遂げて、あなた方と共に家国《いえくに》を治めるようになれば、必ず臣や連たち全員に戮辱《はじ》を及ぼし、多くの民に害毒を流し弘めることになるだろう。悪しき子孫は国民のために大きな差し障りがあるため、上に立つことを遠慮すべきであり、好《よ》き子孫は天下を治める大業を担うに十分足るものである。これは朕《わ》が家庭内のことではあるが、道理を通すために隠してはならないことである。

大連《おおむらじ》らは広大な領土と多くの領民を所有していて力がある。皇太子（白髪皇子《しらかのみこ》）は世継ぎの君の地位にあって、仁と孝の徳は明らかに世に知られている。その品行も、朕《わ》が志を遂げるに十分であると思われる。したがって、皇太子があなた方と共に天下を治めてくれるなら、朕は瞑目しても決して心残りはないだろう。」

〈**講義**〉謹んで考察いたします。

これは、顧命《こめい》（天子が死に臨んで臣下に後事を命ずること）の礼による詔《みことのり》です。

およそ、人君が公の場となる正殿で崩御されるのは、礼の正しい作法です。その上、切々として胸を打つ愛情のこもった顧命を遺し、ひたすら天下を治めることを任務とされ、国民を安んずることに心を尽くしておられます。死生は常のこととして動ぜず、政治の功績は大臣の力に帰し、億兆の民のために我が子の悪を公表され、それによって教戒を後嗣《こうし》に示されたのです。その意義は極めて深いものがあります。

思うに、死ぬか生きるかの間際は、人間関係において甚だ重んぜられる時です。ゆえに、天照太神も天孫との別れに臨んでこの上なく鄭重な神勅を下されたのです。今、天皇はもう少しで絶命されるという時に、遠い未来に及ぶまで世を保つための謀《はかりごと》をここに述べられ、婦女子の手によらず、公の場で崩御なさいました。

雄略天皇の物語を読んでここに至ると、いつも必ず読書を中断して嘆息せずにはいられません。ああ、天皇が「雄略」と謚号《おくりな》されたのは、まことにもっともなことです（この後、天皇が憂慮されたとおり、星川王は謀反を企てましたが、顧命を承っていた大連の手によって焼き殺され、皇位簒奪の事態は未然に防がれました）。以上、顧命の礼について述べました。

『日本書紀』巻三及び巻四より

神武天皇の七十六年春三月十一日に、天皇は橿原宮《かしはらのみや》で崩御なさいました。この時、皇太子の神渟名川耳尊《かむぬなかわみみのみこと》は親孝行な性質がひたすら厚く、先帝を慕い悲しむ気持ちがやむことはありません。特に哀葬《みはぶり》のことに心を集中しておられました。その庶兄《いろね》（異母兄）の手研耳命《たぎしみみのみこと》は年長で、久しく朝廷の政務の経験がありました。ゆえに、そのまま政事を委ねておかれました。しかし、この王《きみ》はもともと、心の持ち方や考え方が仁義の道にそむいていました。そしてついに、諒闇《みものおもい》（天子の服喪期間）の間に朝廷の福徳を自由《ほしいまま》[10]にして権勢をふるうようになり、謀反の心を包み隠して、二人の弟を殺害する計画を立てたのです。

〈講義〉謹んで考察いたします。

これは、諒闇《りょうあん》の礼に関する物語です。

父と子は生まれながらの関係であり、臨終は永遠の別れです。生みの親との永訣の時を迎えるのですから、哀葬の情《おもい》はやむことがありません。やむことのない誠心をこめてその情に従うとき、哀しみは極限に至らないはずがありません。ゆえに、聖人は哀葬の儀礼を制定し、哀しみを形に表すことによって情の過不及を調整したのです。これが、儀礼の執り行われる理由です。

この時代にはまだ、喪哀《そうあい》（服喪期間）の制度はありませんでした。しかしながら、神武天皇がすでに天子の則《のり》を建て、諸制度を整えておられたことを考えれば、これに類似した儀礼もまた執り行われていたと推測してよいでしょう。ゆえに、この物語を記録した史官は、「諒闇」という語を用いたのです。

手研耳命は、己れの貪欲のために父子の親愛の情を忘れ、兄弟の友愛の情を失って、ついにその身を滅ぼすに至りました。不孝不義の至りです。父はもはやこの子を捨て置いて取り立てようとせず、天はすでにその計画を転覆させてしまいました。我が身に照らして考えずにはいられません。

この後、孝徳天皇の御世の大化《たいか》の新政《しんせい》に至って葬哀の礼が初めて制定されました。さらに文武天皇の御世の大宝律令に及んで本格的に定められ、天下の人々は皆、これに準ずるようになりました。思うに、喪服《そうふく》の礼は人生の終焉を悼《いた》み慎しむための道です。遺された子弟が誠心を尽くして行うべき事柄は、ことごとくこの礼に含まれています。尽くすべきことを尽くさない者は、どれほど非礼で残忍なことも平気でやってのけるでしょう。

しかしながら、習俗が正しく伝わらず、教えが詳《つまびら》かに示されなくなると、皆が一時しのぎの儀礼で間に合わせるようになりました。そして、わが国本来のものではない異教をありがたがって各々その意に任せるようになり、ついに中正の道を失ってしまいました。ゆえに、往古の神聖な天皇が定められた礼法も異教と混淆してしまい、明らかでないのです。この状況を、どうして嘆かずにいられましょうか。以上、大葬の礼について述べました。

『日本書紀』巻三より

神武天皇の二年春二月二日、天皇は臣下の論功行賞を行われました。道臣命《みちのおみのみこと》に宅地《いえところ》をお与えになり、築坂邑《つきさかのむら》に住まわせて、特に恩寵を賜りました。また、大来目《おおくめ》を畝傍山以西の川辺の地《ところ》に住まわせることになさいました。今、「来目邑《くめのむら》」と称するのは、そのことが縁となっています。珍彦《うずひこ》を倭《やまとの》国造《くにのみやつこ》とし、また、弟猾《おとうかし》に猛田邑《たけだのむら》をお与えになって猛田県主《たけだのあがたぬし》となさいました。この弟猾が菟《う》田主水部《だのもひとりら》の祖先です。弟磯城《おとしき》、名は黒速《くろはや》を磯城県主《しきのあがたぬし》となさいました。また、剣根《つるぎね》という者を葛城国《かずらきのくに》造《みやつこ》となさいました。

一書《あるふみ》には次のようにあります。(『職原鈔』神祇官の条より)

この時、天児屋根命《あまのこやねのみこと》の孫・天種子命《あまのたねのみこと》が専任となって、祭祀のことを掌《つかさど》りました。これはすなわち、政治を執るための朝儀を担当したということです。

〈講義〉謹んで考察いたします。
これが功臣を封建し、官職を立てた始まりです。

『日本書紀』巻五より
崇神天皇の十年秋九月、四道将軍《しどうのしょうぐん》を任命しました。

〈講義〉謹んで考察いたします。
これが、武官を立てた始まりです。

『日本書紀』巻七より
景行天皇の五十一年秋八月四日、武内宿禰《たけしうちのすくね》に命《みことのり》して棟梁之臣《むねまちきみ》となさいました。

〈講義〉謹んで考察いたします。
これは、大臣を「棟梁之臣」と称したのです。成務天皇の御世に初めて「大臣《おおおみ》」という称号になりました。また、仲哀天皇の御世には「大連《おおむらじ》」の称号が見えます。この頃から、大臣と大連が相並んで天下の政治を担当するようになったのです。(11)

『日本書紀』巻七より

成務天皇の五年秋九月、諸国に命令して国郡《くにこおり》に造長《みやつこひとごのかみ》を立て、県邑《あがたむら》に稲置《いなき》を置きました。

〈講義〉謹んで考察いたします。

これが、国郡を治めるために国守や郡司などの地方官を立てた始まりです。以前から国造《くにのみやつこ》や県主《あがたぬし》の称号はありましたが、まだ、その職掌は確立していませんでした。この時代に及んで初めて適任者を選び、官職としてお授けになったのです。

『日本書紀』巻二十二より

推古天皇の十一年冬十二月五日、初めて冠位十二階を施行しました。

『日本書紀』巻二十五より

孝徳天皇の大化五年春正月、(12)初めて八省《やつのすぶるつかさ》・百官《もものつかさ》を置きました。

〈講義〉謹んで考察いたします。

これが百官を立てた始まりです。これより前にも、群臣《ぐんしん》・百寮《ひやくりよう》・諸卿《しよけい》・有司《ゆうし》といった名称はありましたが、まだ、その職掌は確立していませんでした。この時代に八省・百官の組織を整えたことによって初めて群臣の職分が定まり、天下の万民が国家統治の礼（秩序）を知ったのです。その後、文武天皇の御世に及んで大宝律令を撰定し、本格的に官位令と職員令が定められました。以後、この制度は加除修正をしながら存続し、万世にわたり踏襲されて官僚制度の準拠(よりどころ)となりました。

思うに、官僚制度は国家統治の道です。政事があるときは官職を設けねばなりません。官職があるときは官吏を立てねばなりません。官吏を立てれば官位を定めないわけにはいきません。これが『詩経』(大雅篇)に謳《うた》われている「天烝民《じょうみん》を生ず、物有《ものあ》れば必ず則《のり》有り」という文言の意味するところです。すでに官吏を立て官位を設けたなら、国家統治の道も官僚制度の礼も正しく定まっていくはずです。

おそれながら、私は次のように考えています。

官吏には百官という多くの職掌がありますが、これを統括すると「文武」の二職になります。文は礼を守る(秩序を守る)のが役目で、武は礼に反する行為(秩序を乱す行為)を糾《ただ》すのが役目です。ゆえに、国家草創の時代には武臣が活躍して功を立て、守成《しゅせい》の時代になると文臣が礼を正しく整えていきます。文と武とはいずれも礼に根ざしながら、その役目は異なります。どちらが先頭に立つかはその時の状況によって決まりますが、ともに協力して天皇を輔佐し、国家統治に力を尽くすのです。

往古の神聖(天皇の御先祖の神々)が、経津主神《ふつぬしのかみ》と健雷神《たけみかづちのかみ》を葦原中国《あしはらのなかつくに》に派遣して帰順しない諸々の鬼神《かみたち》等を平定されたのも、また、天児屋命《あまのこやねのみこと》と太玉命《ふとたまのみこと》の二神に命じて天孫に仕えさせたのも、さらに、天孫降臨の際に天忍日命《あまのおしひのみこと》に先払いをさせたのも、文武の二職を重んじるがゆえのことです。これにならって、神武天皇は東征を終えて即位された後、道臣命《みちのおみのみこと》と饒速日命《にぎはやひのみこと》の武功を称《たた》えて土地をお与えになり、天種子命《あまのたねのみこと》と天富命《あまのとみのみこと》を左右の大臣として重用なさいました。その後、歴代天皇もこれを踏襲され、文武の二職を重んじておられます。

さて、土地があるときはこれを管理するための司《つかさ》を立て、人民があるときはこれを統率するための首長を建てます。物があるときは司を設けて官吏を置き、事があるときは官職を命じ、師を置いて政事の道を教え、監督官を立てて勤務評定をします。このようにして官僚制度の礼を糾《ただ》し、政事を記録し、法を作って万世に伝えることによって、天下が太平に治まることを期するのです。これが「立官の礼」です。

官吏が立ち、官位が定まれば、それに伴って上下の秩序が整い、自然と身分に応じた礼が正しく定まります。官位と身分に従って家宅や衣服を作り、食器や道具を調え、交際の仕方や言葉遣いを定め、冠婚葬祭の礼を正し、三綱（君臣の義・父子の親・夫婦の別という徳目）を勧奨して人倫を正し、それによって明徳（人が生まれながらに持っている徳性）を明らかにするのです。官僚制度の意義と効用は極めて大きいといえましょう。

このようにして運用しなければ、官吏の存在は形骸化し、官位は名ばかりのものになり、その任にふさわしくない人が貪欲に官職に執着したり、何の功績も無い人が高位に居座《いすわ》ったりすることになります。すると、その下で働く多くの官吏の道徳は大いに乱れ、大切な日々の職務も正確に遂行されなくなります。それは、ちょうど木や土で作られた人形が、金蟬貂《きんぜんちょう》（近侍の臣の冠で、黄金の耳飾りや蟬の羽、貂の尾が附されている）を身につけているようなものです。上に立つ者が礼を乱せば、下の者もそれをまねて身分不相応な態度をとるようになり、天下の秩序と治安は大きく乱れます。これでどうして、往古の神聖の心《みこころ》にかなうことができましょうか。以上、立官の礼について述べました。

『日本書紀』巻三より

神武天皇の辛酉年《かのとのとりのとし》春正月一日、天皇は橿原宮《かしはらのみや》で即位されました。この年を天皇元年《すめらみことのはじめのとし》とします。ゆえに、神武天皇を称《たた》えて、古語《ふること》で次のように申し上げます。「畝傍《うねび》の橿原《かしはら》に、底磐之根《したついわね》に宮柱《みやばしら》太立《ふとしきた》て、高天之原《たかまのはら》に搏風峻峙《ちぎたかし》りて、始馭天下之天皇《はつくにしらすすめらみこと》を号《なづ》けたてまつりて、神日本磐余彦火火出見天皇《かむやまといわれひこほほでみのすめらみこと》と曰《もう》す（畝傍の橿原に、地面の下深く堅固な岩の土台に太い宮柱をしっかりと立て、高天原に届くほど空高く千木をそびえ立てて、初めて国をお治めになった天皇のお名前を、神日本磐余彦火火出見天皇と申し上げます）」と。

天皇が初めて即位されて国家統治の大業を開始された日に、大伴氏の祖先・道臣命《みちのおみのみこと》は大来目部《おおくめら》を率いて密計を承《うけたまわ》り、倒語《さかしまごと》（逆さ言葉）を用いて巧みに諷歌《そえうた》を詠み、妖気《わざわい》を払いました。倒語を用いたのは、これが始めです。

〈**講義**〉謹んで考察いたします。

これは、元旦を祝賀する朝儀（朝廷の儀式）の始まりです。この年は即位の元年なので、正月を祝賀する儀式がありました。これは、後世における年頭の「朝賀の礼」（元旦に諸臣が大極殿に集まって天皇に年賀の言葉を奏上する儀式）と同じではありませんが、元旦を祝賀する行事はこの時に始まりました。

これがすなわち「朝儀の礼」です。

およそ、朝儀とは「朝廷の礼儀」です。朝廷は天地を模範として礼の基礎を立て、天下の万民は朝廷を標準にして礼を整えます。朝廷の威儀は、儀式を厳正に行うところに存在します。

そもそも、王朝の礼には、年中行事があり、恒例・臨時・月例の礼があり、諸侯による朝見の礼があり、饗宴の礼があり、地方巡視・狩猟・大射（弓射）の礼があり、神社の祭礼があります。その中でも、年頭の慶賀の礼は、最重要の「大儀」とされています。正月は一年の始めです。歳月の順序が最初に戻って更新され、万物が新たな区切りを迎える節目の時に、臣子がことごとく朝廷に集まって天皇を拝し、年賀のご挨拶をして慶びの気持ちを奏上するのです。まことに、義にかなった姿といえましょう。

思うに、朝儀は一様ではありません。代々の天皇が、あるいは先例にならってその美風を慕ったり、あるいは新たに儀式を立てたりして、その制度を斟酌しながら整えていき、その後にことごとく整備されたのです。その中には習俗の儀礼も多くあり、昔から踏襲されていますが、これらもまた、礼の大意を存続するために十分な役割を果たしているのです。

おそれながら、次のように考えられます。

朝賀の礼は、臣子が天皇陛下に直接お目にかかって慶賀の挨拶をする儀礼です。これを行わなければ、臣子の情《こころ》を安んずることができません。ゆえに、正月には一日、十五日、三十日と、三回の礼があります。その間に大朝賀の節会《せちえ》があり、群臣はことごとく天皇に敬意を尽くしてお祝いの言葉を奏上します。これは、臣子の身分を定めるものです。一方、宴会は、君主が群臣に饗応を賜るものです。酒盛りもあれば食事もあり、座興の楽しみもあります。これは、身分が上の者も下の者も互いに交わって君臣ともに和し、君主は徳による恩恵をほどこして、親愛の情を育《はぐく》むための催しです。つまり、朝賀の儀式によって君臣の礼を厳正に定め、宴会によって上下の情《こころ》を和らげ親しませるのです。

ゆえに、朝賀によって朝廷の威儀を正し、宴会によって歌舞音曲の風雅な遊びを楽しみ、外には朝廷の礼容を明らかに示し、内には天皇の恩恵を弘めます。したがって、意味もなく厳正な儀式を行って威儀を誇示しているのでもなければ、無駄に飲食しているのでもありません。すべては恭倹を訓《おし》え、君主の恩恵と慈愛を示すためなのです。

そもそも、王朝の儀礼については、『日本書紀』などの古い文献に鮮やかに描き出されています。その事物を研究し、儀式を正すようにすれば、礼は大いに成就して朝儀の本来の姿を開示できるでしょう。後世の人は必ず外朝の例にならうべきであると考えてわが国の儀礼を改変していますが、まことに不正のきわみです。以上、王朝の礼について述べました。

『日本書紀』巻一・第六段の本文より

素戔嗚尊《すさのおのみこと》が天へお昇りになる時、大海原《おおうなばら》は揺れ動いて轟《とどろ》き、山《やま》や岳《おか》は吠えるように鳴動しました。これは、この神の本性が猛々しいからそうなったのです。天照太神は最初からこの神が乱暴なことをご存じでしたから、面と向かって厳しく咎《とが》めて問いただされました。素戔嗚尊はそれに答えて言われました。「私には始めから黒心《きたなきこころ》はありません」と。そこで、天照太神は再び質問されて、「もしそうであるのなら、何によってそなたの赤心《きよきこころ》（偽りのない心）を証明するのか」と仰せになりました。素戔嗚尊はこれに答えて、「お許し願いたいのは、姉上と共に誓約《うけい》をすることです。その誓約の中《みなか》に必ず子を生むことにしましょう。もし、私の生んだ子が女《たおやめ》なら、濁心《きたなきこころ》があるとお考えください。もし男《ますらお》なら、清心《きよきこころ》があるとお考えください」と言われました。

〈**講義**〉謹んで考察いたします。

これは神代の誓約、すなわち後世の「誓盟の礼」にあたります。

そもそも「誓《ちかい》」とは、己れの信《まこと》（嘘偽りのない真心）を明らかにして、他人の疑いを解くためにあります。世の中には多くの事物があり、様々な出来事が起きるので、あるいはあらぬ疑いをかけられないとも限りません。疑いを解くためには、誓約して鬼神に祈り、信《まこと》を幽冥《ゆうめい》（目に見えぬ神々）に証明してもらうという方法があります。ゆえに、天照太神は素戔嗚尊の申し出を承諾し、誓約によって清濁の心を明らかにしようとされたのです。後世にはこれに因んで、ついに「誓盟の礼」が行われるようになりました。

「誓」の儀礼では、言辞のみを用いて神祇に請願し、己れの信《まこと》を約束します。「盟」の儀礼では、物を用いて証明することによって直接目に見える形で信偽を決したり、または遠く神明に請願し、血をしたたらせて起請文を作成したりします。その礼は「誓」よりも厳重です。

たとえば、古代には「盟神探湯《くかたち》」という誓盟の儀がありました。泥を釜に入れて煮沸かし、腕まくりして手を湯の中に差し入れ泥をさぐったり、斧を火の色に焼いて手のひらに置いたりして、その信偽を証明するのです。後世に至ると、起請文を作り、血をしたたらせて神祇に告げる、という儀礼になりました。孝徳天皇が即位された時、群臣を召し集め、天神地祇《あまつかみくにつかみ》に告げて申し上げました。「天は万物を覆い、地は万物を載せ、天皇の道を継承するのは唯一《ただひとり》です。しかしながら、末代に至って人の気持ちが軽薄になり、君臣の序を見失う者が出てきました。そこで、天神は私の手《ちから》を借りて暴逆の徒を誅滅されました。今、君臣ともに真心を明らかにし、心血をそそいで盟《ちかい》を立てることにいたします。今後は天皇以外の者が政治を行うことはなく、臣が朝廷に対して弐心《ふたごころ》を抱くこともありません。もし、この盟にそむいたなら、天は災害を起こし、地は禍《わざわい》をもたらし、鬼神は人を誅殺し、人は討ち滅ぼされるでしょう。それは、日月のように明白です」と。(『日本書紀』巻二十五より)

人は皆が聖人賢者ではありません。信用できる人もいれば、嘘偽りを言う人もいます。心の真っ直ぐな人もいれば、心の曲がった人もいます。正しくて疑う余地のない人もいれば、腹黒くて疑わずにはいられない人もいます。これが天下の通常の人情です。神聖(天皇の御先祖の神々)の教えは、そのような人情や事変に通じ、疑いを解く方法を詳細に究明しました。ゆえに、天照太神と素戔嗚尊の誓約が発端となって、信偽を決するための訓戒が後世に伝わり、誓盟の礼となったのです。

言葉を取り交わして約束を定め、明神に要請して信偽を証明してもらうことにより、天下の疑惑はたちまち解けて、事物の大義を決して行動できるようになります。さもなければ、人々は互いに疑念を持ち続けねばならず、一軒一軒一人ひとりが口々に信偽を申し立てることになるでしょう。今日では、誓盟の礼によって信偽曲直は一挙に明らかになり、正しい道に帰することができるようになりました。誓盟の礼の何と偉大なことでしょうか。

ある人が質問しました。「『詩経』（小雅・巧言）には、君子がしばしば盟《ちか》うので世の乱れはそのために長引いた、とあります。また、『礼記』（檀弓下篇）には、魯《ろ》の人・周豊《しゅうほう》の言葉として、殷の人たちが誓いを立てるようになってから民はかえって王命にそむき始めた、とあり、周の人たちが会盟の誓いを結ぶようになってから民はかえって疑念を抱き始めた、ともあります。つまり、周豊は、どれだけ誓いを立てても民から信頼を得ることはできないと言うのです。誓盟は本当に有効でしょうか」と。

私は次のように考えます。

聖人の道は、天下の人情に従って定められています。ゆえに、不公平でもなく偏ってもいません。まず、徒歩で渡る小橋を架け、次に車で渡る大橋を完成させることによって、初めてすべての民が川を渡る心配をしないですむようになります。それと同様に、盟誓の礼を以て約束することによって、初めて民は疑念を払拭できるのです。橋を架けず、一人ひとりを小舟で渡していたのでは何日かかってもきりがないのと同じで、一人ひとりの疑念に対応しようとすれば、どれだけ時間があっても足りません。(13)

しかしながら、盟誓を行うにあたっては必ず厳重な礼の作法があります。その作法に則って厳正に行わなければ、民はこれを信用せず、誓いにそむいても恥じることはありません。これは誓盟の儀礼だけに限りません。およそ、「知の道」も「仁の道」も心を込めて丁寧に実践していかなければ、成果は得られません。それは、五穀も熟さなければ雑草のイヌビエにも及ばないのと同様です。(14) 勝手気ままに神を要請してしばしば盟《ちか》うのは、礼の作法に反します。そのため、誓盟とは言えません。また、周豊の言うようなことは何の証拠もなく間違っています。(15) 取り上げるほどのことではありません。以上、誓盟の礼について論じました。

『日本書紀』巻二十二より

推古天皇の十五年秋七月三日、大礼《だいらい》(16)・小野臣妹子《おののおみいもこ》を大唐《もろこし》(隋国)に派遣し、鞍作副利《くらつくりのふくり》を通訳としました。

十六年夏四月、小野臣妹子が大唐から帰国しました。唐国《もろこし》は妹子臣《いもこのおみ》に蘇因高《そいんこう》という呼び名を与えました。大唐の使者・裴世清《はいせいせい》とその部下十二人が、妹子臣に従って筑紫に来ました。天皇は難波の吉使《きし》雄成《おなり》を遣わして大唐の客人・裴世清一行をお召しになり、客人のために新館《にいむろつみ》を難波の高麗館《こまのむろつみ》のそばに造りました。

六月十五日に、客人一行は難波津《なにわのつ》に停泊しました。この日、飾り船三十艘を出して一行を河口に迎え、新館に宿泊させました。この時、中臣宮地連《なかとみのみやどころのむらじ》(烏《お》)麻呂《まろ》と大河内直糠手《おおしこうちのあたいあらて》、船史王平《ふねのふびとおうへい》を接待役としました。ここに、妹子臣は天皇に奏上して報告しました。「私が帰還する時、唐帝《もろこしのきみ》は書簡を授けました。しかし、百済国《くだらのくに》を通過する日に、百済人《くだらのひと》がその書簡を探して盗み取ってしまいましたので、奉呈することができません」と。これを聞いた群臣は協議して言いました。「そもそも使者というものは、死んでも任務を遂行するものである。この使者はどうして職務を怠り、大国《もろこし》からの書簡を失ってしまったのか」と。そこで、流刑《るけい》に処することにしました。この時、天皇が勅《みことのり》して仰せになりました。「妹子は書簡を失うという罪を犯したが、軽々に罰すべきではない。大国からの客人たちがこのことを聞くと、かえって不都合であろう」と。そこで、罪を赦して罰しませんでした。

秋八月三日に、唐の客人は都に入りました。この日、飾り馬七十五頭を出して客人を海石榴市《つばきのいち》の街路に迎え、額田部連《ぬかたべのむらじ》比羅夫《ひらぶ》が挨拶の言葉を述べました。

十二日に、唐の客人を朝廷に召し寄せて、使いの趣旨を奏上させました。この時、阿倍鳥臣《あへのとりのおみ》と物《ものの》部依網連抱《べのよさみのむらじいだき》の二人を客人の案内役としました。ここに、大唐の国からの献上品を御所の庭中《おおにわのなか》に置き、続いて使主《おみ》・裴世清が自ら国書を持って二度拝礼し、使いの趣旨を申し述べて立ちました。

その書面には次のようにあります。

「皇帝《きみ》から倭皇《やまとのすめらみこと》にご挨拶します。使者で長吏《ちょうり》の大礼《だいらい》・蘇因高らがわが国に来て、懐《おもい》を丁寧に伝えてくれました。朕《わたし》は謹んで天命を受け、区宇《あめのした》に君臨し、あまねく徳を弘めて含霊《よろずのもの》に及ぼそうと思っています。民を愛《いつく》しみ養う情《こころ》に遠近の隔《へだ》てはありません。皇《きみ》は天命を知り(17)、遠い海の中の島国に住んで民衆を慈しみ、国内は安寧で民は仲むつまじく暮らし、また、深い志と至誠の心で遠くわが国に朝貢して来られました。その美しい丹款《まごころ》を嬉しく思います。季節はようやく暖かくなり、当方は変わりなく過ごしています。そこで、鴻臚寺《こうろじ》の接待役・裴世清らを派遣してこのような気持ちを伝え、併せて別の目録の通りに贈り物を差し上げます。」

この時、阿倍臣《あへのおみ》が進み出てその書を受け取り、さらに進んでいきました。大伴囓連《おおとものくいのむらじ》がこれを迎えて書を受け取り、大門《みかど》の前の机の上に置いて奏上しました。儀式が終わると退出しました。この時、皇子《みこたち》・諸王《もろもろのおおきみ》・諸臣《もろもろのおみ》は皆、金《こがね》の髪飾りを頭に挿していました。また、衣服は、錦や紫の繍《ぬいもの》・織《おりもの》および五色の綾羅《あやうすはた》（薄絹）を着用していました。

十六日に、唐の客人一行を、朝廷で饗応なさいました。

九月五日に、客人一行を難波の庁舎で饗応なさいました。

十一日に、唐の客人・裴世清は帰途につきました。そこで、再び小野妹子臣を大使とし、吉士雄成を副使、副利を通訳として、唐の客に添えて派遣しました。ここに、天皇は書面を以て、唐帝《もろこしのきみ》に訪問の挨拶をなさいました。その文辞は次のようなものです。

「東天皇《やまとのすめらみこと》が敬《つつし》んで西皇帝《もろこしのきみ》に申し述べます。使者で鴻臚寺の接待役・裴世清らが来朝し、貴国に対する長年の思いが今まさに解け、心を通わせることができました。季節は晩秋となり寒くなってまいりましたが、尊《かしこどころ》におかれましては如何《いかが》お過ごしでしょうか。ご清祥のことと存じます。当方も変わりなく過ごしています。このたび、大礼・蘇因高と大礼・雄成らを遣わして訪問させます。意を尽くしませんが、謹んで申し述べます。」

一書《あるふみ》には次のようにあります。（『聖徳太子《しょうとくたいし》伝暦《でんりゃく》』より）

群臣が協議して「妹子は職務怠慢のため、外国からの書簡を失ってしまいました。罪は流刑に相当します」と言い、状況を詳しく天皇に奏上しました。天皇がこのことについて聖徳太子に質問されると、太子は次のように奏上しました。「妹子の罪は、まことに許されないことです。しかしながら、親好を結び、隣国との関係を改善したのは妹子の功績です。それに、隋国の使者と共に帰国していることを併せて考えますと、流罪というのは思い直された方がよろしいのではないでしょうか」と。天皇はこの意見を聞いて大変喜ばれ、妹子の罪をお許しになりました。

また、同書には次のようにもあります。

隋帝《ずいのきみ》の書簡に「皇帝《きみ》、倭皇《やまとのきみ》に問う、云々」とありますが、天皇はこのことについて聖徳太子に質問なさいました。「この書簡をどう思いますか」と。太子は次のように奏上しました。「これは、天子が諸侯王《もろもろのこうおう》に下賜する書式です。そして、皇帝の字を用いるのは天下に一人《いちじん》のみです。しかし、当方にも皇という字を用いてありますから、彼の国にはわが国に対する礼があります」と。天皇は太子以下の諸臣を召し寄せ、答書の文辞について検討なさいました。太子が筆をとって書かれました。「東天皇《やまとのすめらみこと》敬《つつし》みて西皇帝《もろこしのきみ》に問う、云々。帝《きみ》謹みて白《もう》す、具《つぶさ》ならず」と。『通鑑《つがん》綱目集覧《こうもくしゅうらん》』には次のようにあります。「隋の煬帝《ようだい》の大業《だいぎょう》四年戊辰《ぼしん》三月に、倭国が入貢しました。倭王は書簡を遣わして述べました。『日出《ひい》づる処《ところ》の天子、書を日没《ひぼっ》する処の天子に致《いた》す、恙《つつが》なきや』と。」

〈**講義**〉謹んで考察いたします。

これが、隣好《りんこう》を修《しゅう》する（隣国と親しく交流する）ことの始まりです。

「隣」とは何でしょうか。相互に対等な関係を結ぶことのできる国をいいます。「好を修する」とはどういう意味でしょうか。相手国の気候・水土・人物・事義を好もしく思うことです。そうであればこそ親交を通じることができるからです。

同じ気質の者は互いに求め合い、同類は互いに応ずるものです。広い天地の間、果てしない宇宙に浮かび漂う島々や国々の中で、ただひとり外朝のみが、わが国と事義を同じくしています。ゆえに、両国が互いに好《よしみ》を通じ善隣外交につとめるのは、『易経』（乾卦・文言伝）に「各《おのおの》その類《るい》に従うは天の道なり」とあるように、極めて自然な成り行きといえるのです[18]。

両国の神聖が千年の時を経て一日《ひとひ》に出会うと、人々は遠い万里の波も葦の一葉のような小舟で乗り越えて往復するようになりました。この時より隣好の道は大いに開け、互いに訪問し合い贈り物を交換したので、わが国では外朝の経典が広く読まれるようになり、人々は聖賢の事蹟を知りました。また、共通の文字や言語も多く用いられるようになり、外朝の文物はわが国の文明を大いに補ったのです。これは、『易経』（乾卦・文言伝）に「風は虎にともない、雲は竜にともなう」とあるように、気質を同じくする者が互いに応じ合い求め合った結果、「雲行き雨施して」（乾卦・彖伝）という言辞のとおり、あたかも雲が流れ雨が地にふりそそぐように万物が大いに成長していった、というわけなのです。隣国と親交を深めるとき、それによって得られる成果は実にうるわしいものがあります。

思うに、国土の大小を比べれば外朝の方が大きく、人治《じんち》の歴史を比べれば外朝の方がはるかに古いのです。外朝は土地も広いがゆえに人物も多く、歴史も古いがゆえに事義にも果てがありません。その外朝に対して、わが国では推古天皇の御世に初めて国書を作成し、対等の礼を取って、「東の天皇が敬んで西の皇帝にご挨拶します」と述べました。これは、単に聖徳太子の文筆の才がすぐれていたというだけでなく、その意気軒昂《いきけんこう》たる志と広い識見によって、本朝が決して外朝に劣らない中華の国であると認識されていたからこそ出来たことなのです。

そもそも、外朝は土地が広すぎてまとまりにくいのです。治教が盛んなときは国土も広くなりますが、内政が明らかでないときは異民族が侵入してきます。たとえば、春秋時代には、元来は異民族である呉・越・荊楚が勝手に「王」と称して諸侯に名を連ねるようになりました。周の平王は都を東の洛邑に遷し、五代の後晋の高祖は十六州を契丹に割譲しました。南宋の高宗は都を臨安に遷して退き、女真族に対して自らを「臣」と称しました。これらは皆、異民族の圧迫によって起きた事件です。広大なアジア大陸の中に土地を区切り、城を築いて封域を設け、外国と国境を接しているために、このようなことが起きるのです。ゆえに、天下の形勢は、あるときは南北に長く東西に短くなり、またあるときは東西に長く南北に短くなり、行政区画も夏・殷・周の時代は九州、漢代は十二州、唐代は十道、宋代は二十三路と変遷し、国境が一定しません。一つの王朝が長く続くことはなく興亡を繰り返し、王統は何度も姓を変えています。これは、土地が広すぎてまとまりにくいという地勢上の損失です。

また、歴史の上では、古くから天子が現れて国を治めてきたのですが、長い間に治乱盛衰の大きな変化があり、それに伴って人心も荒れ、人情が薄れて偽りが多くなってきました。春秋時代は古代の聖帝の治世からそれほど遠くないというのに乱臣賊子が出現し、まるで草を刈るように君主や父親を殺すようになりました。大臣や譜代の世臣《せいしん》が世人を惑わし、あやしい悪事を行う様子は、まるで禽獣のようです。これは、長い時の流れの中で政治の道が変化し、聖賢のすぐれた言葉が日に日に忘れられていったがゆえに生じた損失ではないでしょうか。

これに対して、わが国は海洋の中に卓立し、四方を海に囲まれているため、自然の要害に守られています。天孫降臨の後、その御子孫の天皇が即位して国をお立てになりました。それ以来、周辺の諸民族は国境の辺域すら脅かすことができません。皇統は連綿と受け継がれ、天壌《あめつち》と共に窮まりなく続いていきます。それだけでなく、神代の政治が悠久に受け継がれ、人皇の位が代を重ねて永く続いていることを考えると、末世の今日においてさえ、外朝の周代末期の状況よりもすぐれているといえます。

概算すると、外朝では堯帝の時代より今に至るまで四千有余年、わが国では神武天皇より今に至るまで二千三百余年です。なお、外朝の堯帝より周末に至るまでが約二千余年になります。

もし、時代が下るにつれて人情が薄れ偽りが多くなるとしたら、人間はやがて妖怪や化け物に成り果ててしまうに違いないとも思われますが、上古は人が少なく、万物を生成する天地間の「気」が濃厚に分け与えられているため、人の心は豊かで淳朴だったのです。時代が下って人が多くなると、どうしても分け与えられる「気」が薄まり人情が軽薄になってしまうのは、天地自然の宿命のようなものです。このため、後世の人はまことに古代の人に遠く及ばないのです。したがって、今の人物もまた古代ほど重厚ではないといえましょう。

さらにまた、わが国の歴史を見ると、往古の神々による万物の化育、人皇の聖治、神勅による明らかな教え、歴代天皇によって整えられてきた法令制度、すぐれた知と仁の精神に基づく行動、厳かな武力の威光など、どれを取っても外朝に劣らないではありませんか。ゆえに、外朝と対等に交際して自《みずか》ら皇帝と称し、好《よしみ》を通じて親交を深めるのを恥じる理由はまったくありません。

ある人が質問しました。「高麗・百済・新羅が来朝したのも、隣国としての好を通じ、親交を深めようとしたのではありませんか」と。

これに対して、私は次のように考えます。

新羅の王子が来朝し、任那が来貢したという記録は、すでに崇神・垂仁天皇の御世にあります。その後、住吉大神《すみのえのおおみかみ》が、高麗・百済・新羅・任那等を応神天皇にお授けになりました。神功皇后の御世に一度《ひとたび》軍装を整えて新羅に渡るや、新羅の王は自らを縛って棺《ひつぎ》を背負い、地図と戸籍を封印して降伏し、アリナレ河を指して神祇に誓盟し、飼部《みまかい》（馬飼い）となりました。それ以来、船の柁《かじ》が乾く間もなく毎年朝貢することを欠かしません。このとき初めて、高麗と百済にも国ごとに官家《みやけ》（日本の朝廷の出先機関）を置き、海外の藩屛としたのです。この後、朝鮮では歴代の王が子弟を人質として差し出し、常に朝貢するようになりました。そうしないときは、征伐して不庭《ふてい》（来朝しないこと）を懲《こ》らしめています。

したがって、朝鮮半島の諸国は皆、わが国の属国なのです。唯一、外朝だけが対等に音信を通ずるに足る国です。朝鮮半島の諸国は、隣国と称するに足りません。これらの諸国に対して、わが国は結局のところ対等の聘礼《へいれい》を行っていません。朝貢に対する返礼の贈り物は丁重にしますが、それは遠国の人を懐柔するためです。

また、ある人が質問しました。「外朝もまた、わが国に外交使節を派遣して礼物《れいもつ》を贈り、来聘《らいへい》の礼を行っていますか」と。

私は次のように考察しています。

推古天皇の御世には、隋の煬帝が文林郎《ぶんりんろう》（秘書省の属官）の裴世清を派遣して来聘させました。天智天皇の御世（四年九月）には、唐客の郭務悰《かくむそう》らが来聘しました。その時の国書には、「大唐の帝敬《つつし》みて日本国の天皇に問う」とあります。天武天皇の御世（元年三月）にも、郭務悰が再び来聘しています。

その後もわが国では遣唐使を置いて外朝と音信を通じるのですが、外朝の書簡の多くが、諸侯王に対する書式を用いています。わが国では世が衰えて誤りに気付かず、これに満足しています。この失態の原因はどこにあるのでしょうか。それは、ひとえに記誦文字の学問を尊ぶ儒学者に起因しています。外朝を崇拝するあまり、自国の国柄を見失うに至ったのです。ああ、これでは、自分の家で飼っている立派な鶏を軽んじて、野の雉《きじ》を愛するようなものです。日本人の徳の何と衰えたことでしょうか。以上、善隣（隣国との親善）の礼について論じました。

『日本書紀』巻十より

応神天皇の二十八年秋九月、高麗王《こまのきみ》が使者を派遣して朝貢しました。よって、天皇に文書（書簡）を奉呈したのですが、そこには、「高麗王が日本国に教える」と書いてありました。この時、皇太子の菟道稚郎子《うじのわきいらつこ》がこれを読み、怒って高麗の使者を責め、文書の記し方が無礼であるとして、この文書を破り捨ててしまいました。

〈**講義**〉謹んで考察いたします。

これは、文書の礼を正したということです。

この時は、太子が外朝の典籍を読み始めてからおよそ十五年になります。したがって、外朝の文字がわが国に通じるようになってから、まだそれほど長い年月を経ていません。いくら太子が聡明で何にでも通達しているとはいえ、わが国と外朝が同じ気質を有し、同類相応ずる間柄でなければ、どうしてこれほど速やかに文字を普及させ、学問を盛んにすることができたでしょうか。

高麗がわが国の属国であるにもかかわらず無礼な文書をよこしたことに怒って、太子は書を破り使者を責めました。その厳正な態度は、ここに如実に表れています。このように勇敢な行為に及んだ太子の志気と徳量についても、併せて考えてみなければなりません。

『日本書紀』巻十二より

履中天皇の四年秋八月八日、初めて諸国に国史《くにのふみひと》を置きました。各地の言い伝えや地理・産業などの事物を記録させ、四方の地域の実情を記した文書を、朝廷に届けさせました。

〈**講義**〉謹んで考察いたします。
これは各地方に書記官を置き、その礼を整えたということです。

『日本書紀』巻二十二より

推古天皇の十二年夏四月三日、皇太子が手ずから筆をとり、初めて憲法十七条を作りました。

〈**講義**〉謹んで考察いたします。
これが、国家の基本法としての書を制定した始まりです。

『日本書紀』巻二十二より

推古天皇の十六年、天皇は唐帝《もろこしのきみ》に使者を送り、訪問の挨拶をなさいました。その文辞は次のようなものです。「東天皇《やまとのすめらみこと》、敬《つつし》みて西皇帝《もろこしのきみ》に白《もう》す（東の天皇が敬んで西の皇帝に申し述べます）。」詳しくは善隣の礼について論じた条にあります。

〈**講義**〉謹んで考察いたします。
これは詔書（天皇の公式文書）の礼に関する記録です。
この後、公式の外交儀礼が盛んに行われ、新羅王や渤海王に天皇の印を押した文書を賜与されましたが、それらは「天皇敬みて某国王《そこのくにのきみ》に問う」という書式で作られています。これはすなわち、「天子が諸侯王に与える」という形式にあたる文書の礼です。

そもそも、天皇の名で出される文辞や命令は、国家の大礼（重大な儀礼）です。文字や言辞の使い方によって、相手に対する尊卑親疎の間柄を明確に示し、後世の国史《くにのふひと》（書記官）が作る文書の前例ともなります。草創（草案を作る）、討論（是非を検討して内容を定める）、潤色（文章を美しく飾り整える）という三段階の手順を踏むことをなおざりにしてはなりません。(19)

『日本書紀』巻二十二より

推古天皇の二十八年、皇太子（聖徳太子）が嶋大臣《しまのおおおみ》（蘇我馬子《そがのうまこ》）と共議して「天皇記《すめらみことのふみ》」及び「国記《くにつふみ》」、「臣連《おみむらじ》・伴造《とものみやつこ》・国造《くにのみやつこ》・百八十部《ももあまりやそとものお》并せて公民《おおみたからども》等の本記《もとのふみ》」を記録なさいました。蘇我稲目宿禰《そがのいなめのすくね》の子・馬子は、飛鳥河《あすかがわ》の傍らに家を構えました。そして、庭の中に小池を掘り、その池の中に小嶋を築きました。ゆえに、当時の人々は「嶋大臣」と呼んだのです。

〈講義〉謹んで考察いたします。

これが、皇記・国記・本記などの歴史書を作った始まりです。

皇極天皇の四年、(20)鞍作《くらつくり》（蘇我臣入鹿《そがのおみいるか》）を誅殺するという事件があり、鞍作の父の蘇我臣蝦夷《そがのおみえみし》は、誅されるにあたって天皇記・国記をすべて焼きました。船史恵尺《ふねのふびとえさか》がすばやく火の中から焼かれていた国記を取り出して、中大兄皇子《なかのおおえのおうじ》（後の天智天皇）に奉りましたが、この時に往古の典籍はすべて焼失してしまいました。その後、天武天皇が群臣に詔《みことのり》して、帝紀《ていき》（歴代天皇の系譜と事蹟）および上古の諸事を記録するように命じられました[21]。また、境部連石積《さかいべのむらじいわつみ》らに命じて、初めて『新字《にいな》』一部四十四巻を作らせました[22]。これより連綿と典籍の編纂が進められ、文書が盛大に世にゆきわたるようになりました。

しかしながら、わが国往古の実録は火に焼かれてしまったので、旧紀（古い時代の天皇の記録）は明らかでありません。ただ、燃え残りの竹簡を集め、ところどころの記述をつなぎ合わせて往時の事蹟を知るしかないのですが、これもまた、万世にわたる戒めとするに足る出来事といえましょう。ああ、惜しいことです。

ある人から、言語と文字について質問されました。私は次のように考えます。

人には口と舌があるのですから、音声が生じます。ゆえに、心情を吐露するときは、自然と言語が発せられます。言語があるときは、それが形となって最終的に「文字」として表れます。口から直ちに単調に出てくるものを「声」といい、曲節を伴って発せられるものを「音」といいます。これらの音声を形にして、万人に通じるようにしたものが「字」です。字を連ねて筋道を通し、文節を区切ってまとまった意味を伝えるものが「文」です。言語も文字も、天地の間に生きる人々から自然に発生したものです。これらはわが国と外朝のみに見られる現象ではありません。他の諸国の言語も同様です。ただ、私たちには正しく通じないだけです。

わが国には、太古の昔から多くの言語がありました。伊弉諾尊《いざなきのみこと》と伊弉冊尊《いざなみのみこと》による唱和の言葉、天照太神による素戔嗚尊《すさのおのみこと》への威厳に満ちた叱責の言葉、素戔嗚尊による誓約《うけい》の言葉、天石窟《あまのいわや》の前で天照太神に捧げられた太玉命《ふとたまのみこと》による称讃《たたえごと》、素戔嗚尊の罪を祓うために唱えられた天児屋命《あまのこやねのみこと》による太諄辞《ふとのりとごと》、それればかりでなく、天神《あまつかみ》による尊い神勅も存在します。素戔嗚尊による稲田姫《いなだひめ》への和歌や、彦火火出見尊《ひこほほでみのみこと》による豊玉姫《とよたまびめ》への和歌、神武天皇による御謡《みうたよみ》、道臣命《みちのおみのみこと》による諷歌《そえうた》に至っては、章句に美しい文飾がほどこされています。

さて、文字の作り方は、言語音声によって表されたその事物の形や意味をかたどることから始まりました。これに修飾を加え、正しく整えていき、その後に文字が完成したのです。おそらく往古の時代にも、俗にいう伊呂波文字のような仮名文字があったのでしょう。すなわち、わが国の文字の父母にあたる表音文字です。これを用いて意思を通じ、心情を表現したのです。後世、これらの文字を繰り返し使いながら少しずつ増やしていって千変万化の文字を作り、天下の人々が使用しました。音声の微妙な調子を書き表し、細やかな人情や幽遠な余情を表現し、余すことなく文書に書き写していったのです。

応神天皇の御世に及んで、外朝の文字が入ってきました。字画の決まりも音のひびきもわが国の文字とよく似ていたので、相互に通用させ、外国の書物を訳すときは漢字を用い、言語の発音を正確に記すときは倭訓を用いました。つまり、わが国の文字の本源は倭字にあり、倭字と漢字を相互に使用することによって表現を豊かにし、天下の人々のために役立てたのです。

ある人が質問しました。「今日、わが国で用いている文字は皆、外朝の文字です。上古にはどのような形の文字があったのでしょうか。見たことがありません」と。

これに対して、私は次のように考えます。

およそ、文字の形や使い方は、必ず時と共に変化していくものです。わが国の往古の文書は、鞍作の乱に及んですべて灰となり、当時でさえ、すでに上古の文字を知ることはできなくなりました。ましてや後世の者が目にすることはできません。その上、外朝の文字が通用するようになってからは、文書を記録する史生《ふひと》も、外朝に留学してきた博士も、もっぱら外書を好み、記すにも話すにもすべて漢語を用いるようになりました。これは、わが国と外朝とでは、事義も文字の書き方も互いに似ていたことに起因しています。わが国には、鯛《たい》・鯔《なよし》・年魚《あゆ》・堅魚《かつお》・鰶魚《このしろ》などの魚《うお》を表す文字や、梍《まき》・椿《つばき》・梶《かじ》・櫻《さくら》・楓《かえで》などの木を表す文字がありますが、これらの文字は外朝の字義とは異なっています。また、外書には無い文字の類も甚だ多く、それらはいずれも、わが国の生活文化を反映して作られた文字(国字)です。

ある人が質問しました。「それではどうして、わが国では字書が作られなかったのでしょうか」と。

これに対する私の考えは、次のようなものです。

外朝とわが国とは天地の気候も一致し、帝王や聖人の踏み行う道も同じ、人物や事義にもほとんど差異はありません。わが国の言葉を漢語が受け継いでいった様子は、ちょうど水が低く湿った場所に向かって流れ、火が乾いた物に燃えつくようなものです。わずかな間に天下の人々は皆、倭字と漢字の両方を用いるようになりました。それは、外朝の文明が古くから開け、人物が明敏に仕事をすすめて文書や史書や字画の書物をことごとく完成させたのと異なるところはありません。ゆえに、わが国では字書を作る必要もなく、漢字をたよりにして倭字の不足を補い、音《おん》を借りて表記したのです。これは、「その短《たん》を措《お》いてその長《ちょう》に就《つ》く」という方法です。

おそれながら、私は次のように考えています。

わが国の古い文献に見える言語や名字《めいじ》について、今となってはそのいわれや意味を明らかにすることはできません。無理に解釈すればこじつけになってしまいます。あるいは上古の言葉もあるでしょう。あるいは後世の訛《なま》りが混入していることもあるでしょう。あるいは漢字と相通じる語もあれば、方言もあり、あるいは当時の慣わしから生じた言葉もあるでしょう。

おおよそのところ、わが国の言語はすべて訓《くん》を用いてその意味を表現しています。ゆえに、声に出して伝えるときは、耳から入る音だけでその事物が分かるため通じやすいのですが、文章や辞令を表記するのには向いていません。外朝ではこれと反対で、言語はすべて音《おん》を用いて表現されます。ゆえに、どのようなことでも文字に置き換えて表現しなければ明らかに理解することはできません。このため、文章や辞令が文字に書き記されて日々頻繁に出され、年を経るごとに多く蓄積されていったのです。

そもそも外朝では、古代においては縄を結んで文字に代えていましたが、黄帝の時に蒼頡《そうけつ》が鳥の足跡を見て文字を作り、これが蝌蚪《かと》（おたまじゃくし）の形の文字に代わり、さらに周代には史籀《しちゅう》の作った篆書《てんしょ》に代わり、これが簡略化されて秦の時代に隷書《れいしょ》となり、その後、草書《そうしょ》や飛白《ひはく》（早書きによるかすれた文字）の類が相次いで起こりました。漢の時代は周代からそれほど遠くなかったにもかかわらず、人々はすでに蝌蚪文字を解読することができなくなっていました。つまり、外朝においても、上古と近代では字形は同じではないのです。また、外朝にはこのほかにも、一般には用いられない種々の文字が見られます(23)。

そして、外朝の文字の源流は易《えき》にあります。易の卦の奇数と偶数を以て字の点画を考え、これを組み合わせて文字を作りました。象形文字・指事文字・表意文字・形声文字に分類されます。ただし、日々簡便に書く方向へと変化していったので、楷書《かいしょ》の字体に至っては古意を失ってしまいました。このようなことは文字だけに限りません。事物の修飾についても、正道を外れてしまえばその本質が失われ、古意を失ってしまうということをよく勘案せねばなりません。

ある人が質問しました。「文学は漢字で表現されているのですから、必ず外朝の文学の方がすぐれていると言えるのではありませんか」と。

これに対して、私は次のように考えます。

漢語の文学は、外朝の書物を読まなければ知ることができません。ゆえに、推古天皇が外朝と親交を結んで以来、外朝との通信は途絶えることなく続きました。留学生の制度を設けて漢語の学習に努めさせ、外朝の典籍を残らず招来したのです。留学生の中でも、吉備真備《きびのまきび》や阿倍仲麻呂《あべのなかまろ》のような人に至っては、その学識・文才ともに盛唐の文人や詩仙（李白《りはく》）と比較しても恥ずかしくありません。その気風を慕い、後に続いて世に出る者が次々に現れました。彼らの作った詩賦や文章を集めてわが国の書物を作ったのですから、外朝と何ら異なるところはありません。

そもそも、文学についてはわが国のものを尊重すべきであり、必ずしも外朝のものを学ばねばならないということはありません。概して朝廷の記録や史書、勅集は、皆漢字を仮借して倭語で訓読していいます。中にはもっぱら漢語を用いているものもあれば、倭漢混淆《わかんこんこう》のものもあり、倭字のみを用いて書かれているものもあります。『日本書紀』『万葉集』『古今集』および六条宮（村上天皇の第七皇子・具平《ともひら》親王）の『真字《まな》伊勢物語』（漢字で伊勢物語を書き直した本）や、菅原為長《すがわらのためなが》が『貞観政要』を国文に訳した本などが、それに該当します。わが国の文学を知らずに漢文を学ぶのは、『論語』（先進篇）にいう「まだ人に仕えることもできない者が、鬼神に仕える方法を問う」ようなものです。

ある人が質問しました。「書画についても、わが国特有の筆法や画風がありますか」と。

私は次のように考えます。

すでに文字がある以上、筆法の無いはずがありません。今となっては上古の事蹟について知ることはできませんが、中古以後は真行草の精秀な筆跡が残されています。それらは神業とも書聖ともいうべき域に達しており、鬼神も感じ入り、木石も感動するほどの出来栄えです。筆の勢いは竜や鳳凰が飛翔しているかと思われるほどで、筆を動かす前からその機微に通じているような人々も相次いで現れ、各々の流派を立て、外朝と肩を並べています。ゆえに、藤原道長《ふじわらのみちなが》や藤原佐理《ふじわらのすけまさ》、および在野の人・若愚《じやくぐ》が能書家であることは外朝の書物にも記されています。ましてや画家の名手の技術は、外朝にもまったくひけをとりません。

およそ文字の形象は日々変わっていき、外観が立派で勢いのある文字は、ほとんど古意を喪失しています。筆の質が奔放で、手に任せて点や線を描き、その勢いは雲をしのぐほど高く突出するかと思うと、画の終わりをはらわずに筆を押さえて止め、墨をしたたらせるというような逞《たくま》しい文字は、それなりに立派と言えば立派ですが、字画が揺れ動き、長短高低入り混じってふぞろいになることは、俗字が出来ていく原因にもなります。このようなことは、外朝の能書家もまた同じです。字体は変化して楷書《かいしょ》となり、大きく古体にそむいてしまいました。そして、鐘繇《しょうよう》や王羲之《おうぎし》は、その楷書の名手として一家を成している者です。

ああ、修飾の礼も過ぎれば古義を失ってしまいます。君子でなければ、その物の本質を生かすことはできません。以上、文書の礼について論じました。

『日本書紀』巻一・第七段の本文より

素戔嗚尊《すさのおのみこと》の所行は甚だ無状《あじきな》く、尋常ではありませんでした。天照太神はそのためにお怒りになって天石窟《あまのいわや》へお入りになり、磐戸《いわと》を閉ざして中にこもってしまわれました。ゆえに、六合《くに》の内は常に暗闇に閉ざされ、昼と夜がいつ交代しているのかも分かりません。

この時、八十万神《やそよろずのかみ》たちが天安河辺《あまのやすのかわら》に集まって、天照太神にお出ましいただくにはどのようにして祈ればよいか、その方法を相談しました。そしてついに、思兼神《おもいかねのかみ》が遠謀深慮の末に策を立てました。まず、朝が来たことを告げるために、常世《とこよ》の長鳴鳥《ながなきどり》を集めて互いに長鳴きをさせました。また、手《た》力雄神《ちからおのかみ》を磐戸のそばに隠して立たせました。中臣連《なかとみのむらじ》の祖先・天児屋命《あまのこやねのみこと》と忌部《いみべ》氏の祖先・太玉命《ふとたまのみこと》は、天香山《あまのかぐやま》の五百箇真坂樹《いおつまさかき》を根こそぎにして来て、上の枝には八坂瓊《やさかに》の五百箇《いおつ》御統玉《みすまるのたま》を懸け、中の枝には八咫鏡《やたのかがみ》を懸け、下の枝には青和幣《あおにぎて》と白和幣《しらにぎて》を懸けて垂れ下げ、ともに心をこめて祈禱しました。また、猿女君《さるめのきみ》の祖先・天鈿女命《あまのうずめのみこと》は手に茅纏《ちまき》の矟《ほこ》を持ち、天石窟戸《あまのいわやと》の前に立って巧妙に作俳優《わざおき》をしました。そしてまた、天香山の真坂樹を髪に挿し、蘿《ひかげ》を手繦《たすき》として、庭火《にわび》を焚き、桶を伏せて鳴り響かせ、神《かむ》がかりしました。この時、天照太神がこれをお聞きになって「私はこのところ石窟にこもっているのだから、豊葦原中国《とよあしはらのなかつくに》は必ずや長い夜が続いているものと思われる。それなのにどうして天鈿女命はあのように楽しく笑っているのだろうか」と仰せになり、御手《みて》で磐戸を細めに開けて外の様子をうかがわれました。その時すかさず、手力雄神が天照太神の手《みて》をお取りして外へ引き出し奉りました。ここに直ちに中臣神《なかとみのかみ》と忌部神《いみべのかみ》が端出之縄《しりくめなわ》を張って結界《けつかい》を作り、「もう二度と石窟へはお戻りにならないでください」とお願い申し上げました。

そして、この後に諸神《もろもろのかみ》たちは罪《つみ》過を素戔嗚尊に負わせ、償いとして千座置戸《ちくらのおきど》（多くの台に乗せた祓《はらえ》物《もの》）を科し、厳しく責め立て、ついに徴収しました。

一書《あるふみ》には次のようにあります。（『古語拾遺』より）

これらの物をすっかり準備した後に、天香山の五百箇真坂木《いおつまさかき》を根こそぎにしてきて、上の枝に玉を懸け、中の枝に青和幣・白和幣を懸け、太玉命に捧げ持たせて称讃《たたえごと》を奏上させました。天児屋命も太玉命に副《そ》えて祈禱をさせました。また、天鈿女命は真辟葛《まさきのかずら》を髪飾りとし、次に蘿葛《ひかげのかずら》を手繦《たすき》とし、竹の葉と飫憩《おけ》の木葉《このは》を手草《たくさ》とし、手に鐸《さなぎ》の鈴を付けた矛を持ち、石窟戸の前で覆誓槽《うけふね》（約誓《うけい》）をして、庭燎《にわび》を焚いて巧妙に作俳優《わざおき》をし、神々も相共《あいとも》に歌い舞いました。

この時、天照太神は心の中で独り言を仰せになりました。「このところ私は石窟に隠れているのだから、天下はすべて暗闇の中にあるはずだ。群神《かみがみ》はどういうわけで、あのように歌い楽しんでいるのだろうか」と。そこで、ほんの少しだけ戸を開き、覗いてごらんになりました、云々。この時まさに上天《あめ》は初めて晴れ渡り、神々が互いに顔を見交わすと、どの顔も皆々明るく白く輝いていました。そこで、手を伸ばして歌い舞い、相共《あいとも》に称《たた》えて言いました。「あはれ、あなおもしろ、あなたのし、あなさやけ、おけ(24)」と。

そしてすぐに、太玉命と天児屋命が共にお願いして申し上げました。「もう二度と石窟へお戻りにならないでください」と。

〈講義〉謹んで考察いたします。

これは、声楽歌舞の礼について述べた物語です。

この後、火闌降命《ほのすそりのみこと》（海幸彦）が俳優《わざおき》をして満ちてくる潮に溺れる仕草を演じたというのも、道臣命《みちのおみのみこと》が神武天皇の密計を承って諷歌《そえうた》をよくしたというのも、皆、音楽に関する出来事の一つで、呂律《りよりつ》（十二の音階）を定め、楽器を作って演奏し、曲調を整え、舞の作法を習練し、ついにそれぞれの時代に合った音楽を制作したということです。

思うに、音楽は人の心を和して悦ばせます。「和して楽しむ」という実意を内面に有する音楽は、美しく修飾された表現を外面に伴うものです。これを、内面の情と外面の修飾の釣り合いがとれている、といいます。美しく修飾された音楽を聞けば、自然と音声を発し、手は舞い足は踏み、調子をとって踊り出したくなるものです。そこで、五声《ごせい》（五音音階）の旋律を考え、八音《はちいん》（古代の八種の楽器）の音色を合わせ、音の陰陽（六律と六呂）を区別し、七情《しちじょう》（喜怒哀懼愛悪欲）をほどよく飾って表現しながら、声と姿勢を正すことによって、舞楽が完成しました。これらはすべて、聖人がその発端（本）をつくり、すぐれた音楽家の出現を待って礼楽の道を完成させたということです。

およそ、礼は厳正なものです。一方、楽は人々の心を和して安らかにするものです。礼は人情を節制して社会に秩序をもたらすためにあります。楽は神や人を楽しませて社会に調和をもたらすためにあります。ゆえに、神祇に仕えて上下を和し、性質と心情を養って人材を育てるには、楽より大きな効果を持つものはありません。

楽は一人で演奏して喜びとするものではありません。大勢の人が集まって共に楽しむものです。礼による節制と修飾を備えていなければ、皆で楽しむことはできません。これは、その本（礼楽の道）を重んじてその末であることを忘れてはならず、「和して楽しむ」という楽の実意を尽くしながら美しい修飾の礼を捨て去ることはできない、という意味です。

ただその物があるだけでこれを生かす道がなければ、教化を成すという実効を得ることはできません。それと同様に、ただ楽の徳をいうだけで礼による節制と修飾を備えていなければ、神や人を感動させる完全な音楽にはなりません。聖人はそのような音楽を作り、天下の人々とこれを共有することによって、百世の後までも礼楽の精神を伝えたいと願ったのです。どうして本末を忘れ、礼楽の一方を捨て去ることができましょうか。

神代においては、思兼神《おもいかねのかみ》の深い思慮によって、そのような礼楽の道が大いに備わっていました。ゆえに、天照太神も心を動かされ、石窟からお出ましになったのです。その功績の広大深切なことは、この物語によって明らかに知ることができます。

その後、わが国における音楽の制度は日々充実していきました。風《ふう》(地方の民謡)・雅《が》(宮廷の音楽)・頌《しょう》(祖先祭祀のための音楽)も正しく整備され、神祇に神楽を奉納し、楽舞によって上下の人心を和し、催馬楽《さいばら》(近畿・中央の民謡)や風俗(地方の民謡)によって天下の民の心情や生活ぶりを知るようになりました。このほかにも、諸外国の音楽や種々雑多な芸能、今様《いまよう》(流行歌)などがあり、これによって教化の徳を示し、和して楽しむ心を実現していったのです。そればかりでなく、呂律《りょりつ》(音階)や楽府《がふ》(楽曲や歌謡)も詳細に整えられていき、すぐれた楽器や珍しい楽器も作られ、音律に通暁した伶人《れいじん》(演奏者)も現れて、舞曲が鬼神を感動させることもあり、人材に事欠くことはまったくありませんでした。

『日本書紀』巻一・第八段の本文より

素戔嗚尊《すさのおのみこと》はついに出雲《いずも》の清地《すが》に到着なさいました。そこで言葉に出して「わが心清々《すがすが》し」と仰せになりました。この地に宮殿を建てる時、素戔嗚尊は歌を詠まれました。

「八雲《やくも》立《た》つ　出雲《いづも》八重垣《やえがき》　妻籠《つまごめ》に　八重垣作《やえがきつく》る　その八重垣《やえがき》を」

〈講義〉謹んで考察いたします。

これが詠歌の始まりです。すでに早く神代の始めに、伊弉諾尊《いざなきのみこと》と伊弉冊尊《いざなみのみこと》が唱和して「あなにえや（ああうれしい）」という言葉を交わし合っておられます。これがすなわち歌曲の父母ともいうべきものですが、まだ章句を形成していません。素戔嗚尊に至って初めて三十一文字《みそひともじ》の和歌の調べが備わり、万世にわたる詠歌の基礎ができたのです。この後、下照姫《したでるひめ》の夷曲《ひなぶり》[25]の歌や、彦火火出見尊《ひこほほでみのみこと》の挙歌《あげうた》[26]があり、さらに人皇の御世に及んで詠歌の道は日々隆盛し、歌を詠むことによって天地や鬼神をも感動させ、上下の人心を和し、人倫を正し、事物の情趣にも通じるようになりました。これがすなわち楽律（言葉のリズムを伴う歌）の第一のものです。

内面に蓄積した七情をもとにして外面に言辞を発し、心の中の懐いを表現するのは、人情の自然な発露と考えられます。言辞が連なって章句を形成し詠歌となる場合、次の六種類に分類できます。これらはそれぞれ、外朝の『詩経』の六義《りくぎ》（賦・比・興・風・雅・頌）に対応しています。

諷歌《そえうた》は「風《ふう》」に相当し、物に仮託して遠回しに心意を伝える歌です。加増倍歌《かぞえうた》は「賦《ふ》」に相当し、物事を順序よく並べて思いを率直に述べる歌です。準擬歌《なぞらえうた》は「比《ひ》」に相当し、類似の物を借りて心情を表現する比喩の歌です。譬歌《たとえうた》は「興《きょう》」に相当し、まず自然の風物から想起し、引き続いて心情を述べる歌です。正言歌《ただごとうた》は「雅《が》」に相当し、朝廷の政治を正して平らかな御世を歌うものです。祝歌《いわいうた》は

「頌《しょう》」に相当し、相手を祝福し寿《ことほ》ぐ歌です。

　詩集の中の多くの言葉も、種々様々な美しい表現も、すべてこの六義のいずれかに当てはまります。天下の人々は皆、多くの流派に別れて歌を詠むようになりました。その中でも柿本人麻呂《かきのもとのひとまろ》や山部赤人《やまべのあかひと》は、古今に比類なく詠歌の道にすぐれています。朝廷はこれらの詠歌を用いて教化を輔佐し、その出来栄えによって賢愚を判断し、人臣は詠歌を用いてそれとなく君主を諫めました。詠歌により衷心（真心）を表現して鬼神の心を動かし、人民の心を和するのです。その影響は甚だ重く、その根源は心の奥深くにあります。

　詠歌は音数の形式によって、長歌・短歌・旋頭歌《せどうか》・混本歌《こんぽんか》等に分類され、また、それ以外の雑体も少なくありません。それだけでなく、伊弉諾尊と伊弉冊尊の唱和に因《ちな》んで上問下答《じょうもんかとう》の連歌形式も生まれ、日本武尊《やまとたけるのみこと》の「新治《にいばり》　筑波《つくは》を過ぎて　幾夜《いくよ》か寝つる」という問いかけに対して、燭《ともしび》を秉《と》る者（灯りを手に持って照らす役の老人）が「日日並《かがな》べて　夜《よ》には九夜《ここのよ》　日《ひ》には十日《とおか》を」と答えた歌の掛け合いなどは、広大な水の流れのように洋々として耳に満ちてきます。これらはわが国独自の文芸ですが、さながら外朝の詩のようなものです。

　歴代天皇の勅撰集や私家集（個人の歌を集めた歌集）も多く作られました。その数の多さは五車《ごしゃ》（五台の車、『荘子』に見える故事「五車《ごしゃ》の書《しょ》」にちなむ語）に積んでも、その重さで轄《くさび》が折れるほどです。さらに、それらの中でも特にすぐれた詩歌や文章を選び、文人はこれを書に表現し、女史は短冊《たんざく》に書き表しました。その数は三万軸どころではありません。

後世に至っては漢語も流通するようになり、外朝から渡来した詩賦や文章も大いに世に弘まっていきました。李翰林《りかんりん》（李白）と王右丞《おうゆうじよう》（王維）は盛唐の詩人として天下に称えられていますが、阿倍仲麻呂《あべのなかまろ》はこの二人と肩を並べて詩文を贈答唱和する間柄でした。陸亀蒙《りくきもう》と皮日休《ひじつきゆう》は、唐代の文人で詩人です。高尚で聡明な人たちですが、日本からの留学僧・円載《えんさい》は、彼らと金蘭《きんらん》の契り（金のように堅固で蘭のように芳しい親友の交わり）ともいえる親密な関係を結んでいます。

仲麻呂のような者は、わが国の一書生に過ぎません。唐へ渡って粛宗《しゆくそう》の上元《じようげん》年中に左散騎常侍《ささんきじようじ》（散騎省の長官）となり、安南《あんなん》の都護府《とごふ》の長官に抜擢され、北海郡の開国公《かいこくこう》に昇進して三千戸の領地を下賜され、ついに唐土で亡くなりました。これは、わが国の人材が、外朝に対しても恥じることのないほど優秀であったことを示しています。ましてや吉備真備《きびのまきび》が博学多才で多くの学問分野に通暁していたことや、菅原家・大江家が学問の名家として歴史に名を残していることや、すぐれた文章を集めた詩集や国史の書物、私家集などが広く世間に流布し京都の紙価を上げていることなどを考えると、文学の世界においても、決して外朝の風下《かざしも》に立つものではありません。

さらに禅門の詩文に至っては、南禅寺の義堂周信《ぎどうしゆうしん》『空華集《くうげしゆう》』、相国寺《しようこくじ》の絶海中津《ぜつかいちゆうしん》『蕉堅藁《しようけんこう》』、南禅寺少林院の惟肖得岩《いしようとくがん》『東海瓊華集《とうかいけいかしゆう》』、建仁寺の江西竜派《こうせいりゆうは》、東福寺の虎関師錬《こかんしれん》『済北集《さいほくしゆう》』、建仁寺の東沼周曮《とうしようしゆうげん》『流水集《りゆうすいしゆう》』、天隠竜沢《てんいんりゆうたく》、横川景三《おうせんけいさん》『京華集《けいかしゆう》』、および村庵《そんあん》（希世霊彦《きせいれいげん》）や月舟《げつしゆう》（寿桂《じゆけい》）など、それぞれ横並びに競い合って数え上げることもできないほどです。

ある人が質問しました。「先人の説によると、わが国の文士の中で外朝に名を表したのは、粟田真《あわたのま》人《ひと》と阿倍仲麻呂の二人だけです。つまり、粟田と阿倍の才能は吉備真備よりもすぐれていたということでしょうか」と。

私は次のように考えています。

粟田真人が唐に渡って麟徳殿《りんとくでん》に招かれ、則天武后《そくてんぶこう》から宴の饗応を受けたことは、外朝の歴史書に記されています。真人は養老三年に亡くなりましたが、帰国後は今の世にまで称讃されるような業績は残していません。仲麻呂は外朝では有名ですが、わが国での業績は知られていません。

吉備真備は入唐して唐の礼を詳しく学び、広く経書や史書を研究し、審らかに考え明らかにわきまえて大いに儒教の学風をわが国に弘め、釈奠《せきてん》の礼（孔子を祭る儀式）を整備しました。武義や兵法にも通じ、策略を以て恵美押勝《えみのおしかつ》の乱を平定しました。その功績はまことに偉大です。ゆえに、従八位下から正二位の右大臣に昇進し、天皇から「吉備《きび》」の姓を賜って、「下道《しもつみち》」の姓を改めました。入唐した同輩の中で、彼の上に立つ者はありません。

おそれながら、私は次のように考えています。

阿倍仲麻呂は吉備真備とは正反対の生き方をしました。いかに外朝が良い国であるとはいえ、自分の祖国ではないと考えるのが、人として当然の情というものでしょう。仲麻呂は故郷に帰ることを許されながら唐を去らず、そのまま唐土で亡くなりました。最後まで父母を心にかけることはなく、外朝で学んだことを生かして天皇の政治を輔佐することもありませんでした。仲麻呂の去った家は貧しく、葬礼も人並みにできないほどだったので、仲麻呂の死後、朝廷から遺族に追悼の品物を賜っています。このように特別な厚遇を受けながら、本来報いるべき父母の恩、国の恩を忘れています。どうしてこれが真の人材といえましょうか。唐帝は仲麻呂の業績を賞賛して立派な官位と大禄を与えましたが、その後、唐が衰退していったことも勘案して評価すべきだと思います。

『日本書紀』巻三より

神武天皇は東征の時、菟田血原《うだのちはら》で酒肉を兵士に分け与えて宴席を設け、御謡《みうたよみ》して仰せになりました。「菟田《うだ》の　高城《たかき》に　鴫羂張《しぎわなは》る　我《わ》が待つよ　鴫《しぎ》は障《さや》らず　いすくはし　鷹等障《くぢらさや》り　前妻《こなみ》が　肴乞《なこ》はさま　立柧稜《たちそば》の　実《み》の無《な》けくを　幾多聶《こきしひ》ゑね　後妻《うはなり》が　肴乞《なこ》はさま　斎賢木《いちさかき》　実《み》の多《おも》けくを　幾多聶《こきなひ》ゑね」（菟田の高い山城に鴫を捕る罠を仕掛けたよ、私が待っていると鴫は掛からず、大猟だね、大物の鷹が掛かったよ、前妻が菜を求めたら、タチソバの実のように中身の少ないところを、たんと削《そ》いでやれよ、後妻が菜を求めたら、イチサカキの実のように中身の多いところを、たんと削いでやれよ）[27]

これを「来目歌《くめうた》」と言います。今、楽府《とよのあかり》（宮中の宴会）[28]でこの歌を奏するときは、手を大きく広げたり小さく広げたりして舞い、声を太くしたり細くしたりして歌います。これは古式の作法が今も残っているのです。

〈**講義**〉謹んで考察いたします。

これが、最初の謡歌《ようか》です。謡《よう》の歌詞や節まわしに定まった形式はありませんが、これもまた詠歌の一つの形体です。およそ、神楽・催馬楽・風俗の歌は皆、謡に属します。

思うに、外朝の『詩経』に見られる三百篇の詩は、わが国の謡歌に相当します。わが国の三十一文字の歌は、外朝の律詩に相当します。五言・七言の詩は漢代に起こり、「康哉《こうさい》之《の》歌《うた》」[29]は堯・舜の時代に作られました。わが国の歌《うた》と謡《よう》はいずれも神代に始まり、詠歌の風習は後世に隆盛しました。ああ、上下の人心を和し、人情を通じ、鬼神に奉納する歌の道は、わが国にも大いに備わっているのです。


以上、楽声の礼について論じました。


この章では、礼儀の道を論じました。謹んで総括いたします。

礼は天地自然の理に則《のっと》り、人情に順《したが》い、事物を考え、その至誠を究め、その始終を省察して相互の関係を正す道です。儀は威儀を正して事物を修飾し、美しく整えることをいいます。

礼による秩序がゆきわたっていれば、儀も自然と正しく行われます。ゆえに、国家を平らかに治めるには、礼に則って政治を行わねばなりません。「礼が無い」というのは、ちょうど秤《はかり》も定規《じょうぎ》も規矩《きく》（コンパスと曲尺《かねじゃく》）も無いようなものです。秤が無ければ軽重を知ることもできず、定規が無ければ曲直の判断もつかず、規矩が無ければ四角と円の違いも分かりません。礼を定めるには、天地自然の理をわきまえ、これに基づく道に則ることが必要です。そうしなければ、狂った秤、不正確な定規や規矩を用いるようなものです。奸計を用いて理屈をこじつけ、正しいようなふりをしてみても実際にはうまくいかず、実益は得られません。五倫の大道も、事物にあまねく通ずる道も、礼に従って行うのが一番善く、間違いがないのです。

礼は「儀」という形をとることによって実行できます。礼に基づかない「儀」は形ばかりで、誠意がありません。礼と儀が一体になって初めて、礼の根本である誠意が形となって表れ、威儀が美しく整うのです。儀礼は天下を織りなす縦糸と横糸ともいえますが、その品目や等級は甚だ多く、各々に定められた細かい作法やしきたりも数多くあります。ゆえに、儀礼を制定して審らかに修飾するのは聖人でなければ難しく、天子でなければ完璧に実行することはできません。人には親疎があり、社会的身分があり、貧富の差があり、男女・長幼の別もあれば、官位や職業もあります。祭祀・葬式・軍事・賓客の接待・冠婚の行事や、それに適した衣服・飲食・家宅・用品などは、立場によって異なります。そのため、礼を厚くしたり薄くしたりして、それぞれにふさわしい威儀を整えるのは、決して容易なことではありません。

このように、礼は天地人すべてにわたり、一つの秩序を形成しています。ゆえに、日月星辰を輝かせる天の道も、山川草木を生み育てる地の義《ことわり》も、民の日常の行動も、すべて礼に拠らなければ定まらないのです。(30)この章で見てきたように、わが国では古代の神々も天皇も、礼の模範を万世に示し、威儀を正しておられます。その趣旨(意味するところ)もまた偉大ではありませんか。

ある人が質問しました。「楽と礼とは相対するものです。それなのに今、楽を礼に属するものとされたのは何故ですか」と。

私は次のように考えます。楽もまた儀(修飾)の礼です。礼が立てば調和が生まれ、自然と楽が奏されます。それはちょうど、天が地に在るようなものです。「天」(楽)について語るとき、「地」(礼)は当然のことながら、すでにその中に存在しているのです。

注

(1)『聖教要録』(中)に「仁は人の人為《た》る所以《ゆえん》にして、己《おのれ》に克《か》ち礼に復《かえ》るなり」とあります。

(2) 天先章の引用文には「神明」と表記されていますが、ここでは、津軽版・自筆本ともに「神聖」と書かれています。

(3)「盟神探湯《くかたち》」は、神に盟《ちか》って湯を探《さぐ》ることです。熱湯に手を入れ、火傷の有無で正邪を判断しました。

(4) 原文には「善ヲ章ハシ悪ヲ癉《ヤ》(病)マシムルノ礼ニ非」とあります。これは、『礼記』(緇《し》衣篇)の「子曰く、国家を有《たも》つ者、善を章《あきらか》にし悪を癉みて、以て民に厚きを示せば、則ち民情弐《じ》ならず」という文言に基づく表現です。

(5)『日本書紀』には「群臣《まえつきみたち》」と表記されていますが、津軽版・自筆本ともに「君臣」とあるので、それに従いました。

(6)「三統」とは、夏《か》・殷《いん》・周《しゅう》三代の暦、即ち「天統・地統・人統」のことです。夏暦は孟春を正月として「人統」といい、殷暦は季冬を正月として「地統」といい、周暦は仲冬を正月として「天統」といいます。

(7) わが国の暦は、明治天皇の御世(明治六年)に太陰暦から太陽暦へと改められましたが、日本国民はこれを文明開化に伴う時代の変化として受け入れました。なお、神武天皇が即位された皇紀元年の元日は、太陽暦に換算して二月十一日と定められました。

(8) 津軽版には「止明」とありますが、自筆本には「正明」と書いてあります。ここでは自筆本に従って「正明」と訳しました。

(9)『論語』(陽貨篇)に「子曰く、唯《ただ》上知と下愚とは移らず」とあります。

(10)『日本書紀』には「威福自由なり」(賞罰をほしいままにして人を服従させること)とありますが、津軽版・自筆本ともに「盛福自由」とあるので、このように訳しました。

(11)『職原鈔』(三公の条)に「成務の御宇に初めて大臣と号す。仲哀の朝に又大伴武持を以て大連と号す。大臣・大連相並びて政事を知る」とあります。

(12)『日本書紀』には「大化五年二月」の条に、「是の月に、博士《はかせ》高向《たかむくの》玄理《げんり》と釈僧旻《ほうしそうみん》とに詔《みことのり》して、八省《やつのすぶるつかさ》・百官《もものつかさ》を置かしむ」とあります。ここは津軽版に従って「正月」と記しました。

(13)「橋」を用いたこのたとえ話は、『孟子』(離婁章句下篇)に見えます。素行先生は、「川を渡りたい人を、政治家が一人一人自分の舟で渡すことはできない。政治とは、まず徒歩で渡る小橋を造り、次に車で渡れる立派な大橋を完成させるというように、常にすべての人の便宜をはかるものだ」という孟子の意見を踏まえて、盟誓の儀礼の意義と重要性を説明されたのです。

(14)「未熟の五穀」のたとえ話は『孟子』(告子章句上篇)に見えます。

(15)『謫居童問』(巻六・治平三七)に「周豊が云ふ処老荘の説にして、聖人の教にあらず」とあります。

(16)「大礼《だいらい》」は十二階冠位の第五の位階です。

(17)『日本書紀』には「知皇介居海表……」とありますが、津軽版・自筆本ともに「知皇命居海表……」とあり、読み方が異なります。ここでは津軽版に従って意訳しました。

(18)同類に関する説明は難解なので、省略した部分があります。

(19)『論語』(憲問篇)に「草創・討論・潤色」の語があり、素行先生はこれを踏まえて説明されています。

(20)原文には「孝徳天皇」とありますが、これは明らかな誤りなので訂正しました。

(21)この記事は『日本書紀』巻二十九・天武天皇十年三月十七日の条に見えます。これが『日本書紀』編纂の始まりになります。

(22)この記事は『日本書紀』巻二十九・天武天皇十一年三月十三日の条に見えます。なお、『新字』の内容は未詳です。

(23) 則天武后が「圀」の字を作ったことを始めとして、七個の文字が取り上げられていますが、いずれも一般には用いられない文字であり、説明も難解なので省略しました。

(24) 「あはれ」は天晴れの意、「あな」は感嘆詞、「おもしろ」は衆《もろかみ》の面《おも》が明るく白く見えること、「たのし」は手を伸ばして舞う様子、「さやけ」は竹の葉がサヤサヤと鳴る音、「おけ」はオケの木の葉を振る調べを表す、と『古語拾遺』の割注に説明があります。

(25) 下照姫の夷曲《ひなぶり》二首は、『日本書紀』巻二・第九段の一書第一に、次のように見えます。
「天《あめ》なるや　弟織女《おとたなばた》の　頸《うな》がせる　玉《たま》の御統《みすまる》の　穴玉《あなたま》はや　み谷《たに》　二渡《ふたわた》らす　味耜高彦根《あじすきたかひこね》」
「天離《あまさか》る　夷《ひな》つ女《め》の　い渡《わた》らす迫門《せと》　石川片淵《いしかわかたふち》　片淵《かたふち》に　網《あみ》張《は》り渡《わた》し　目《め》ろ寄《よ》しに　寄《よ》し寄《よ》り来《こ》ね　石《いし》川片淵《かわかたふち》」

(26) 挙歌《あげうた》は、彦火火出見尊と豊玉姫命の贈答歌です。『日本書紀』巻二・第十段の一書第三に見えます。
彦火火出見尊「沖《おき》つ鳥《とり》　鴨《かも》著《づ》く嶋《しま》に　我《わ》が率《い》寝《ね》し　妹《いも》は忘《わす》らじ　世《よ》の尽《ことごと》も」
豊玉姫命「赤玉《あかだま》の　光《ひかり》はありと　人《ひと》は言《い》へど　君《きみ》が装《よそい》し　貴《とうと》くありけり」

(27) 神武天皇の謡歌の音訓は津軽本に従い旧仮名遣いで記しましたが、歌の句切りと解釈は日本古典文学大系『日本書紀』を参考にしました。

(28) 日本古典文学大系『日本書紀』では「楽府」を「おおうたどころ」と読んで「雅楽寮」と解釈していますが、ここは素行先生の訓に従いました。

(29) 神治章の注(7)を参照してください。

(30) 『春秋左氏伝』(昭公二十五年)に「夫《そ》れ礼は天の経《けい》なり、地の義《ぎ》なり、民の行《おこな》ひなり」とあります。

賞罰章――賞罰の活用とその心得

私たちは善いことをしたり立派な業績を挙げたりすると、表彰されて賞を授与されます。逆に悪いことをすると、それ相応の刑罰を受けます。これは社会生活を送る上で当然のことと考えられていますが、そもそも、賞罰とはどのような目的で設けられたのでしょうか。

この章では、わが国における賞罰の始まりと、その根本的な意義について考察します。

『日本書紀』巻一・第五段の本文より

伊奘諾尊《いざなきのみこと》と伊奘冊尊《いざなみのみこと》は共議して日神《ひのかみ》をお生みになりました。この子《みこ》は美しく光り輝いて六合《くに》の内を明るく照らしました。そのため、二神《ふたはしらのかみ》は喜んで仰せになりました。「私たちには多くの子がありますが、これほど不思議な霊力のある子はいません。いつまでもこの国におとどめするわけにはいきません。早く天《あめ》にお送りして、天上界を治めさせるのがよいでしょう」と。ゆえに、天柱《あめのみはしら》を用いて天《あめの》上《うえ》に送り上げました。

次に、月神《つきのかみ》をお生みになりました。この子も日神に次いで美しく輝いています。ゆえに、日神と並んで天上界を治めるのがよいと考えて、この子もまた天にお送りしました。

次に、蛭児《ひるこ》をお生みになりました。この子は三歳《みとせ》になっても、まだ脚《あし》が立たず歩けません。ゆえに、天磐櫲樟船《あまのいわくすぶね》に乗せ、風にまかせて海に放ち捨てました。

次に、素戔嗚尊《すさのおのみこと》をお生みになりました。この神は荒々しく勇猛で、残忍なところがありました。また、常に大声で泣きわめくのを所行としていました。ゆえに、国内の人民《ひとくさ》の多くを早死にさせてしまいました。また、青々とした山を枯らしてしまいました。それゆえ、父母の二神は素戔嗚尊にお命じになりました。「おまえは甚だ無道である。宇宙《あめのした》に君臨させるわけにはいかない。さっさと遠い根の国へ行ってしまいなさい」と。このように仰せになって、ついに追い払ってしまわれました。

〈講義〉謹んで考察いたします。

この物語には、二神が善を賞賛し悪を懲戒して、私情を交えることなく行動されたことが記されています。

思うに、人には必ず喜怒の感情があり、それに伴って好悪の情も生じます。好悪は必ず私情に偏するものであるため、至公に徹することができません。そうなると善悪の区別がつかなくなり、正しい判断も失われてしまいます。ゆえに、神聖な二神といえども、私情を離れて取捨の判断をしないわけにはいかないのです。

取捨の道のけじめは、身近な親族から始まります。親族に対して私情を交えずに接することができれば、その公正な態度が天下に与える影響は明白です。

今、わが国の主君を任命するにあたって示された、二神の四子に対する態度の公平さ、名分《めいぶん》の厳正さ、取捨の正しさは、万世にわたるわが国の賞罰の道の淵源なのです。

『日本書紀』巻二・第九段の一書第二より

天神《あめのかみ》は経津主神《ふつぬしのかみ》と武甕槌神《たけみかづちのかみ》を遣わして葦原中国《あしはらのなかつくに》を平定させました。この時、大己貴神《おおあなむちのかみ》が二神《ふたはしらのかみ》に、岐神《ふなとのかみ》を従者として推薦しました。そこで、経津主神は岐神を先導役にして国内を巡り歩きながら平定しました。反逆する者があれば斬り殺しました。また、帰順する者には褒美を与えました。

〈講義〉謹んで考察いたします。

これが賞罰の始まりです。

褒賞と刑罰は、人の行き過ぎたところを戒め、足りないところを伸ばすための道です。褒めて励ますことによって人を善に導き、罰して懲らしめることによって人に悪を知らしめます。

人の気質は同じではありません。その人を取り巻く環境と教育、風俗習慣が正しくないときは、あるいは悪事を日常の習慣として身につけたり、あるいは強盗などの暴虐な行為を仕事とするようになります。ゆえに、処刑によって威《おど》したり、罰を与えて懲らしめたりするのは、君子がこれらの人々を愛し、悪行《あくぎょう》を矯正しようと欲するためです。彼らを憎んで害を加えているのではありません。

刑罰と褒賞とを示して統御するのでなければ、善悪は明らかになりません。これを厳正に行わなければ、君子の道は消失し、小人の道が盛んになる原因となります。慎まないわけにはいきません。以上、賞罰の意義について論じました。

『日本書紀』巻二・第九段の一書第二より

大物主神《おおものぬしのかみ》と事代主神《ことしろぬしのかみ》は八十万神《やそよろずのかみ》たちを天高市《あまのたけち》に集め、彼らを率いて天に昇り、心をこめて忠誠の誓いを申し述べました。この時、高皇産霊尊《たかみむすひのみこと》が大物主神に勅《みことのり》して仰せになりました。「そなたがもし、国神《くにつかみ》の娘を妻にするなら、私はなお、そなたには天神《あまつかみ》を疎んじる心があると考えるだろう。そこで、今、私の娘の三穂津姫《みほつひめ》をそなたの妻として与えよう。八十万神たちを率いて、永久に皇孫《すめみま》をお護りするがよい」と。このようにして、地上に還り降らせました。

〈**講義**〉謹んで考察いたします。

これが、天神による行賞の始まりです。

『日本書紀』巻三より

神武天皇の即位二年春二月二日、天皇は臣下の論功行賞を行われました。道臣命《みちのおみのみこと》に宅地《いえところ》をお与えになり、築坂邑《つきさかのむら》に住まわせて、特に恩寵を賜りました。また、大来目《おおくめ》を畝傍山以西の川辺の地《ところ》に住まわせることになさいました。今、「来目邑《くめのむら》」と称するのは、そのことが縁となっています。珍彦《うずひこ》を倭国造《やまとのくにのみやつこ》とし、また、弟猾《おとうかし》に猛田邑《たけだのむら》をお与えになって猛田県主《たけだのあがたぬし》となさいました。この弟猾が菟田主水部《うだのもひとりら》の祖先です。弟磯城《おとしき》、名は黒速《くろはや》を磯城県主《しきのあがたぬし》となさいました。また、剣根《つるぎね》という者を葛城国造《かずらきのくにのみやつこ》となさいました。頭八咫烏《やたのからす》もまた恩賞に与《あずか》りました。その子孫は、葛野主殿県主部《かずののとのもりのあがたぬしら》です。

〈講義〉謹んで考察いたします。

これは、人皇が論功行賞を実施された始まりです。

功労があるときは賞禄を与えるのが、君臣の礼です。しかしながら、その功労をしっかりと定めなければ、褒賞の大小軽重を正しく行うことができず、公平公正な道を踏み外すことになります。ゆえに、それぞれの功労を調べて正しく定めた後に、賞を与えます。これは、公明な政治を実施するために重要な事です。

神武天皇が東征を始められて以来、献策をしたり戈《ほこ》をとって戦ったりして、自ら進んで難敵に立ち向かった功臣や勇士は数知れずありました。今、行賞を実施するにあたり、道臣命から始めて頭八咫烏にまで及んでいます。その功労の定め方の何と偉大で公正なことでありましょうか。以上、行賞の礼について述べました。

『日本書紀』巻二・第九段の本文より

天神《あまつかみ》（高皇産霊尊《たかみむすひのみこと》）は、葦原中国《あしはらのなかつくに》の邪鬼《あしきもの》をはらって平定しようと思い定め、天国玉《あまつくにたま》の子の天稚彦《あめわかひこ》に天《あまの》鹿児弓《かごゆみ》と天羽羽矢《あまのはばや》を授けて派遣なさいました。

〈講義〉謹んで考察いたします。

これは、君主が臣下に賜物《しぶつ》を授けた始まりです。

思うに、賜物を授けて臣下の評判と名声を樹立し、ことさら衆人の耳目を引くことにより、自ら進んで君主のために勤め励もうとする意欲を鼓舞し、臣下の善行と忠義の働きを喚起するのは、人君の政治の要道です。ゆえに、手厚い恩賞と深切な待遇を与えることによって重大な任務を負わせ、その責務を自覚させるのです。

天神《あまつかみ》は天稚彦の勇壮な人柄に期待してこのような賜物を授けたのですが、天稚彦はそれに対して忠誠ではなく、天神が投げ返した天羽羽矢にあたって、たちまち命を落としてしまいました。天神の譴《けん》責《せき》が速やかに天稚彦に通じたことは、この物語によって明らかです。

後世、将軍を立てて、鈇鉞《ふえつ》（おのとまさかり）を授けたり特別な装いをさせたりしたのは、すべて、賢人を賢人として待遇し、有徳の人物を敬い励ますことによって人心を奮い起こすためです。その始まりはこの物語にあります。これはすなわち、外朝の書物（『書経』畢命篇）にある「旌淑《せいしゅく》」（善人を明らかにして表彰すること）(1)と同じ意味です。

『日本書紀』巻二・第九段の一書第一より

皇孫《すめみま》・瓊瓊杵尊《ににぎのみこと》が、天鈿女命《あまのうずめのみこと》に勅《みことのり》して仰せになりました。「そなたが明らかにした神（猿田彦神《さるたひこのかみ》）の名を姓氏《かばね》とするがよい」と。これにより、「猿女君《さるめのきみ》」という名を賜りました。ゆえに、猿女君の一族の男女は皆、「君」と呼ぶことになりました。これがその由来です。

〈講義〉謹んで考察いたします。

これが、功績によって姓氏を賜った始まりです。

神武天皇が東征をされた時、日臣命《ひのおみのみこと》は忠誠心があり、しかも勇ましく、よく軍を先導して功績を挙げたので、「道臣《みちのおみ》」という名を賜りました。

思うに、姓名の名乗りは、それによって祖先の名声を百世の後まで伝えると共に、祖先の善心を脈々と受け継ぐ拠り所となるものです。ゆえに、姓を授け氏を命ずるにあたっては、必ずそれ相応の道があります。人臣は、時の君主から授かるのでなければ、その姓氏を名乗ることはできませんでした。姓氏を名乗ることができる者とそうでない者との間には、厳格なけじめがあったのです。

およそ、物部《もののべ》・大伴《おおとも》の姓《かばね》は、威武の功績に基づくものです。饒速日命《にぎはやひのみこと》は物部氏の祖先です。「物部《もののふ》」は「武《もの》夫《のふ》」の訓と同じです。道臣命《みちのおみのみこと》は大伴氏の祖先です。日本武尊《やまとたけるのみこと》が道臣命の子孫・武日《たけひ》に靫部《ともべ》[2]（弓具をつけた兵士たち）を授けて大伴氏としました。中臣《なかとみ》・忌部《いみべ》の姓は、中直（私意がなく中正なこと）の徳をそなえ、祭祀を司る一族であるところから、名付けられました。藤原・橘・菅原・大江といった姓氏や、皇族から派生した源氏・平氏・紀氏・清原氏の流れは、いうまでもなく、その勲業に基づくものです。

そもそも、名は実を表すものです。実際の勲業も無く名が有るときは、結局のところ虚名に過ぎません。虚名を後世に伝える者は、恥を子孫に遺すようなものです。ゆえに、姓名を与える者も受ける者も、間違いがないように慎まねばなりません。以上、天子から賜物を授かることの意義について述べました。

『日本書紀』巻三より

神武天皇の辛酉年《かのとのとりのとし》春正月一日、天皇は橿原宮《かしはらのみや》で即位されました。この年を天皇元年《すめらみことのはじめのとし》とします。ゆえに、神武天皇を称《たた》えて、古語《ふること》で次のように申し上げます。「畝傍《うねび》の橿原《かしはら》に、底磐之根《したついわね》に宮柱太《みやばしらふとしき》立《た》て、高天之原《たかまのはら》に搏風峻峙《ちぎたかし》りて、始馭天下之天皇《はつくにしらすすめらみこと》を号《なづ》けたてまつりて、神日本磐余彦火火出見天皇《かむやまといわれひこほほでみのすめらみこと》と曰《もう》す」と。

〈講義〉謹んで考察いたします。

これは、人臣が天皇に尊号を奉った始まりです。

わが国では、神代の昔からすでに尊号があり、「尊《みこと》」と「命《みこと》」の区別がありました(3)。

そもそも、善悪の行為に応じて受ける報いは、結局のところおおい隠すことができません。ゆえに、臣下に善悪があるときは君主がこれを糺明し、君主の善悪については天が必ず糺明します。天はものを言いませんが、人がこれを代行します。いわゆる尊号の善悪がこれにほかなりません。

後世に至ると、諡贈《しぞう》（死者に対して、その生前の行跡によって名を贈ること）の制度ができました。これにより、人君だけが臣下を賞《ほ》めたり退けたりするわけにはいかなくなりました。諡《おくりな》によって、臣子もまた君父の行跡を議定することになるからです。これは臣子が議定するのではなく、天下の万民が議定するということです。「天下の万民が議定する」とは、すなわち「天の命」にほかなりません。したがって、君臣の道を慎まないわけにはいきません。一時の好悪の感情によって、百世にもわたる栄辱をこうむることになるからです。その人の履歴を知らなくても、一度《ひとたび》諡号《しごう》を聞けば、直ちにその人を知ることになります。ゆえに、諡号は人心に善行を勧め、善を盛んにして悪を懲らしめるために役立つのです。

このように、褒賞による名誉と刑罰による懲戒は人君の考えに基づいて天下に弘まりますが、生前の行為や功績の表彰は、己れの身から出た事ながら他人によって評価されることになります。これが、善悪の行為による報いは結局のところおおい隠せない、ということです。以上、尊号の礼について述べました。

『日本書紀』巻一・第七段の本文より

諸神《もろもろのかみ》たちは罪過《つみ》を素戔嗚尊《すさのおのみこと》に負わせ、償いとして千座置戸《ちくらのおきど》（祓物《はらえもの》を乗せた多くの台）を科し、厳しく責め立て、ついに徴収しました。素戔嗚尊は髪を抜かせるに至ってその罪を贖《あがな》ったのです。また、手足の爪を抜いて贖ったともいいます。このようにした上で、ついに素戔嗚尊を高天原から追放してしまいました。

〈講義〉謹んで考察いたします。

これが処罰を行い、罪を贖わせた上で流刑に処した始まりです。

一般に、「刑」というものは、衆人がそれを悪み、その事が広く衆人に影響を及ぼし、包み隠すことができないほど明白であって初めて、それを検察して処罰を行うことになります。素戔嗚尊の無礼な所行によって六合《くに》の内は常闇になってしまいました。そのために引き起こされた禍事《まがごと》は計り知れません。ゆえに、神々は皆で審議して刑を執行し、尊《みこと》は罪を償ったのです。公明正大な刑罰というべきでしょう。その後、人皇の御世に至ると、刑法は大いに定まり、律令が広く施行され、天下の万民は皆、刑罰によって悪人が懲らしめられることを知りました。

思うに、罰は人の心に恥辱を与え、刑は人の身体を傷つけます。神聖な神々が、どうしてそのような処刑を欲されるでしょうか。そうしなければ善が栄えることはなく、正しい人の道が実現することもないから、やむを得ずしてこれを行うのです。ゆえに、処刑を実施するにあたっては、裁判の法を詳細に定め、謹んで審議を尽くし、無実の者は救い、死罪の決定は天皇自らが下すようにして、刑法を慎重に適用し、裁判官の任用を正しくし、畏《おそ》れ慎んで人を憐れむ誠心を尽くし、勝手気ままな刑罰の濫用を戒めるようにするのが、歴代の神聖な天皇に受け継がれてきた明らかな教戒です。

人は一度死ねば生き返りません。一度身体を傷つけて入れ墨をすれば元に戻すことはできません。

一度刑の執行を謬《あやま》てば、幾度後悔しても埋め合わせはできません。ゆえに、至誠の心で裁判に臨み、智力を尽くして真実を見極め、それによって、中正でまことのある判決を得なければならないのです。

以上、刑罰を行う意義について述べました。

この章では、賞罰の省察《せいさつ》を公正にすべきことを述べました。謹んで総括いたします。

賞を授与されれば一層励みたくなり、罰せられれば懲りて二度と罪を犯すまいと誓うのが、通常の人情です。神聖な天皇はその人情に従って政治制度を整え、政道を正していかれました。これが、政治を行うにあたり、「刑賞」が大きな力を有する理由です。

そもそも、賞罰の道は、最初に善悪の基準を建て、その後に効果を省察することにあります。最初に明確な基準を設けなければ、人はその基準を守ることを知りません。また、その効果を後に糺《ただ》すようにしなければ、人は自分に打ち克って物事を成就し、終わりを全うすることができません。賞罰の法が明正に示されても、長い時を経れば人は怠慢になり、気持ちが緩めばそれが日常になってしまうからです。ゆえに、常に見回って省察を加え、功の無い人を退け、功の有る人を用いることによって政治を正し、時に応じて名声と悪名とを世に顕すようにします。これが政治の大権というものです。

人の歓心を買ったり人を畏怖させたりすることだけを目的として頻繁に賞刑を行い、あるいは、一人の喜怒の私情に任せて一時的な好悪の情に従い、公正な基準を適用しないときは、人民はその状況に慣れて、これを軽んずるようになります。賞刑による勧善懲悪の効果は得られません。

ある人が質問しました。「賢明で神聖な君主は、刑賞を用いることなく、徳の力で天下を治めるといいます。つまり、刑賞は、道徳の廃れた世で用いられる政治の手段ということでしょうか」と。

私は次のように考えます。

賢明で神聖な君主は、賞刑を明瞭に定めて惑うことがありません。そうであればこそ「明聖」と称されるのです。そもそも、登用と黜退《ちゆつたい》（罷免したり官位を下げたりして退けること）とは、君子や小人を挙用したり捨て置いたりするための方策です。人が存在すれば必ず喜怒好悪の感情があります。君臣が存在すれば必ず恩賞と刑罰があります。「明聖の君」であればこそ、私情を捨て去って賞罰を明瞭に定めることができるのです。これは決して人間界のみの現象ではありません。自然界にも、天地による春生秋殺《しゆんせいしゆうさつ》（春は物を生じ秋は物を殺す）があります。これによって万物を一斉に淘汰し、自然界を美しく保っているのです。

外朝では、堯《ぎよう》・舜《しゆん》の治めた盛んな時代に、十六人の重臣を登用し、四人の凶悪人を退けました。舜は二十年間にわたり大功をたて、天子となりました。「天命、天討」とは、このことをいうのです。堯・舜以外にもまた聖明な君主が存在するのかどうか、それはさておき、堯・舜を聖明な君主とするのなら、賞罰の省察こそが治教の大要である、といえるのではないでしょうか。

注

（1）『書経』（畢命篇）に「淑慝《しゆくとく》を旌別《せいべつ》し、厥《そ》の宅里を表し、善を彰《あらわ》し、悪を癉《や》ましめ、之《これ》が風声を樹てよ」（善人と悪人を区別してその住居を表明し、善を顕彰して悪を弱らせ、よい評判と名声を樹立して民を教化せよ）とあります。「旌淑《せいしゆく》」は、これを踏まえた表現です。

（2）『日本書紀』巻七・景行天皇四十年是歳の条に「（日本武尊が）靫部《ゆけひのとものを》を以て大伴連の遠祖武日に賜ふ」とありますが、ここでは自筆本・津軽本ともに「靫部」に「トモヘ」という振り仮名が付されています。「靫《ゆき》」と「鞆《とも》」は別字であり、この訓は誤りかと思われます。

（3）『日本書紀』巻一・第一段の本文の割注に、「至りて貴きをば尊と曰ふ。自余《これよりあまり》をば命と曰ふ。並びに美挙《みこ》等《と》と訓《い》ふ」とあります。

武徳章──わが国の武威の本源

「兵」は非常時への備えであり、「武」は守るべきものを守ろうとする勇気です。いずれも、私たちの生命と生活を守るために不可欠な徳と考えられます。しかし、敗戦後の混乱の中で施行された現行の『日本国憲法』には「戦争の放棄」が謳われ、「陸海空軍その他の戦力」の保持は認められていません。これにより、私たち日本人は「武徳」という言葉自体を失ってしまいました。すでに学んできたように、三種の神器が智仁勇の三徳を象徴するなら、私たちは国民が司るべき「勇」の徳を喪失していると言わざるを得ないでしょう。
この章では、わが国の武威の本源と武徳の重要性について考察します。

『日本書紀』巻一・第四段の本文より

伊弉諾尊《いざなきのみこと》と伊弉冊尊《いざなみのみこと》は、天浮橋《あまのうきはし》の上にお立ちになり、共《とも》に相談して仰せになりました。「この下の底の方に、どうして国が無いものだろうか。必ずや国があるはずだ」と。そこで、天の瓊矛《とぼこ》を指《さ》し下《おろ》して掻き探ると、青海原がありました。その矛《ほこ》の先からしたたり落ちた潮《しお》が凝り固まって一つの島になりました。これを名付けて「磤馭盧嶋《おのごろしま》」といいます。

一書《あるふみ》には次のようにあります。(『日本書紀』巻一・第四段の一書第一より)

　天神《あめのかみ》は伊弉諾尊と伊弉冊尊に向かって仰せになりました。「豊葦原《とよあしはら》千《ち》五《い》百秋瑞穂《ほのあきのみずほ》の地《くに》があります。あなた方が行って治めるとよいでしょう」と。そして、天瓊戈《あまのとぼこ》をお授けになりました。そこで、二神《ふたはしらのかみ》は天上浮橋《あまのうきはし》にお立ちになり、戈《ほこ》をさしおろして地《くに》を求められました。青海原をかきまぜて引き上げたとき、戈の先からしたたり落ちた潮が凝り固まって島となりました。名付けて磤《お》馭《ご》盧《ろ》嶋《しま》といいます。

一書《あるふみ》には次のようにあります。(『元元集』巻五より)

「豊葦原《とよあしはらの》千《ち》五《い》百《ほ》秋《あき》の瑞穂国《みずほのくに》」は、大八洲《おおやしま》が生まれる前から、すでにこの名がありました。しかし、名前はあっても、まだ国としての形を成していません。あえていえば、その形は天瓊矛になぞらえられます。すなわち、大八洲国《おおやしまのくに》は瓊矛によって国の形になったのです。

〈講義〉謹んで考察いたします。

大八洲は天瓊矛によって国の形に成ったので、地形が瓊矛に似ています。ゆえに、細戈千足国《ほそほこのちたるのくに》という名があるのです。このことからも、わが国が雄武の国であるのは当然と考えられます。

そもそも、わが国には開闢以来、甚だ多くの神器や霊物《れいもつ》(神秘的な働きのある宝物)がありましたが、その中でも最初に出現したのが天瓊矛です。これはすなわち、わが国が武徳を尊び、雄々しく勇ましい国柄であることを表しています。

『日本書紀』巻一・第六段の本文より

素戔嗚尊《すさのおのみこと》が天へお昇りになる時、大海原《おおうなばら》は揺れ動いて轟《とどろ》き、山《やま》や岳《おか》は吠えるように鳴動しました。これは、この神の本性が猛々しいからそうなったのです。天照太神《あまてらすおおみかみ》は最初からこの神が乱暴なことをご存じでしたから、高天原《たかまのはら》に参上してくる騒々しい様子をお聞きになると、顔色を変えて驚かれ、仰せになりました。

「弟の尊《みこと》が来るのは善意からであるはずがない。おそらくこの国を奪おうという志があるのだろう。私たちの父母は、すでにそれぞれの子に命じて、治めるべき国の境界を定めたはず。それなのに、どうして自分の赴くべき国を捨て置いて、強引にこの高天原をねらおうとするのか。」

このように仰せになって、髪を髻《みずら》に結い、裳の裾をしぼって袴の形にし、八坂瓊《やさかに》の五百箇御統《いおつのみすまる》を髪と腕に巻きつけました。また、背に千箭《ちのり》の靫《ゆき》(千本の矢の入る靫)と五百箭《いおのり》の靫(五百本の矢の入る靫)を背負い、臂《ただむき》(ひじから手首まで)には稜威《いつ》の高鞆《たかとも》(厳めしく高い音を立てる鞆)を着け、弓弭《ゆはず》(弓の先端)を振り立て、剣の柄《つか》を固く握りしめ、堅い庭土に足を股《もも》まで踏み入れて沫雪のように蹴散らかし、喉を震わせて稜威《いつ》の雄叫《おたけ》びを上げ、威厳に満ちた叱責の声を発し、面と向かって厳しく咎めて問いただされました。

一書《あるふみ》には次のようにあります。(『日本書紀』巻一・第六段の一書第一より)

日神《ひのかみ》はもとより素戔嗚尊が猛々しく、物を押しのけて上に立とうとする気持ちがあることをご存じでした。その素戔嗚尊が高天原へ上ってきて到着するに及んですぐに思われたのは、「弟がやって来た理由は、善意からではないだろう。必ずや我が高天原を奪おうという気持ちに違いない」ということでしたから、丈夫《ますらお》のように雄々しく武備を整えられました。身には十握剣《とつかのつるぎ》・九握剣《ここのつかのつるぎ》・八握剣《やつかのつるぎ》を帯び、背には靫《ゆき》を負い、臂には稜威高鞆《いつのたかとも》を着け、手に弓矢を握り、自ら出迎えて高天原を防御なさいました。

一書《あるふみ》には次のようにあります。(『日本書紀』巻一・第六段の一書第二より)

天照太神は弟に悪心があるのではないかと疑われ、兵を起こして詰問なさいました。

一書《あるふみ》には次のようにあります。(『日本書紀』巻一・第七段の一書第三より)

日神は仰せになりました。「私の弟が高天原に上ってきた理由は、好意からではないだろう。必ずやわが国を奪おうと欲しているに違いない。私は婦女《たおやめ》ではあるが、どうして戦《いくさ》を避けることができようか」と。そこで、身に武備を装われたのです、云々。

〈講義〉謹んで考察いたします。

これらの物語が意味するのは、日神が武装して兵を起こされたということです。神聖で霊妙な日神に対し奉り、天下の誰が敵となって立ち向かおうとするでしょうか。誰一人として刃向かう者はありません。それでもなお、日神は大丈夫《だいじょうふ》のような武装をして高天原を防禦なさいました。これは、未然の備えを怠ってはならない、という教戒を万世に示されたのです。

思うに、「備え」とは、「あらかじめする」という意味です。備えがあれば安心ですが、備えがなければ失敗します。天下の事物にはすべてこの原則があてはまります。ましてや、軍隊を用いるのは必ず思いがけない出来事や突然の出来事に対応するときです。ゆえに、遠謀深慮を巡らして武備を整えておけば、難に臨んでも心配がありません。

素戔嗚尊は自らの弟であるにもかかわらず、日神が厳しい武徳を示してお咎めになったのは、その無礼な態度で高天原に君臨されては、大八洲国はそのために滅亡し、国民は落ちぶれて苦しむことになると心配されたからです。このように日神ご自身が武威を身につけて機先を制されたのは、甚だ畏れ多いことです。

『日本書紀』巻二・第九段の一書第四より

高皇産霊尊《たかみむすひのみこと》は、真床覆衾《まとこおうふすま》を天津彦国光彦火瓊瓊杵尊《あまつひこくにてるひこほのににぎのみこと》にお着せして、天磐戸《あまのいわと》を引き開け、天八重雲《あめのやえぐも》を押し分けて、高天原から葦原中国へとお降し申し上げました。

この時、大伴連《おおとものむらじ》の祖先・天忍日命《あまのおしひのみこと》は、来目部《くめべ》の祖先・天槵津大来目《あめくしつのおおくめ》を率いて、背《そびら》には天磐靫《あまのいわゆき》を負い、臂《ただむき》には稜威高鞆《いつのたかとも》を着け、手には天梔弓《あまのはじゆみ》と天羽羽矢《あまのはばや》を掴《つか》み、八目鳴鏑《やつめのかぶら》を添え持って、また頭槌剣《かぶつちのつるぎ》を腰につけて、天孫《あめみま》の前《みさき》に立ちました。一行《いっこう》は空中を巡り歩いて降って行かれました。

〈**講義**〉謹んで考察いたします。

未開の世では非常事態への警戒をゆるがせにしてはなりません。ゆえに、天忍日命は軍装を整えて前衛をつとめ、天孫に刃向かう者に対し闘争の意気込みを示したのです。威厳に満ちた武人の道において、備えを設け怠ることなく勤めるのは、事を成し遂げて終わりを全うするための訓戒です。ましてや天孫が初めて天降られるのですから、なおのこと厳重な警備を怠ってはなりません。

『日本書紀』巻三より

神武天皇の甲寅年《きのえのとらのとし》冬十月五日に、天皇は自ら指揮して、諸々の皇子たちと舟軍《ふないくさ》（水軍）を率い、東征の途に就かれました。

戊午年《つちのえのうまのとし》春二月十一日に、皇軍はついに東を目指し、船首と船尾を連ねて出発しました。そして、今まさに難波の碕《みさき》に到達されたのです。

夏四月九日に、皇軍は兵の隊列を整えて、徒歩で竜田《たつた》に向かいました。しかし、その路《みち》は狭く険しく、隊列を組んで進み行くことができません。そこで引き返して、さらに東の方の生駒山を越え、山に囲まれた中央の地、大和盆地へ入ろうとしました。この時、長髄彦《ながすねびこ》が皇軍の進んできたことを聞いて言いました。「天神《あめのかみ》の子《みこ》たちがここへ来られる理由は、必ずやわが国を奪おうとするために相違ない」と。そこで、配下の兵たちすべてを率いて、孔舎衛坂《くさえのさか》で皇軍の行く手をさえぎり、会戦しました。

〈**講義**〉謹んで考察いたします。

これは人皇が東征をされ、中州（わが国）を定められたという武威の物語です。

この東征では、水軍あり、歩兵あり、会戦あり、日神の威力を身に受けるため太陽を背にして戦うという神策《しんさく》もあれば、神剣や金色の鵄《とび》といった神瑞《しんずい》もあり、凱歌《がいか》もありました。天皇におかれましては、斎戒して神を祭られたこともあり、戦いに勝っても驕《おご》ることのないように戒めて軍営を別の場所に移されたこともあり、いささか御謡《みうたよみ》して将兵を慰労されたこともありました。諸将に命じ、士卒を調練して民に対する誠信を示し、東征開始から六年目にして都を建てられたのです。

その軍兵の規律、神業のような謀略、軍隊の陣営や兵器の用法、総大将や各隊の指揮官の選任、何一つとして足りないところはありません。ゆえに、尾のある井光《いひか》も、手足の長い土蜘蛛《つちぐも》も、その不思議な能力を発揮することができませんでした。ましてや、頑《かたく》なに恨みを抱き続けた長髄彦や、反逆の謀《はかりごと》を仕掛けた菟田《うだ》の兄猾《えうかし》は、ついにむごたらしく殺されてしまったのです。こうして天下は安定し、わが国は初めて平定されました。その策謀も兵もすべて神意によるものです。

神とはすなわち天です。天神が国を授け、人皇がその意志に参与して戦い、武徳を明らかにして建国の偉業を成し遂げたのです。これが、初代天皇を「神武《じんむ》」と称える理由です。

ある人が質問しました。「天が国を授け、人がその意志を受けて戦い、神のようにすぐれた武徳（神《しん》武《ぶ》）によって、殺すことなく敵を降伏させるのは聖人の兵です。それなのに、どうしてこれほど多くの悲惨な誅戮があったのでしょうか」と。

私は次のように考えています。

世の中が未開の時代には、草木が皆ものを言い、邪鬼は五月蝿《さばえ》のようにやかましい声を発し、それぞれが自分で境界を定めて領有権を主張していました。神兵でなければこれほど速やかに平定して国を建てることはできません。兄猾が殺された時、流れる血は踝《くるぶし》まで浸したといい、八十梟帥《やそたける》と戦った時には、賊徒の死体が互いに臂《ひじ》を枕にして累々と重なり合ったといいますが、これらは皆、会戦における誅殺の定めというものです。

「夏《か》王朝の暴君・桀《けつ》の飼い犬は、聖帝・堯《ぎょう》に吠えかかる」といいます。どのような時代にも、奸悪な輩が徒党を組んで反逆者となることはあるものです。ましてや世界が始まったばかりの困難な時代です。神兵に殺された者は、天が討伐したのと同じです。皇軍は賊徒以外の民に害を与えることはなく、現地の民をそのまま受け入れて統治しました。神武天皇の東征の六年間で、軍兵を用いたのは戊午《つちのえうまのとし》年の春二月から己未《つちのとのひつじのとし》年の春二月まで、わずかに一年だけです。これによってわが国の兵乱は絶えました。「神武《しんぶ》不殺の大兵」と「天神の意志を受け継いで建国の大業を成就された人皇の至徳」は、併せて考えるべきだと思います。　以上、「神聖な武」について述べました。

『日本書紀』巻二・第九段の本文より

高皇産霊尊《たかみむすひのみこと》はさらに諸神《もろかみ》たちを集めて、葦原中国に遣わす者《ひと》をお選びになりました。皆が口をそろえて言いました。「磐裂根裂神《いわさくねさくのかみ》の子である磐筒男《いわつつのお》と磐筒女《いわつつのめ》がお生みになった子《みこ》、経津主神《ふつぬしのかみ》がよろしいでしょう」と。この時、天石窟《あまのいわや》に住んでいる神・稜威雄走神《いつのおばしりのかみ》の子である甕速日神《みかはやひのかみ》の子の熯速日神《ひのはやひのかみ》、その熯速日神の子に武甕槌神《たけみかづちのかみ》がいました。この神が進み出て申し上げるには、「どうして経津主神ひとりだけが丈夫《ますらお》なのでしょうか。私は丈夫ではないのでしょうか」と。その語気は激しく嘆き憤っていました。そこで、この神を経津主神に配《そ》えて、葦原中国を平定するために派遣しました、云々。

このような経緯により、大己貴神《おおあなむちのかみ》は、かつて国を平定した時に杖としていた広矛《ひろほこ》（幅の広い祭祀用の矛）を二神にお授けして仰せになりました。「私はこの矛を用いて国づくりの功業を成し遂げたことがあります。天孫《あめみま》がこの矛を用いて国をお治めになるなら、必ずや国中が平安になるでしょう」と。

〈講義〉謹んで考察いたします。

この物語には、天神《あまつかみ》が軍将（軍を統率する大将）を選任された、という意味があります。

兵を用いるときの要諦は、ひとえに軍将にあると考えられます。軍将は兵の生命を司る神であり、勝敗の流れを分ける源でもあります。天神は三度も群神を集め、この二柱の軍将を得て、ついに葦原中国平定の功業を成就なさいました。その選出も任務も、ともに道理にかなったものでした。二神が葦原中国を平定し帰順させたことによって、天孫が降臨され、万億世にもわたる皇統の始元を開かれたのです。ああ、任務を遂行したその武威の何と盛んで偉大なことでしょうか。

大己貴神の奉った広矛もまた、霊妙な神器です。そもそも、兵は軍律に基づいて編成され、作戦を立てて行動し、武器を用いて戦います。「兵」は斤《おの》、「武」は戈《ほこ》の象形を含む会意文字で、いずれの文字も「武器」によって形成されています。

いうまでもなく、わが国には開闢の始めから瓊矛《とぼこ》がありました。これを用いて国が作られ、天神は宝剣（天叢雲剣《あまのむらくものつるぎ》）を三種《さんしゅ》の神器《じんぎ》の一つに加えておられます。このように武徳のゆきわたった国だからこそ、二神が刃《やいば》に血を塗ることもなく大己貴神の国譲りを受けて勲功を挙げたのは、まことにもっともなことといえましょう。

『日本書紀』巻三より

神武天皇の東征の時に、大伴氏の祖先・日臣命《ひのおみのみこと》は大来目《おおくめ》の軍将の大兵を率いて、山を踏み、道を開いて進軍しました。

先人（北畠親房公）は、次のように述べています。（『職原鈔』外武官の条より）

神武天皇は東征の日に、物部氏の祖先・道臣命を軍帥《ぐんすい》としました。「物部氏」はおそらく誤りで、正しくは「大伴氏」です。「道臣命」は「日臣命」の改名です。

〈講義〉謹んで考察いたします。

これが人皇による将帥《しょうすい》選任の始まりです。

思うに、「将」とは、その器量が物を将《ひき》いる（統率する）に足る者の名称です。「帥」とは、智力を以て人を帥《ひき》いる（導く）者の名称です。危険や災いが間近に迫った困難な草創期に、最も有用とされるのが将帥です。勇ましく勢いに満ちた武人であっても、策謀を好み、敵の勝機を挫く計略にすぐれていなければ、将帥の任にふさわしくありません。ゆえに、将帥の任務は必ずしも攻戦だけではありません。敵と折衝して屈服させる智力を持ち、民を安んじ教化することのできる誠信の徳を備えた人物であることが基本です。将帥の任務は重く、その選任は決して容易ではありません。道臣命はこれらの資質のほとんどを兼ね備え、将帥と呼ぶにふさわしい人物だったのではないでしょうか。

上《かみ》に神聖な武徳の天皇を戴き、下《しも》に賢才の臣が存在して主命に応じました。天下を平定して建国の功業を弘めるにあたり、何もかもが有利に進み、すべてにおいて成果を得ることができた理由はここにあるのです。以上、将帥の選任について述べました。

『日本書紀』巻二・第九段の本文より

高皇産霊尊《たかみむすひのみこと》は、天稚彦《あめわかひこ》に天鹿児弓《あまのかごゆみ》と天羽羽矢《あまのははや》を授けて派遣なさいました。

〈**講義**〉謹んで考察いたします。

これは、天神《あまつかみ》が軍将に節刀《せっとう》（信任の印《しるし》としての刀）をお授けになったことを意味します。人皇の御世に至ると、景行天皇が日本武尊《やまとたけるのみこと》に鈇鉞《ふえつ》（おのとまさかり）をお授けになりました。それ以来、このような任命の形式が連綿と引き継がれ、やがて制度として美しく整えられて「立将《りっしょう》の礼」（将軍の親任式）が行われるようになりました。

そもそも、節度《せつど》（天皇が将帥に授ける品物）とは、信任を示すための印《しるし》です。斧鉞には、敵に対する刑《けい》戮《りく》の専権を与えるという意味があります。軍隊の統制権を私物化することはできません。また、人臣に独断専行の権利はありません。ゆえに、軍将の評判と名声を四方に樹立し、天皇からの信任の印を刃向かう者に明示するのです。将帥が一度《ひとたび》地方征伐の任務を委託され、その時に応じて適正な行動をとるならば、全軍の信任は将帥に帰して指揮系統が二、三に分裂することはありません。

思うに、将軍と宰相は天下の指導者です。才能と徳性を兼ね備えていなければ、実効を挙げることはできません。天下が平安に治まっているときは宰相の活躍に期待し、天下が乱れ危ういときは将軍の活躍に期待します。

そしてまた、平安な時代が常に続くわけではありません。一人の意見の食い違いから険悪な事態が出来《しゅったい》すれば、天下はたちまち危機的状況に転じます。人君は、多くの人材が集まってくる無事平穏な日のうちに、すぐれた器量の人物を得て急な危難に備えるとともに、君主の恵みと慈しみを厚くして民に親しみ、民を安んずる徳をゆきわたらせておかねばなりません。そうすれば、大概の危機は乗り越えられるものです。

大将には、兵を率いる隊長と、隊長を束ねる将軍と、将軍と宰相とを兼任する者があります。知信仁勇忠、それぞれの徳にすぐれた大将があります。また、礼将（礼を重んじる大将）もあれば、厳将（厳格な大将）もあります。そして、大将に必要な資質の基本は、知仁勇の三徳にあるのです。兵を挙げて朝廷に従わない者を征伐するとき、この三徳を備えた将帥を精選しなければ、おのずと軍の総崩れを招き、全軍を皆殺しにされてしまいます。古来、将帥の選任が重んじられたのも、当然のことといえましょう。以上、節度を賜与することについて述べました。

『日本書紀』巻三より

神武天皇の即位二年春二月二日、天皇は臣下の論功行賞（「功《いさおし》を定め賞《たまもの》を行う」）を実施されました。道《みちの》臣命《おみのみこと》に宅地《いえところ》をお与えになり、築坂邑《つきさかのむら》に住まわせて、特に恩寵を賜りました。また、大来目《おおくめ》を畝傍山以西の川辺の地《ところ》に住まわせることになさいました。今、「来目邑《くめのむら》」と称するのは、そのことが縁となっています。珍彦《うずひこ》を倭国造《やまとのくにのみやつこ》とし、また、弟猾《おとうかし》に猛田邑《たけだのむら》をお与えになって猛田県主《たけだのあがたぬし》となさいました。この弟猾が菟田主水部《うだのもひとりら》の祖先です。弟磯城《おとしき》、名は黒速《くろはや》を磯城県主《しきのあがたぬし》となさいました。また、剣根《つるぎね》という者を葛城国造《かずらきのくにのみやつこ》となさいました。頭八咫烏《やたのからす》もまた恩賞に与《あずか》りました。その子孫は、葛野主殿《かずののとのもりの》県主部《あがたぬしら》です。

〈講義〉謹んで考察いたします。

功を定め賞を行うのは、軍事と国政における盛大な行事です。与えられた賞がその功績にふさわしくないものであれば、君臣の礼が明らかになりません。功績の無い者に賞を与えれば、小人が昇進して佞奸な行為が横行するようになります。ゆえに、賞を行うには、必ずその功績を精査して定めることが重要です。

今、天皇は天神の命を受けて国を開き、都を定めるという大業を建てられました。この時が最も重要で慎むべき時なのです。この時に賜与される賞が礼にかなったものであるなら、功績ある臣は面目を保ち、国家は安らかに治まります。

思うに、賞罰は人君に付与された大権です。これを決してゆるがせにしてはなりません。金帛《きんぱく》（金と絹）・器物の授与や禄位・土地の与奪、いずれを行う場合にも精しく調査して人選を正しくしなければ、賞の効果は得られません。「功《いさおし》を定め賞《たまもの》を行う」という一句は、万世にわたり、行賞の際に手本とすべき訓戒なのです。以上、賞を行うにあたって守るべき規範について述べました。

『日本書紀』巻七より

景行天皇の二十五年秋七月三日に、武内宿禰《たけしうちのすくね》を派遣して、北陸《くぬがのみち》および東方《あずま》の諸国《くにぐに》の地理と住民の状況を視察させました。

二十七年春二月十二日に、武内宿禰は東国《あずまのくに》より帰還して、天皇に奏上しました。「東方の未開の地の中に、日高見国《ひたかみのくに》があります。その国の人々は男も女も同様に髪を結い、体に入れ墨をしていて勇敢です。この人たちを総称して蝦夷《えみし》といいます。また、土地は肥沃で広大です。攻め取るべきでしょう」と。

四十年夏六月に、東方の野蛮な賊がしばしば反逆して、辺境に騒動が起こりました。

秋七月十六日に、天皇は斧鉞《まさかり》を取り、日本武尊《やまとたけるのみこと》に授けて、次のように仰せになりました。「朕《わたし》が聞いたところでは、かの東方の野蛮な賊は性質が凶暴で、他を侵犯することを常の業《わざ》としている。村にも里にも首長は無く、各々が境界を奪い合い、互いに略奪し合っているという。また、山には邪悪な神があり、野には悪鬼がいて、分かれ道を遮《さえぎ》り小道を塞ぎ、たびたび(1)人々を苦しめている。

そのような東方の賊の中で最も強いのが蝦夷である。男女は雑居し、父と子の区別も無い。冬は穴を宿とし、夏はやぐらの上に住んでいる。毛皮を着て動物の血を飲み、兄弟は互いに疑い合っている。飛ぶ鳥のように山に登り、獣のように野を走る。恩恵を受けてもすぐに忘れ、怨恨に対しては必ず報いる。そのために、結んだ頭髪の中に矢を隠し、衣の中に刀をつけている。あるいは徒党を組んで辺境を侵犯し、あるいは耕作と養蚕の収穫期を狙って人民を略奪する。攻撃すれば野に隠れ、追えば山に逃げ込むという。それゆえ、昔から今に至るまで、いまだ天皇の徳にも感化されないままである。

今、朕がそなたの人となりを見るに、背は高く体も大きく容姿は端正である。力は鼎《かなえ》を持ち上げるほど強く、雷電《いかずち》のように猛々しい。向かうところ敵なく、攻めれば必ず勝つ。そこで悟ったのである。形は我が子としてお生まれになったが、実は神の化身であられると。これは実のところ、朕が不肖であり、その上に国も乱れていることを天が憐れみ、天神《あまつみかみ》の大業を継いで国家が存続するように計らってくださったのではなかろうか。

また、この天下はそなたの天下である。この位もそなたの位である。どうか遠謀深慮を用いて悪人の様子を探り、異変の時をうかがって武威を示し、徳を以て近づき親しむようにして、軍隊を用いることなく自然に敵が臣従するように仕向けてもらいたい。すなわち、言葉巧みに説得して暴虐な神の心を和らげ、武力をふるって悪鬼を討ち払うようにせよ。」

ここに、日本武尊は斧鉞をお受けになり、再拝して奏上しました。「かつて西方を征伐した年には、皇霊《みたま》のご威光にあずかり三尺剣《みじかきつるぎ》を携えて熊襲国《くまそのくに》を撃ち、幾日も経たずして賊の首長は降伏しました。

今また、神祇《あまつかみくにつかみ》の霊《みたま》のご加護にあずかり、天皇の御稜威《みいつ》をお借りして辺境に遠征し、徳と教えを示そうと思います。それでもなお服従しない者があれば、兵を挙げて撃ちましょう」と。そして、重ねて再拝をなさいました。

冬十月二日に、日本武尊は出発なさいました。ここに、日本武尊は上総《かみつふさ》から方向を転じて陸奥国《みちのくのくに》に入られました。この時、大きな鏡を王《みこ》の御座船に懸けて海路を通り、葦浦《あしのうら》（今の鴨川あたり）へと房総半島を東に廻り、玉浦《たまのうら》（九十九里浜）を横切り渡って、蝦夷の住む辺境に到着されました。

蝦夷の首長や島津神《しまつかみ》・国津神《くにつかみ》たちは、竹水門《たかのみなと》に結集して防戦しようとしました。そして、遙かに王《み》船《ふね》を見たのですが、戦う前からその威勢におじけづき、心の中でとても勝ち目はないと悟り、いっせいに弓矢を捨て、遠方から拝んで申し上げました。「あなた様のお姿を仰ぎ見たところ、人間以上に秀でておられます。もしや神様ではございませんか。姓名《みな》を承りたく存じます」と。

王が答えて、「私は現人神《あらひとかみ》の子《みこ》である」と仰せになりました。これを聞くと、蝦夷たちはいっせいに恐れおののき、着物の裾をからげて波に分け入り、自ら率先して手伝い、王の船を岸に着けました。このようないきさつによって、彼らは自ら両手を後ろ手に縛って前を向き、降伏したのです。ゆえに、日本武尊はその罪をお許しになりました。

このようなわけで、彼らの中の首長を捕虜にし、従者として仕えさせることになさいました。蝦夷はすでに平定されました。

〈講義〉謹んで考察いたします。

これは、初めて東方の野蛮な賊を征伐した時の物語です。この時以来、蝦夷は朝廷に帰順して怠らず朝貢するようになり、東方の地にも教化が大いに行われ、連綿として今日に至っています。

武内宿禰の時宜を得た適切な進言、日本武尊の雄々しい武力、神剣が威力を発現したのも、霊鏡が明るく光ったのも、おしなべて武徳の盛んな様子を表しています。ゆえに、景行天皇は日本武尊の功名を記録し、武部《たけるべ》を定めて、後世にその武徳を伝え示すことになさいました。

およそ、小碓王《おうすのみこ》(日本武尊)が一度《ひとたび》兵を挙げるや、西にも東にも向かうところ敵は無く、天皇のために休むことなく精勤されました。この時代に辺境の反逆者はことごとく平定され、野蛮な賊は服従して、国中が安寧に治まりました。これは皆、王《みこ》の功績です。王が山の神の毒気に害され、若くして亡くなったのは、まことに惜しまれることです。以上、東夷を征伐した事蹟について述べました。

『日本書紀』巻九より

神功皇后は住吉大神《すみのえのおおみかみ》の教えに従って新羅国《しらぎのくに》を求めることになさいました。そこで、丈夫《ますらお》のように髪を二つに分けて髻《みずら》に結い、群臣に向かって次のように仰せになりました。

「そもそも、軍隊を起こして衆兵を動かすのは国の一大事です。国の安寧も危機も、成功も失敗も必ずここにあります。今、征伐しようと思う国があるので、軍事を群臣たちに託そうと思いますが、そうすると、もし事が成就しなかった場合、罪は群臣にあることになります。これは甚だ気の毒なことです。そこで、私は婦女《たおやめ》でもあり、加えて不肖の身でもありますが、しばらくの間、丈夫の姿を仮《か》り、強いて雄々しい謀略《はかりごと》を起こすことにします。上《かみ》は神祇《あまつかみくにつかみ》の霊《みたま》の恩恵をこうむり、下《しも》は群臣の助けを借りて、兵を挙げ軍隊を奮い起こし、高波を渡り、船舶を整えて財宝の国を求めることにしましょう。もし事が成就すれば、群臣と共におさめた功績とします。もし事が成就しなければ、私一人の罪としましょう。すでにこのように心を決めました。さあ、軍を起こすか否か、皆で協議して決めてください。」

群臣たちは皆言いました。「皇后が天下のために計画された謀略は、国家を安泰にするものです。その上、私たち臣下に罪が及ぶこともないでしょう。謹んで詔《みことのり》を承るだけです」と。

秋九月十日に、諸国《くにぐに》に命じて船舶を集め、軍隊を訓練しました。すると、兵卒は自然に集まってきました。そこで、吉日を占ったところ、出発までに日がありました。この時、皇后は自ら手に斧鉞《まさかり》をお持ちになり、全軍に命令して仰せになりました。

「戦いの合図の金鼓《かねつづみ》を間違えて打ち鳴らしたり、軍旗の並びが混乱したりするような時は、士卒の統制がとれません。欲張って財宝を奪おうとしたり、私心を抱き家族を懐かしんだりするようでは、必ず敵につかまり、捕虜にされるでしょう。敵が少数でも侮ってはなりません。敵が多数で強くてもおじけづいてはなりません。婦女を暴行する者を許してはなりません。自分から降服してきた者を殺してはなりません。ついに戦勝を得たあかつきには、必ず褒賞を授けましょう。背走する者は、当然罰せられるでしょう。」

冬十月三日に、和珥津《わにのつ》（対馬の鰐浦）より出発なさいました。あたかもその時、風の神は風を起こし、海の神は波を挙げ、海中の大魚《おおうお》はいっせいに浮かび上がってきて船を守りました。すなわち、大風は追い風となって順調に吹き、帆船は波のまにまに進み行き、櫓《ろ》や楫《かじ》を使うこともなく、たちまちのうちに新羅に到着したのです。そしてこの時、船に付き随ってきた海の潮流が、新羅国の中に遠くまで押し寄せていって満ちあふれました。これにより、天神地祇がことごとく日本軍を援助なさっているのが分かりました。

新羅王はこの状況に恐れおののいて何もできず、多くの人を集めて言いました。「新羅国を建ててよりこのかた、未だかつて海水が国をさかのぼって満ちわたるとは聞いたことがない。もしかしたら、天運尽きて国が海になろうとしているのだろうか」と。この言葉をまだ言い終わらないうちに、軍船が海に満ち、軍旗は日に輝き、鼓や笛が鳴り響いて、山や川がいっせいに振動しました。新羅王はこの様子を遙かに望み見て、思ってもみなかった軍兵が、まさに自分の国を滅ぼそうとしていると考え、恐れすくんで茫然自失の状態でしたが、やっと今、正気に返って言いました。「私が聞いたところでは、東に日本《やまと》という神国《かみのくに》があり、天皇《すめらみこと》という聖王《ひじりのきみ》がいるという。これはきっと、その国の神兵に相違ない。どうして兵を挙げて防戦できようか。とうていできるわけがない」と。

そこで、ただちに白旗を揚げて自分から降服し、白い組紐で両手を後ろ手に縛って前を向き、地図と戸籍を封印して降参し、皇后の船の前に進み出ました。かくして頭を地につけて拝礼し、次のように申し出たのです。「今より後は、天地と共に末長く服従して飼部《みまかい》（馬飼い）となりましょう。船の舵《かじ》が乾く間もないほど頻繁に貢ぎ物をお届けし、春と秋には馬の毛をくしけずる櫛と、馬の鞭を献上しましょう。また、海路の遠いことも厭わず、年ごとに男女の調《みつき》（男は狩猟の品物、女は手仕事の品物）を献上しましょう」と。さらに重ねて誓いの言葉を述べました。「東から上る日が西から出るようなことが無い限り、また、アリナレ河の水が逆さまに流れ、河の石が天空へ上って星になるようなことが無い限り、ことさらに春と秋の朝貢を欠くようなことはいたしません。こっそりと馬の櫛や鞭の貢ぎ物をやめるようなことがあれば、天神《あめのかみ》も地祇《くにのかみ》も共に罰をお与えくださいますように」と。

この時、「新羅王を誅殺しましょう」と言った人がありましたが、皇后は次のように仰せになりました。「最初に神の教えを承り、それによって金銀の国を授かることになりました。また、全軍に号令して、自分から降服してきた者を殺してはならない、とも命じました。今はすでに財宝の国を獲得し、その国の人は自《みずか》ら降服してきたのです。殺すのはよくありません」と。そこで、新羅王の縛《いまし》めを解いて飼部《みまかい》になさいました。それから、ついに国の中へお入りになって宝物庫を封印し、地図や戸籍の文書を取り収めました。そして、皇后は杖とされていた矛《みほこ》を新羅王の門に樹《た》てて、後世への印となさいました。ゆえに、その矛は、今もなお新羅王の門に樹っています。

ここに、新羅王・波沙寐錦《はさむきん》（波沙王）は、微叱己知波珍干岐《みしこちはとりかんき》（ハトリカンキは官職名）を人質に差し出し、金銀、色とりどりの宝石と綾《あやぎぬ》（美しい模様の絹織物）、羅《うすぎぬ》（薄織りの絹）、縑絹《かとりのきぬ》（堅く織った絹）を持ってきて、八十艘の船に載せ、日本軍に従わせました。新羅王が常に八十船《やそふね》の調《みつき》を日本国に朝貢するようになったのは、これに由来します。

また、この時、高麗《こま》と百済《くだら》の二か国の王は、新羅が地図と戸籍を収めて日本国に降服したと聞き、ひそかにその軍勢を偵察させたところ、とうてい勝ち目はないと悟りました。そこで、自ら軍営の外までやって来て、頭を地面につけて拝礼し、友好を願って申し出ました。「今より以後は、永く西蕃《にしのとなり》と称して朝貢することを絶やしません」と。これによって、国ごとに内官家《うちつみやけ》（日本の朝廷の出先機関）を定め、皇后は新羅から帰還されました。

〈講義〉謹んで考察いたします。

これは、初めて西方の異民族を征伐した時の物語です。仲哀天皇の御世に、住吉大神が西方の異民族の国（新羅国）を天皇に授けるとお告げになりました。しかし、天皇はそのお告げを信じることなく、早々に崩御されました。そこで、神功皇后が志を継がれ、事の次第を群臣に述べて遠征し、戦争で血を流すこともなく、高麗・新羅・百済の三韓をすべて服従させました。三韓は日本の朝廷の藩屏《はんぺい》（守護の垣根）となったのです。

神功皇后の皇子の応神天皇は、生まれながらにして聖武の形を身に備えておられました。お生まれになった時、腕の上に鞆の形をした肉が盛り上がっており、上古には鞆をホムタと呼ぶ習慣があったので、誉田天皇《ほむたのすめらみこと》とお呼び申し上げました。応神天皇は諡《おくりな》を「八幡《はちまん》」と申し上げ、天下の武神となられました。伊勢御神《いせのおおみかみ》のようにお祭りされ、殊に武家の崇敬を集めました。ああ、天皇の霊徳の何と盛んなことでしょうか。

これより三韓は毎年来朝して貢ぎ物を献上し、わが国の正暦を受け入れ、朝廷に政事を問うようになりました。応神天皇の七年秋九月には、高麗・百済・新羅・任那の四か国の人々が来朝したので、武内宿禰に命じ、それらの人々を率いて池を作らせました。よって、この池の名を「韓人池《からひとのいけ》」といいます。このようにして彼らは協力の気持ちを示し、子弟を人質にしたり博士を遣わしたりして、友好の誠を表したのです。

時折、彼らに不庭《ふてい》（朝廷に従わないこと）の罪があったときは、将帥を派遣して懲らしめました。応神天皇の四年(2)、百済国は天皇に対して無礼なふるまいをした辰斯王《しんしおう》を殺して謝罪しました。仁徳天皇の四十一年、百済王はわが国からの使者に対して無礼なふるまいをした酒君《さけのきみ》を鉄鎖《くろがねのくさり》で縛り、捕虜として献上しました。欽明天皇の二十三年(3)には、狭手彦《さでひこ》が高麗を討って王宮に入り、珍宝を獲得して帰還し、天皇に戦勝を報告しました。

また、仁徳天皇の十二年には、鉄の盾《たて》と的《まと》が高麗国から献上されました。高麗の客を饗応する日にこの盾と的を射させたところ、盾人宿禰《たたひとのすくね》ひとりだけが鉄の的を射通すことができたので、高麗の客はその技術に恐れ入っています。応神天皇の二十八年には、高麗王《こまのきみ》からわが国を侮った形式の無礼な文書が届けられたので、皇太子の菟道稚郎子《うじのわきいらつこ》がこれを責めて礼を正しました。敏達天皇の元年には、烏の羽に墨で書かれた上表文が高麗から届けられましたが、船史《ふねのふびと》の先祖・王辰爾《おうじんに》が読み解いて、わが国の知恵を明らかに示しました。かくして西方の異民族はわが国の武徳を懼《おそ》れ、すぐれた才能に心服して、ことごとくわが国の属国となったのです。

思うに、垂仁天皇の御世に、田道間守《たじまもり》を常世国《とこよのくに》に派遣して香菓《かくのみ》（タチバナの果実）を求めさせたことがありましたが、この時すでに西方の諸国をわが国の領土にしようという機運があり、それが若桜朝《わかさくらのみかど》（神功皇后の御世）に実を結んだともいえるでしょう。

神功皇后はまた軍隊の総大将を派遣して、比自炑《ひしほ》・南加羅《ありひしのから》・喙国《とくのくに》・安羅《あら》・多羅《たら》・卓淳《とくじゅん》・加羅《から》の七か国を平定し、済州島《さいしゅうとう》を攻め滅ぼして百済に授け、あちこちに日本府を設置して政令を発布されました。わが国の武徳は、ここにおいて大いに盛んになったのです。ああ、わが国の文物はまったく外朝に劣りません。その武威においては、外朝でさえ並び立つことはできないでしょう。

ゆえに、外朝の海防は、ただ倭寇《わこう》のためだけに必要とされたのです。倭寇とは何でしょうか。九州の西岸の辺境の民が、外朝の沿岸の民を虜《とりこ》にしたり物を掠奪したりしたのです。官兵が攻め入って害を加えたのではありません。この倭寇の脅威に外朝の民が肝を冷やし、わなわなと足を震わせたというのは、実際その通りです。明朝の太祖は三度にわたりわが国に使者を遣わして、国境を荒らさないように命令して欲しいと頼み、友好関係を結ぶよう懇《ねんご》ろに求めてきました。そしてついに海禁政策をとり、倭との自由な交易を絶つことを先祖からの教えの第一とするようになったのです。これは、わが国の威武の余風を恐れたからにほかなりません。以上、西方の異民族を征伐したことについて述べました。

この章では、武義の徳について論じました。謹んで総括いたします。

世界を構成する五つの要素（木火土金水）の中には兵器の元となる金属があり、七情（喜怒哀懼愛悪欲）の中には怒りがあります。陰と陽とは相対して存在し、好悪の情は互いに並び立っています。このような世界において、平和と秩序を守るために、武の働きが重要なことはいうまでもありません。そして、武力を用いるにはそれなりの道があるのです。この道によって制御しなければ、害は人や物に及び、最後には自分をも焼き滅ぼしてしまうでしょう。[4] 聖人が武力によって頭角を見《あらわ》し、乱人(欲深く心の乱れた人)が武力によって排除されるのは、そのためです。どうして兵に罪がありましょうか。

思うに、神代の兵による武徳は神聖なものであり、その働きは天兵による天討《てんとう》(天が悪を討つこと)といえましょう。その将帥も軍隊も皆、霊妙な働きを持つ神なのですが、それでもなお、道を踏み外さないように戒め、礼を守り秩序正しく行動して、武徳が重大なものであることを示しておられます。これを手本として、兵のあり方をよく考えてみるべきです。

およそ、内面の好悪の情が外面に表れるとき、耳をすまし目をみはって警戒し、手足を使って防護し、筋骨を堅く緊張させ、爪でひっかき歯でかみついて威嚇するのは、人に備わった自然な防衛本能です。それと同様に、君子は国を治めるにあたって、内には宮廷の護衛官を整備し、外には国郡の防衛体制を固め、四方の辺境の藩との連繋を密にし、士卒を訓練し、兵器を準備し、将帥を選び、陣営を制定し、詳細な戦略を練り、常に盗賊の出現を警戒し、武の威厳を内外に示します。これは、不測の事態に備えて警戒し、国内の治安を守って文徳を明らかにするのが目的です。

そもそも、「征」とは「不正を正す」という意味です。相手が不正をなせば、すぐに軍隊を起こして攻め討つのですが、それによって多数の士卒が罪もなく死地に赴くことになります。ゆえに、征伐は人君が最も重んじるべき大権なのです。どうして理由もなく安易に軍隊を動かして士卒を苦しめ、武徳を汚すことが許されましょうか。しかし、軍隊を遠ざけ、征伐を疎んずるようであれば、国の勢いは日々に衰え、天下の威信は大いに弱ってしまいます。これが、軍隊を国家の重大事とする理由です。ある人が質問しました。「兵によって敵を打ち負かすのは覇主《はしゅ》の所業であって、聖人の道ではありませんか。兵を用いることなく国を治めるのが理想ではありませんか」と。

私は次のように考えます。

陰はその根を陽に萌しています。ゆえに、火（陰）には烈々《れつれつ》たる威勢があります。陽はその元を陰に交えています。ゆえに、水（陽）には嫋々《じょうじょう》たる柔らかさがあります。天は木火土金水という五つの素材を生じ、民はこれらを並び用いて生活しています。どれ一つとして廃除することは不可能です。兵器を生み出す金属のみを取り除き、武力を捨て去ることは、誰にも出来ないのです(5)。

『書経』では堯帝の徳を「乃《すなわ》ち武、乃ち文(6)」という文言で賞賛し、殷の湯王を「聖武」という表現で称えています(7)。『詩経』（大雅篇）には周の文王の武功を歌った詩があり、『易経』（繫辞上伝）には、易の神髄に参与して未来を知り過去の知識を生かすことのできる人を「神武不殺」（神の如き武勇を備え、しかも人を殺さない仁徳の人）の語を以て賛美しています。また、孔子は、天子が命じるものとして礼楽と征伐とを並べて説き(8)、後世への尊い戒めとしておられます。

国家は常に武備と文教とを並び行うことによって興隆していきます。変事が起こる前に十分な備えをし、無事の時に防禦を固めることによって、暴乱の兆候を未然に止め、治安を長久に護ることができるのです。外朝の聖明な君主で、文武の徳を左右に備えていない者はありません。ましてやわが国は瓊矛《とぼこ》によって形成され、天神が国土を平定して天孫に宝剣を賜与されています。そればかりでなく、神武天皇の東征に際して、天神は韴霊《ふつのみたま》という剣を授け、その武威の及ぶ地域はことごとく天皇の命に服しているのですから、わが国の武徳がすぐれていることは、いかに世界が広く種々多様な国々があるにしても、結局、議論の余地もなく明らかです。

武の徳は神に通じ、文の教えは聖賢の道に通じます。武徳は、陰陽の働きによって万物が生殺《せいさつ》されるのと同じ霊妙な力を内包し、文教には仁義を生み出し人を感化する力があります。仁義は人の道ではありますが、これを重んずるあまりに軍隊が敗退し、そのために国が滅亡することもあります。したがって、重要なのは仁義そのものではなく、人が仁義をどのように用いるか、ということにあるのです。兵もまた同様です。国の興廃存亡は、まったくのところ、人が兵をどのように用いるかによるのであって、兵を用いるか否かによって「聖人・覇者」の名があるのではありません。

わが国では皇統が連綿と続き、後世には軍隊の制度が大いに立派に整備されました。崇神天皇は一千の兵器を作らせました。持統天皇は陣法《じんぽう》の博士を置き、天下の民に兵法を教えて習練させました。天下が安寧に治まっている時も、決して戦《いくさ》への備えを忘れてはなりません。神もなお油断を戒め、兵器を以て神祇を祭ったこともありました。垂仁天皇の二十七年、祭祀官に命じて、兵器を神への幣物《へいもつ》としてよいかどうか占わせたところ、占いは「吉」と出たので、弓矢と横刀《たち》を神幣《みてぐら》として天神地祇を祭りました。

このように、わが国の武徳の来歴は、堂々としてゆるぎないのです。

注

(1) 津軽版には「各人ヲ苦マ令ム」とありますが、自筆本では「各」の字が「多」となっています。『日本書紀』にも「多」とあるので、ここは板刻の誤りと判断し、「多」の意で訳しました。

(2) 津軽版・自筆本ともに「四年」とありますが、『日本書紀』によると、正しくは「三年」です。

(3) 津軽版には「二十一年」とありますが、自筆本には「二十三年」とあり、『日本書紀』によると自筆本の方が正しいので訂正しました。

(4) 『春秋左氏伝』(隠公四年)に「夫《そ》れ兵は猶《な》ほ火のごときなり。戢《おさ》めずんば、将《まさ》に自《みずか》ら焚《や》けんとす」とあります。

(5) 『春秋左氏伝』(襄公二十七年)に、「天、五材《ござい》を生じ、民並びに之を用ゐる。一《いつ》を廃《はい》するも不可なり。誰か能《よ》く兵を去らん。兵の設けらるるや久し。不軌《ふき》を威《おど》して文徳《ぶんとく》を昭《あきらか》にする所以《ゆえん》なり。聖人は以て興《おこ》り、乱人《らんじん》は以て廃《すた》る。廃興存亡《はいこうそんぼう》、昏明《こんめい》の術《じゅつ》、皆《みな》兵に之《こ》れ由《よ》る」とあり、素行先生はこれを踏まえて論じておられます。

(6) 『書経』(大禹謨篇)に「益《えき》曰く、都《ああ》、帝徳広運、乃ち聖《せい》乃ち神《しん》、乃ち武《ぶ》乃ち文《ぶん》、皇天眷命《こうてんけんめい》し、四海を奄有《えんゆう》して、天下の君と為《な》る」(益が言った。「堯帝の徳は広大で遠くにまで及んだ。その徳は聖そのものであり、神そのものであり、武そのものであり、文そのものであった。天命を受け、その徳で天下をおおって皇帝となった」)とあります。

(7) 『書経』(伊訓篇)に「惟《こ》れ我が商王《しょうおう》、聖武《せいぶ》を布《し》き昭《あきら》かにし、虐《ぎゃく》に代ふるに寛《かん》を以てし、兆民允《ちょうみんまこと》に懐《なつ》く」(殷の賢相・伊尹《いいん》の言葉。「商王」は殷の湯王をいう)とあります。

(8) 『論語』(季氏篇)に「孔子曰く、天下道有れば、則ち礼楽征伐天子自《よ》り出づ。天下道無ければ、則ち礼楽征伐諸侯自《よ》り出づ」とあります。『山鹿語類』巻第九・治礼の「武備を正す」の条には「礼楽征伐は天子が命ずるものであって、人臣が私心により起こすものではない。その理由は、義を以て不義を征し、道を以て無道を征するためのものだからである」と説明されています。

祭祀章——神を祭る心

日本には多くの神社があります。それぞれの神社に昔から伝承してきた祭礼があり、人々はお祭りに参加することによって心を一つにし、結びつきを深めています。また、私たちが人生の節目ごとに神社に参詣し、家族の健康と幸福を祈願するのも、祖先から受け継いできた大切な風習です。神社は遠い昔から日本人の生活と共にあり、毎年繰り返される行事によって季節を彩り、地域の絆を守ってきました。このような神社の起源はどこにあるのでしょうか。
この章では、神祭りの起源と祭祀の本質について考察します。

『日本書紀』巻一・第七段の本文より

天照太神《あまてらすおおみかみ》は、今まさに神衣《かむみそ》を織りながら、斎服殿《いみはたどの》にいらっしゃいます。

〈講義〉謹んで考察いたします。

これは、天照太神が天神をお祭りされたという意味です。祭祀についての言及はありませんが、ここに「神衣」と「斎服殿」という語が見えるということは、つまり、天照太神が手ずからこれを織って、神明にお供えになったということです。霊妙なる大神《おおみかみ》が自ら親しく手仕事をなさって、天神に奉仕しておられるのです。その至誠のご精神を、おそれながら拝察せねばなりません。

朝廷では、今でも神衣祭《かむみそのまつり》を行っています。参河《みかわ》の赤引神調糸《あかひきのかむつきのいと》で神衣を織り上げ、伊勢太神宮《いせのおおかみのみや》にお供えします。これはすなわち、往古に天照太神が至誠を尽くして天神にお仕えされていたときの遺風が、今に伝わったものです。孟夏と季秋（陰暦の四月と九月）に神衣祭があります。伊勢神宮のお祭りで、神服部《かむはとりべ》らが斎戒し、身を潔清にして織り上げます。ある人が「神書に見える神衣とは、天照太神ご自身のお召し物でしょうか」と質問しましたが、私はそうではないと思います。どうして自分の服を「神衣」といいましょうか。『令義解《りょうのぎげ》』には、「神明にお供えするがゆえに神衣という」とあります。これは、天照太神が天神にお供えするための衣服を織られていたということです。ゆえに、その神聖な服殿を汚した素戔嗚尊の悪事は、最も悪《にく》むべき罪といえるのです。　以上、天神をお祭りしたことについて述べました。

『日本書紀』巻二・第九段の一書第二より

高皇産霊尊《たかみむすひのみこと》が勅《みことのり》して仰せになりました。「私は天津神籬《あまつひもろき》（神の降臨する座）および天津磐境《あまついわさか》（神を祭るための座）を設けて、吾孫《すめみま》のために奉斎されよう[1]。そなたたち、天児屋命《あまのこやねのみこと》と太玉命《ふとたまのみこと》は天津神籬を持って葦原中国に天降り、同様に、吾孫のために奉斎されなさい」と。そこで、この二神《ふたはしらのかみ》を、天忍穂耳尊《あまのおしほみみのみこと》のお伴として天降らせることになさいました。

この時、天照太神は手《みて》に宝鏡《たからのかがみ》をお持ちになって天忍穂耳尊に授け、祝福して仰せになりました。「わが児《こ》よ、この宝鏡をご覧になるときは、まさに私を見ているものと思いなさい。あなたがお暮らしになるのと同じ床《ゆか》の上で、御殿《みあらか》を共《ひとつ》にして、斎鏡《いわいのかがみ》としてお祭りしなさい」と。重ねて、天児屋命と太玉命に勅《みことのり》してお命じになりました。「どうか、あなた方二神《ふたはしらのかみ》もまた同じように御殿の内に奉仕して、よく防ぎお護りしていただきたい。」また、勅して仰せになりました。「私が高天原《たかまのはら》で食している斎庭《ゆにわ》の稲穂を、わが児に託すことにしましょう」と。

〈講義〉謹んで考察いたします。

これは、宗廟（天子の祖先を祭るみたまや）を建てて祖先を祭祀する儀礼を命じた勅です。神籬とは、すなわち宗廟です。宝鏡は、すなわち宗廟の神主《しんしゅ》(御神体)です。ゆえに「斎鏡」というのです。

そもそも、天祖の霊《みたま》はあらゆる物と一体になり、あまねく天下にゆきわたっています。しかしながら、宗廟の設営と御霊代《みたましろ》の神主がなければ、広く漂っていて一つに定めることができません。ゆえに、宗廟を設けてこれを集め、神主に霊を招き寄せることによって、初めて御祭神と神を祭る人との霊気が相互に集まり、人の至誠を神に通じることもできれば、斎戒の敬《つつ》しみを尽くすこともできるのです。これが、天祖が神籬を建立して斎鏡を御神体とすることを命じられた理由です。

元来、天子は天地を父母としておられます。ゆえに、天神地祇をお祭りしてその本源の恩に報い、宗廟を建立して始祖を貴ぶことは、人君にとって最も大切な儀礼なのです。ましてや、わが国の生成には天地の神々が直接関わっているのですから、その儀礼は尚更《なおさら》重大です。『令』に「天皇《すめらみこと》の即位にあたってはすべての天神地祇を祭れ。散斎(軽い斎戒)は一か月間、致斎(厳重な斎戒)は三日間」とあり、その『義解』に「天神は伊勢・

山城鴨《やましろのかも》・住吉・出雲国造が斎《いつ》く神等の類である。地祇は大神《おおみわ》・大倭《やまと》・葛木鴨《かつらぎのかも》・出雲大汝神《いずものおおなむちのかみ》等の類である。皆、常典《じょうてん》（『令』に記載されている祭祀の条目）に則って祭る」とあります。

おそらく、自分の父祖を懐かしく思い、大切にしない人はいないでしょう。父祖を大切に思う心があるときは、その出自について考えずにはいられません。ゆえに、遠くは本始（始祖）に思いを馳せ、近くは父祖を慕う、その心によって祭祀の礼が始まったのです。ましてや、わが国の天皇の本始にあたる神々には大きな功績があり、父祖の遺された大切な教えもあるのですから、祭祀の礼を欠くわけにはいきません。

祭祀の礼を行うときは、その道にかなうように、儀式を立派に整えることが重要になります。祭礼には必ずそれにふさわしい時と場所があり、それにふさわしい神祇官がいて、それにふさわしい器物と神に奉る幣物が必要になります。祭るにあたっては必ず斎戒して身を清め、その事にふさわしい祭式で祈りを捧げます。このようにして礼を糺《ただ》し、神への誠を尽くすのが祭祀の道です。祭祀に礼を尽くさなければ、神は祈りをお受けになりません。儀礼に誠を尽くさなければ、神は祭りの場に降臨されません。儀礼が立派に執り行われ、誠が尽くされて初めて、真の祭祀が実現するのです。

およそ、人の誠は祭祀の際に最も大きく現れるものであり、その祭祀の中で最大のものが、天地を祭る儀礼です。万物の生成の本源は天地に帰し、人の子孫が連綿と続いてきた本源は祖宗に帰します。これが、天地と人の祖宗がその本源を一《いつ》にしている理由です。

思うに、人は万物の長であり、人君は億兆の人民の長です。人君は天地を祭って万類から散じた気を合わせ、そのすべてを天に帰して祈りを捧げます。本始に帰って天地や祖先の恩に報いるために人君が親しく至誠を尽くされる行事として、祭祀より重大なものはありません。

「斎《さい》」とは何でしょうか。日常の穢れをまとった心を、清く正しく斉《ととの》えて、神と斉《ひと》しくするという意味です。斎戒して祭祀に誠[2]を尽くせば、神と交信することができます。ゆえに、天神《あまつかみ》は神を祭る方法を詳細に述べて、祭祀の礼をお命じになったのです。以上、宗廟祭祀の意義について述べました。

『日本書紀』巻三より

神武天皇の四年春二月二十三日、詔《みことのり》して仰せになりました。「我が皇祖《みおや》の霊《みたま》は天から下界をご覧になって光を下し、我が身を照らして助けてくださった。そのおかげで、すでに諸々の仇《あだ》なす賊を平定し、今、天下は無事に治まっている。よって、天神《あめのかみ》をお祭りして大孝の志を申し述べたいと思う」と。

そこで、神聖な祭礼の庭を鳥見山《とみのやま》の中に設営し、その地を上小野榛原《かみつおののはりはら》、下小野榛原《しもつおののはりはら》と名付けました。この祭場を用いて、皇祖の天神をお祭りになりました。

一書《あるふみ》には次のようにあります。(『古語拾遺』より)

神武天皇は、高皇産霊尊《たかみむすひのみこと》と天照太神の二祖神《ふたはしらのみおやのかみ》の詔に従い、神籬《ひもろき》を建立なさいました。お祭りする神々は、いわゆる高皇産霊《たかみむすひ》・神産霊《かみむすひ》・魂留産霊《たまつめむすひ》・生産霊《いくむすひ》・足産霊《たるむすひ》・大宮売神《おおみやのめのかみ》・事代主神《ことしろぬしのかみ》・御膳神《みけつかみ》の八神と、櫛磐間戸神《くしいわまとのかみ》・豊磐間戸神《とよいわまとのかみ》、生嶋《いくしま》（大八洲《おおやしま》の霊《みたま》）、坐摩《いかすり》（宮城の敷地の神の霊）になります。

日臣命《ひのおみのみこと》は来目部《くめべ》（久米氏族による親衛軍）を率いて宮城の門を護衛し、その開閉を担当する役目につきました。饒速日命《にぎはやひのみこと》は宮廷内の物部《もののべ》（饒速日命の一族）を率いて矛や盾を造り、儀式に備えます。これらの物が準備された後に、天富命《あまのとみのみこと》が多くの斎部《いみべ》（天富命の一族の神職たち）を率いて天璽《あめのしるし》の鏡剣を捧げ持ち、正殿《みあらか》に安置申し上げると共に、瓊玉《たま》を懸け、幣物《みてぐら》を並べてお供えし、殿祭《おおとのほかい》の祝詞《のりと》（大殿祭の祝詞）を奏上します。次に宮城の門をお祭りします。その後に物部が矛と盾を立て、大伴（日臣命の一族）の率いる来目《くめ》は儀仗（儀式用の武具）を建てて門を開き、四方の国々の首長を宮殿内に集めて、天皇の位の貴さを参観させます。

当時はまだ、天皇と神々の間柄はそれほど遠く隔たっていませんでしたから、神と天皇が同じ御殿の一《ひと》つ床《ゆか》の上で生活を共にされるのは、ごく普通のことでした。ゆえに、神物《かむたから》（祭事に用いる神宝）と官物《みやけのもの》（宮廷で用いる器物）もまた区別されていませんでした。宮中に蔵《みくら》を立てて「斎蔵《いみくら》（神聖な蔵）」と称し、斎部氏を専任として長い間管理させていました。

また、天富命に命じて、神に仕えるための器物を作る諸々の氏人を率いて大幣《おおみてぐら》を作らせ、天《あまの》種子命《たねのみこと》（天児屋命の孫）に命じて、天罪《あまつつみ》・国罪《くにつつみ》の穢れを祓わせました。いわゆる天罪とは既に上古に設けられたもので[3]、素戔嗚尊が高天原で犯した諸々の罪のことです。国罪は、国内の人民《おおみたから》が犯す諸々の罪です。

このように準備した上で、神聖な祭礼の庭を鳥見山《とみのやま》の中に設営し、天富命が幣帛《みてぐら》を並べ祝詞を奏上して高皇産霊尊と天照太神をお祭りし、次いで群望《くにつかみ》をあまねくお祭りして、神祇《あまつやしろくにつやしろ》の恩恵に感謝申し上げました。

こういうわけで、中臣《なかとみ》と斎部《いみべ》の二つの氏族がともに祭祀の役職を担当し、猿女君の氏族が神楽を奉納するのです。このほかの諸氏族にも、各々担当する役職があります。

〈講義〉謹んで考察いたします。

これが、社稷宗廟（天地と宗廟の神々）をお祭りした始まりです。大和国を平定された後、神武天皇はまず社稷宗廟を祭るための斎場を設営して天地鬼神の霊を集め、その本始の恩に報い、遠い祖先を追慕するために、礼を尽くしてお祭りされました。

そもそも天皇は神を祖先とされ、神と人とを統率する君主にあたります。人民と天地の神々の双方が、天皇に心を寄せています。ゆえに、祭礼の庭を設営して天地と宗廟に奉仕し、鬼神（諸々の神霊）をお祭りされたのです。大臣がその儀礼を司り、重臣がこれを輔佐しました。そのように至誠を尽くされたのです。天皇がこのような姿勢で天下に臨まれるとき、人々はどうして親の恩を忘れ、君主をないがしろにするような薄情な気持ちを抱くでしょうか。

天皇は天下を統制して、まず最初にこのお祭りを挙行されました。その御聖徳の何と厚くこの上もないことでしょうか。

『日本書紀』巻五より

崇神天皇の六年、百姓《おおみたから》が家や土地を捨ててさすらうようになり、あるいは朝廷にそむく者も現れました。その勢いは、天皇の徳《うつくしみ》を以てしても治めることができません。このため、天皇は朝早く起き夕《ゆうべ》に至るまで畏れ慎んで神祇に祈り、国民を安寧に統治できないことを謝罪なさいました。

これより前に、天照太神と和大国魂《やまとのおおくにたま》の二神《ふたはしらのかみ》を、天皇の大殿《みあらか》の内に並べてお祭りしていたのですが、天皇は御神威を畏れるあまり、神と共にお住まいになることに不安をお感じになりました。ゆえに、天照太神を豊鍬入姫命《とよすきいりびめのみこと》に託して倭《やまとの》笠縫邑《かさぬいのむら》にお祭りし、磯堅城神籬《しかたきのひもろき》をお立てになりました。また、日本大国魂神《やまとのおおくにたまのかみ》を渟名城入姫命《ぬなきのいりびめのみこと》に託してお祭りしましたが、渟名城入姫命は髪が抜け落ち、ひどくお痩せになって、神聖なお祭りに奉仕できなくなりました。

一書《あるふみ》には次のようにあります。（『元元集』巻六より、『麗気記』および『古語拾遺』の引用文）

崇神天皇の六年秋九月、倭国《やまとのくに》の笠縫邑《かさぬいのむら》に磯城神籬《しきのひもろき》（石で築いた祭壇）を建立して、天照太神（八咫鏡）と草薙剣をお遷し申し上げ、皇女・豊鍬入姫に奉斎させました。さらに斎部氏に命じて、石凝姥神《いしこりどめのかみ》の子孫と天《あまの》目《ま》一神《ひとつのかみ》の子孫の二つの氏族を率いて、改めて鏡を鋳させ、剣を造らせて、護身の御璽《みしるし》となさいました。これが、今も践祚の日に天皇に献上する神璽の鏡と剣です。よって、お遷し申し上げてお祭りする日の夕《ゆうべ》、宮中の人が皆参上して、終夜《よもすがら》、宴楽《とよのあかり》（宮中の宴会）を催しました。その時の歌は次のようなものです。

みやひとの　をほよすがらに　いさとほし　ゆきのよろしも　をほよすがらに(4)

〈講義〉謹んで考察いたします。

これが、宮殿とは別の場所に神籬《ひもろき》を建てて奉斎した始まりです。神籬とはすなわち神社のことで、宗廟の制度になります。以上、天地宗廟の祭祀について述べました。

『日本書紀』巻五より

崇神天皇の七年冬十一月、別《こと》に八十万神《やそよろずのかみ》を祭り、これによって大社《おおやしろ》(5)・国社《くにやしろ》と神地《かむどころ》（神社に付属する神田）・神戸《かむべ》（神社に付属する民）を定めました。

〈講義〉謹んで考察いたします。

これが群神をお祭りした始まりです。「大社」とは、社稷宗廟（国家と皇室にゆかりのある神々）をお祭りした神社の名称です。「国社」とは、地方の名山や大川に関連する神々をお祭りした神社です。「神地・神戸」とは、神に仕える祀官が祭祀を行う際に必要な物を供給する田園と、それに奉仕する人々のことです。

国家に事があるときは、あまねく群神に告げてお祭りをすることによって、神々への誠を尽くします。これが祭礼における恒例の習わしです。以上、群神の祭祀について述べました。

『日本書紀』巻六より

垂仁天皇の二十五年春三月十日、豊耜入姫命《とよすきいりびめのみこと》に託されていた天照大神をお離し申し上げて、倭姫命《やまとひめのみこと》に託されました。そこで、倭姫命は大神《おおみかみ》がお鎮まりになる土地を求めて巡幸し、大和国菟田《やまとのくにうだ》の篠幡《ささはた》に到着されました。さらに巡《めぐ》って近江国《おうみのくに》に入り、東方の美濃《みの》を廻《まわ》って、伊勢国《いせのくに》に到りました。するとその時、天照太神が倭姫命に教えて仰せになりました。「この神風《かむかぜ》の伊勢国は、常世《とこよ》の波が幾重にも重なり打ち寄せる国です。大和国の傍《かたわ》らにある美しい国です。この国に居ようと思います」と。

そこで大神《おおみかみ》の教えに従って、その祠《やしろ》を伊勢国にお立てになりました。そして、斎宮《いわいのみや》を五十鈴川《いすずがわ》のほとりに造りました。これを磯宮《いそのみや》といいます。この地こそ、天照太神が初めて天より降臨された場所になります。

一書《あるふみ》には次のようにあります。

（『日本書紀』巻六・垂仁天皇二十五年の条の一書より）

天皇は倭姫命を天照太神の御杖《みつえ》（憑代《よりしろ》）として奉仕させることになさいました。そこで倭姫命は、天照太神を磯城《しき》の神聖な橿《かし》の木のもとにお鎮め申し上げてお祭りしました。そしてその後、神の教えに従って、二十六年冬十月の甲子《きのえのねのひ》を選んで、伊勢国の渡遇宮《わたらいのみや》にお遷し申し上げたのです。

〈**講義**〉謹んで考察いたします。

これが、伊勢国に内宮《ないくう》が鎮座された始まりです。古い書物には、「内宮」という呼称について、「内」は宇遅郷《うちのさと》の「宇遅《うち》」という地名により「内宮」と称す、と記されています。

思うに、天照太神はあらゆるものと一体になって天下を形成しておられますが、その本源となるのが黎元《おおみたから》（人間）です。天が万物を覆って明らかなのも、地が万物を載せて重厚なのも、人物がそれぞれにふさわしい姿をしているのも、すべて天照太神がその霊妙な力を余すところなく体現し、そのように在《あ》らしめておられるのです。また、天照太神はその霊《みたま》を神鏡に移して皇統の万化を照らし、渡遇《わたらいの》宮《みや》に巡幸のしるしを留《とど》めて億世にわたる崇敬を集めました。その神殿は茅葺《かやぶ》きの簡素な造りで、お供えの食事は玄米のまま精白しません。このようにして、質素で飾らない心の美徳をお示しになっているのです。その御神徳を仰げばいよいよ高く、崇めればいよいよ霊験あらたかです。

朝廷では、以前から内侍所《ないしどころ》（賢所《かしこどころ》）を設置して神鏡をお祭りしています。天皇は朝夕に恭しく拝礼され、昔ながらの作法を守っておられます。内侍所においては仏教を拒絶し、出家して家族とのつながりを捨てた僧尼の出入りを禁止しています。このようにして、聖教は人倫（人間相互の関係）の中にあることを顕示され、天空に懸かる太陽のように明らかに、人としての正しい道は知徳を磨くことにあるとお示しになっているのです。

洋々《ようよう》として天下をあまねく治め、巍々《ぎぎ》として万物の秩序を立て、条理（筋道）を正す。これが天照太神の徳です。したがって、人としての正しい道を明らかにし、実際にこれに則って生活することによって五典（君臣・父子・夫婦・長幼・朋友の間柄）を美しく保ち、智仁勇の三徳を身につけるとき、神の徳は天皇を通して現実のものとなります。「この鏡を見るときは、まさに私を見ているものと思いなさい」という御神勅を、どうして架空の物語といえましょうか。以上、内宮の鎮座について述べました。

『本朝神社考』外宮の条より（『神皇正統記』の漢訳文）(6)

雄略天皇の二十一年冬十月、伊勢皇太神《いせのすめおおみかみ》（天照太神）が大倭姫命《やまとひめのみこと》に教えて、豊受大神《とようけのおおみかみ》を丹波国《たにはのくに》の與佐《よさの》真井原《まないのはら》からお迎えするように、という託宣がありました。大倭姫命がこのことを奏上なさいましたので、明年(7)の秋九月に勅使を差し遣わして、豊受大神をお迎え申し上げました。九月に度会郡《わたらいのこおり》の山田原《やまだのはら》の新宮《にいみや》（外宮）に御鎮座なさいました。

一書《あるふみ》には次のようにあります。（『本朝神社考』外宮の条より、『神皇正統記』の漢訳文）

外宮《げくう》の御祭神は、天祖・天御中主神《あまのみなかぬしのかみ》と伝えられています。したがって、皇太神（天照太神）の託宣に「まず先にこの神を祭り、まず先にこの神を拝礼しなさい」とあります。また、皇孫《すめみま》・瓊々《にに》杵尊《ぎのみこと》もこの宮の相殿《あいどの》にお祭りされています。ゆえに、天児屋根命《あまのこやねのみこと》と天太玉命《あまのふとたまのみこと》も同じく合祀されています。よって、内宮と外宮を併せて「二所大神宮《にしょのだいじんぐう》」とお呼びするのです。

〈講義〉謹んで考察いたします。

これが外宮遷座の始まりです。以上、外宮の遷座について述べました。

『本朝神社考』八幡の条より

欽明天皇の三十一年冬、肥後国菱形池《ひごのくにひしがたのいけ》のほとりの民家の子で、やっと三歳になったばかりの幼児が、神のお告げを述べました。「われこそは、人皇《にんのう》第十六代・誉田八幡麻呂《ほむたのやはたまろ》である。全国各地に神明として垂迹《すいじゃく》しているが、今また、ここに姿を顕したものである」と。その後、勅使を差し遣わしてお移し申し上げ、豊前国《ぶぜんのくに》の宇佐宮《うさのみや》に鎮座なさいました。「誉田」は応神天皇の本名で、「八幡」は神となられた後に、自《みずか》ら称せられた名号です。(8)

〈講義〉謹んで考察いたします。

これが八幡宮《はちまんぐう》鎮座の始まりです。

思うに、外宮も八幡宮も、ともに後世の人々に崇敬されています。また、朝廷が神官を立てて朝夕に敬意を尽くしているのは、唯一、内侍所にお祭りされている天照太神のみです。これは、往古の神勅に基づいて行われていることです。思うに、天祖（天皇の祖先神）はすなわち宗廟の神であり、天地そのものでもあります。天皇は、御所の中に内侍所を厳かに設けてお祭りし、御所の外では内宮に鎮座された天照太神を仰ぎ、それによって、社稷宗廟（天地と宗廟の神々）を尊崇されているのです。

内宮・外宮・八幡宮以外の神社は、すべて「群祀（群神の祭祀）」という部類に属します。以上、八幡宮の鎮座について述べました。

この章では、神を祭る心の誠について論じました。謹んで総括いたします。

『延喜式』の「神名帳」に記載されているわが国の大小の神社（式内社）は、三千一百三十二座あります。そのほかにも、石清水八幡宮《いわしみずはちまんぐう》・吉田神社・祇園社《ぎおんしゃ》（八坂神社）・北野天満宮を「式外《しきげ》の神」と称します。

後朱雀天皇の長暦《ちょうりゃく》三年（一〇三九）秋八月に二十二社の式を定め、毎年神祇官《じんぎかん》に勅《みことのり》を発して幣帛を奉納させ、五穀豊穣を祈願することにしました。二十二社のうち、伊勢太神宮と石清水八幡宮を「宗《そう》廟《びょう》」といい、賀茂《かも》・松尾《まつお》・平野《ひらの》・春日《かすが》・吉田《よしだ》・大和《おおわ》・竜田《たつた》などの神社を「社稷《しゃしょく》」といいます。また、祖神を祭る祠《やしろ》を「苗裔《びょうえい》」といいます。[9]

思うに、祭祀の礼には、天皇が天地をお祭りする「郊祀《こうし》」、宗廟の祖先をお祭りする「饗祀《きょうし》」、国家の例祭である「常祀《じょうし》」、全国の群神をお祭りする「群祀《ぐんし》」があります。祭祀を行うにあたっては、祭《さい》告《こく》（神へのお告げ文）、祈禱、斎戒の敬《つつ》しみ、奉納する幣物、神官、祭祀に用いる物を提供する神地《かむどころ》と神戸《かむべ》が必要です。神をお祭りするより重大な儀礼はありません。至誠の心を以て祭祀に臨まなければ、その祈りは神に通じません。また、作法にかなった祭式に拠らなければ、至誠の心を形に表すことはできません。

およそ天子から庶民に至るまで、必ずそれぞれにふさわしい祭祀の形式があります。人君は天下のために福を求めて神に祈り、その功徳に感謝します。天下の鬼神がその福徳をことごとく統御しています。ゆえに、大祭では天地を祭って宗廟の祖先を親しく饗応し、小祭ではあまねく群神に告げ知らせ、その祈りは遠くの群霊にまで及ぶのです。

わが国は神国です。天皇は天神地祇を皇祖とするため、天地の神々はすなわち宗廟の神でもあります。このように元来は一つにお祭りされていた神々を、後世に至って「社稷」と「宗廟」の二つに分けたのです。目に見えない鬼神の幽《かす》かな霊も、神社を設けて招き集めれば、その精霊の力が分散することなく結集し、祭祀の誠が通じて著しい霊験が顕れることもあります。

また、祭祀には祭るべき時というものがあります。頻繁に祭れば、褻《な》れて神を穢すことになります。逆に疎遠にすれば、お祭りを怠って忘れてしまいます。(10) 各々の祭祀において儀式を丁重に執り行うことにより、初めて「神在《いま》すが如し(11)」の実感を明らかに得ることができるのです。さもなければ、どうして鬼神が祈りを受け入れ、その誠に応えることがありましょうか。神がお受けにならないお祭りを、いわゆる淫祀というのです。

ある人が質問しました。「わが国には甚だ多くの神社がお祭りされています。そのほとんどを淫祠というのでしょうか」と。

私の考えでは、祭るべきでないものを祭るのを淫祠というのです。

おおよそのところ、神社にお祭りされるのは、民に対して功績のあった人、事業に功績を挙げた人、様々な事物の始祖、有事の際に災いを防止した人、君父に忠孝を尽くした人、あるいは、死後の霊魂が安住の地を得られず迷って祟りをなすような場合です。祭祀の制度では、すべてこれをお祭りしています。これがすなわち八十万神《やそよろずのかみ》です。

外朝では、四方の万物、ありとあらゆるものをお祭りしていて、祭らないものは無いほどです。猫や虎、昆虫までもが祭祀の対象となっています。いうまでもなく、わが国は霊妙な神の国なのですから、それが祭るべき神であるか否かについては、よく考えなければなりません。

ある人が質問しました。「外朝には七廟（天子の七つの廟）があり、天子の祖先を丁重にお祭りしていると聞きます。わが国にそれが無いのは何故でしょうか」と。

私は次のように考えます。

天皇は天神を郊祀し、内侍所を祭祀しておられます。これはすなわち、社稷と宗廟をお祭りしておられるということです。七廟などというのは外朝の儀礼です。わが国にはわが国の儀礼があります。ましてや、神祭にあたっては、天皇が自ら誠を尽くして儀式を執り行われ、重臣がこれを輔佐し、神官が往古の作法を守っているのですから、その儀礼に疑いを差し挟む余地はまったくありません。

ある人が質問しました。「社稷（天地の神々）の祭祀についてはうかがいましたが、祖考（亡くなった祖父）を祭るような礼については、まだうかがっていません」と。

私は次のように考えています。

伊弉冊尊《いざなみのみこと》がお亡くなりになって、紀伊国熊野《きのくにくまの》の有馬村《ありまむら》に葬られました。土地の人々は、この神の魂をお祭りしました。これが上古における祭魂《さいこん》（御魂祭《みたままつり》）の始まりです。また、天祖・高皇産霊尊《たかみむすひのみこと》が、天孫降臨の際に「私は皇孫のために奉斎される」と仰せになりましたが、これは宗廟を祭祀することを示唆された教えです。祖考を祭る礼が、どうしてこれ以外にありましょうか。後世に至り、その作法をほどよく飾って礼式を整えたことは、古い歴史書を読めば明らかです。そのお祭りの方法が外朝と同一でないのは、国によって水土や習俗が異なるからです。これは自然な成り行きというものです。

近世以降には、外来の仏教の作法を取り入れて、上古からの制度を大きく改変してしまいました。

まことに嘆かわしいことです。

注

(1) 日本古典文学大系『日本書紀』では「当《まさ》に吾孫《すめみま》の為《ため》に斎《いわ》ひ奉《まつ》らむ」(吾孫のために奉斎しよう)と訓読していますが、津軽版には「斎ハレ奉ラン」と振り仮名が付してあります。また、素行先生の講義(三〇一頁)の引用文においても、「斎《イハ》ハレ奉ル」と振り仮名が付してありますので、このように訳しました。自筆本にも同様に「斎ハレ」とあります。なお、『日本書紀纂疏』(一条兼良著)や『神道秘伝折中俗解』(林羅山著)にも「斎ハレ奉ラン」という訓があります。

(2) 津軽版には「祭祀之議」とありますが、自筆本には「祭祀之誠」とあります。ここでは、自筆本に従って意訳しました。

(3) 『古語拾遺』(岩波文庫)には「所謂天罪は、上《かみ》に既に説き訖りぬ」とありますが、津軽版には「所謂天罪者《トハ》上既ニ設ケ訖ヌ」とあり、自筆本も同様なので、底本に従って意訳しました。

(4) 西宮一民氏によれば、歌意の通釈は「大宮人が大勢寄せ集められているので、神様の御心も十分奮い立って、御遷座がよろしく行われたよ」となります。(岩波文庫『古語拾遺』の補注より引用)

(5) 『日本書紀』には「天社・国社」とありますが、津軽版・自筆本ともに「大社・国社」と書いてあります。

(6) 『本朝神社考』(林羅山著)には、「神皇正統記ニ云」と述べて『神皇正統記』の漢訳文が引用されています。

(7) 『本朝神社考』には「九月」とあり、素行先生もそのまま筆写しておられますが、『神皇正統記』には「七月」とあります。

(8) この割注は『本朝神社考』の割注の前半部分にあたります。素行先生がこの部分のみを選んで記載されているので、付加しました。

(9) わが国の神社に関するここまでの説明は、『本朝神社考』(二十二社の条)を参考にして書いてあります。

（10）『礼記』（祭義篇）に「祭《まつり》は数々《しばしば》するを欲せず、数々すれば則ち煩《わずら》はし、煩はしければ則ち敬《けい》せず。祭は疏《おろそか》にするを欲せず、疏にすれば則ち怠《おこた》る、怠れば則ち忘《わす》る」とあります。

（11）聖政章の注（5）を参照してください。

化功章——天皇の徳を慕って

上代には、多くの外国人が日本に帰化しています。わが国には、これらの人々を惹きつける魅力と、帰化人を受け入れて共存共栄していく知恵があったのでしょう。素行先生は、これを天皇陛下の徳の及ぼす成果であると考えて、『中朝事実』の最終章に「化功章」を置かれました。

『日本書紀』巻五より

崇神天皇の六十五年秋七月、任那国《みまなのくに》が蘇那曷叱知《そなかしち》を派遣して朝貢しました。任那は筑紫国《つくしのくに》から遠ざかること北方へ二千余里、海を隔てて新羅の西南にあります。

一書《あるふみ》には次のようにあります。（『日本書紀』巻六・垂仁天皇二年是歳の条より）

崇神天皇の御世に、額に角のある人が、一艘の船に乗って越国《こしのくに》の笥飯浦《けひのうら》に停泊しました。ゆえに、その地を角鹿《つぬが》と名付けました。「あなたはどこの国の人ですか」と質問すると、「意富加羅国《おおからのくに》の王子で、名を都怒我阿羅斯等《つぬがあらしと》、またの名を于斯岐阿利叱智于岐《うしきありしちうき》(1)といいます。人伝《ひとづて》に日本国には聖皇《ひじりのきみ》がおられるとうけたまわり、帰化しようと思って出かけ、穴門《あなと》（長門国《ながとのくに》）に着きました。この時、その国に伊都都比古《いつつひこ》という名の人がいて、私に向かって言いました。『私はこの国の王である。私以外に王はいない。ゆえに、他の土地に行ってはならない』と。しかし、私がよくよくその人柄を見ると、決して王ではないことが分かりました。そこで再び出かけたのですが、道が分からず、島々浦々を漂いながら北の海より廻り、出雲国《いずものくに》を経てここに到着しました」と答えました。この時、崇神天皇の崩御という事態に遭遇しましたが、そのまま留まって、活目天皇《いくめのすめらみこと》（垂仁天皇）に仕えること三年に及びました。天皇が、都怒我阿羅斯等に「そなたは本国に帰りたいと思うか」と質問なさいました。「深く願うところでございます」とお答えすると、天皇は阿羅斯等に詔《みことのり》して仰せになりました。「そなたが道に迷うことなく、速やかにわが国に到着していたなら、必ず先皇にお会いしてお仕えできたであろう。よって、そなたの本国の名を改め、御間城《みまきの》天皇《すめらみこと》（崇神天皇）の御名《みな》を戴いて国の名としなさい」と。そこで、赤織絹《あかおりのきぬ》を阿羅斯等に与えて本国へお返しになりました。ゆえに、その国を名付けて「彌摩那国《みまなのくに》」というのは、このような縁《ことのもと》があるのです。

〈講義〉謹んで考察いたします。

これは、外国人が帰化した始まりです。

崇神天皇は強く心を戒めて徳を明らかになさったので、国内は次第に安らかに治まり、五穀は充分に熟し、大いに教化が行われました。天下の人々は、天皇を称えて「御肇国天皇《はつくにしらすすめらみこと》」とお呼び申し上げました。ゆえに、外国人も帰化したのです。天皇の聖徳の盛んなことは、これによって明らかに知ることができます。

『日本書紀』巻六より

垂仁天皇の三年春三月、新羅の王子・天日槍《あめのひぼこ》が来朝して帰化しました。持ってきた物は、羽太玉《はふとのたま》一箇《ひとつ》、足高玉《あしたかのたま》一箇《ひとつ》、鵜鹿々赤石玉《うかかのあかしのたま》一箇《ひとつ》、出石小刀《いずしのかたな》一口《ひとつ》、出石桙《いずしのほこ》一枝《ひとつ》、日鏡《ひのかがみ》一面《ひとつ》、熊神籬《くまのひもろき》一具《ひとそなえ》、合わせて七種《ななくさ》の物です。これらの物を但馬国《たじまのくに》に収蔵して、常に神の物としました。

一書《あるふみ》には次のようにあります。（『日本書紀』巻六・垂仁天皇三年三月の条より）

最初に、天日槍は小船に乗ってきて播磨国《はりまのくに》に停泊し、宍粟邑《しさわのむら》(2)に居ました。この時、天皇は、三輪君《みわのきみ》の祖先・大友主《おおともぬし》と倭直《やまとのあたい》の祖先・長尾市《ながおち》とを播磨に派遣して、天日槍に質問しました。「あなたは誰ですか。また、どこの国の人ですか」と。天日槍は、「私は新羅国の王子です。しかしながら、日本国に聖皇《ひじりのきみ》がおいでになるとうけたまわりましたので、自分の国を弟の知古《ちこ》(3)に授けて、帰化するためにまいりました」と答えて、八種《やくさ》の物を献上しました。

〈**講義**〉謹んで考察いたします。

崇神・垂仁天皇二代の徳による感化は、外国にまで及びました。天皇の徳を慕って、遠い国の人が通訳を重ねて来朝し、貢ぎ物を献上しました。これは天皇の聖徳による治教の余波であり、仁徳による教化が風のように遠く異民族にまで伝わって行った成果です。

人の心を和らげて懐かしく慕う気持ちを起こさせる感化の力とは、何と偉大なものでしょうか。

『日本書紀』巻十より

応神天皇の十四年、弓月君《ゆつきのきみ》が百済より帰化して、天皇に奏上しました。「私は自分の国の百二十県の民を率いて日本に帰化しようとしました。しかし、新羅の人が妨げたので民と共に来朝することができず、皆、加羅国《からのくに》に留まっております」と。そこで、葛城襲津彦《かずらきのそつびこ》を加羅に派遣して、この人々を召致させました。

十六年、襲津彦は、弓月君の率いてきた人々を連れて帰還しました。

二十年秋九月、倭漢直《やまとのあやのあたい》の祖先・阿知使主《あちのおみ》が、その子の都加使主《つかのおみ》と一族郎党の十七県の民を率いて来朝し、帰化しました。

一書《あるふみ》には次のようにあります。(『古語拾遺』より)

軽嶋豊明朝《かるしまのとよあきらのみかど》(応神天皇の御世)に至って、秦公《はだのきみ》の祖先・弓月が、百二十県の民を率いて帰化しました。漢直《あやのあたい》の祖先・阿知使主《あちのおみ》は、十七県の民を率いて来朝しました。秦氏や漢氏、百済から日本へ帰化した民は、それぞれ万を以て数えるほどでした。

〈講義〉謹んで考察いたします。

遠来の人の帰化は、この時代において最も盛んでした。秦氏と漢氏の二氏族は、もとは外朝に住んでいた人たちです。(4) 皆、来朝して帰化しました。ましてや、三韓(新羅・百済・高句麗)からの帰化人が多いことはいうまでもありません。ゆえに、日本の各地に郡を設けてそれらの人々を住まわせ、安定した生活を与えて心を和らげたのです。

その後も、呉王《ごおう》が朝貢したり、渤海王《ぼっかいおう》・武芸《ぶげい》が文書を奉じて土産を献上したりしていますが、これらは皆、わが国の治教が善美であり、君徳が大きく明らかであったがゆえのことです。呉王の朝貢は仁徳天皇の五十八年のことであり、渤海王・大武芸《だいぶげい》が文書を奉じたのは聖武天皇の神亀年間のことです。渤海は、もとは高句麗に服属した靺鞨《まっかつ》の粟末《ぞくまつ》部族(5)で、姓は大氏《だいし》です。高句麗が滅びた後も、民衆を率いて把婁《はる》の東牟山《とうぼうざん》(6)を保有し、城を築いて居住しました。高句麗の遺民がしだいにここへ帰ってきて、土地は方五千里、戸数は十万戸となりました。唐の睿宗《えいそう》は、先天《せんてん》(7)年中に使者を派遣して、首長の大祚栄《だいそえい》を「渤海郡の王」に任じました。この時から靺鞨《まっかつ》の名を捨てています。武芸は祚栄の子で、「武王」と称しました。この武芸が王となり、わが国に朝貢してきたのです。武芸が死んで、その子の欽茂《きんも》が王となり、「文王」と称しました。彼もまた、わが国に文書を奉り朝貢しました。

この章では、天皇の徳による感化と、それによってもたらされた偉大な功績について論じました。謹んで総括いたします。

国土には畿内と畿外があり、土地の形勢(地理)には近辺と遠方があり、人には都の民と辺境の民があります。ゆえに、治教の道は、まず畿内を治めるところから始めて、しだいに畿外へと及ぼし、近辺を先に教化して、その後に遠方へと広げていくようにします。都の民と親睦を深め、辺境の民を懐柔していくのです。

そもそも、天皇は朝廷の上に立たれ、国都の内におられます。どうして遠い周辺諸国の異民族のことを関知なさいましょうか。そして、国内の和、近隣の治安、満ち栄える華やかな文化、明らかな知恵とゆきとどいた徳の力が、人を通じて伝播し良い感化を与えるのは、道（天地自然の理）の精妙な働きによるのです。

周辺諸国の異民族は、千里の険しい道も、見渡す限りの広大な海路も遠いと思わず、天皇の徳を仰ぎ慕って来朝し、帰化して、ことごとく自国の産物を献上しました。そうなることを期待したわけでもないのにそうなったのは、わが国の文明と聖皇の治教の淵源が天にあり、天神《あまつかみ》がこれを授け、人皇がこれを継承して民に恩恵を与えてきたという事実によるのです。

まことに、一度《ひとたび》接すれば忘れがたい、すぐれた徳による感化がもたらした偉大な功績といえましょう。

注

（1）日本古典文学大系『日本書紀』には「于斯岐阿利叱智干岐《うしきありしちかんき》」とありますが、津軽版・自筆本ともに「于《ウ》斯岐阿利叱智于岐《シキアリシチウキ》」とあります。

（2）津軽版・自筆本ともに「完粟邑」とありますが、『日本書紀』により「宍粟邑」と改めました。宍粟邑は、現在の兵庫県宍粟《しそう》市にあたります。

（3）津軽版・自筆本ともに「知古《ホリンノ》」と書いてあります。

(4) 秦氏の祖・弓月君は、秦の始皇帝の子孫と伝えられています。漢氏の祖・阿知使主は、後漢の霊帝の曾孫と伝えられています。

(5) 靺鞨は、粛慎《みしはせ》の後裔と伝えられています。挹婁《ゆうろう》、勿吉《もっきつ》という旧称を経て靺鞨《まつかつ》と称し、隋唐時代には粟《ぞく》末《まつ》・白山《はくさん》・黒水《こくすい》などの七部族に分かれていました。

(6) 『大漢和辞典』によると、東牟山は、現在の中華人民共和国遼寧省瀋陽県の東にあります。また、『国史大辞典』(「渤海」の項)によると、「大祚栄は六九八年に現在の吉林省敦化県地方に自立して震(振)国王と称したが、七一三年に唐から渤海郡王に封じられ、以後、渤海と号するようになった」(要約)とあるので、ここでいう「東牟山」は吉林省敦化県付近にあったのかもしれません。なお、「把婁」は未詳です。「挹婁」の誤りかもしれません。

(7) 「先天」は、睿宗の次の皇帝にあたる玄宗の最初の年号です。

中朝事実跋文(1)

この一編では、仁徳朝以後の時代については特にすぐれた事蹟のみを取り上げて考察し、それ以外はひとまず対象からはずしました。三韓との交流以後は外朝の典籍がわが国に流通するようになったので、嘉言や善行もまた外朝の考え方をそのまま受け継ぐ傾向にあると思うからです。その上、仏教が隆盛をきわめたので、わが国古来の神聖の道も、ついにこれと習合し、純粋なものではなくなってしまいました。

今、この書物において、往古の神勅を祖述し、人皇の聖教を顕彰した理由は唯一《ただひと》つ、神代から継承してきた文物を明らかに懸《かか》げて天地の道に参与しているわが国の姿は、世界に比類ないものであると考えるがゆえなのです。

注

(1) 刊行された津軽版に跋文は付されていませんが、版下本『中朝事実』として、或疑《わくぎ》とともに残されています。この跋文は、秋山一実氏の「津軽版『中朝事実』の「版下本」について」(『日本学研究』第九号、金沢工業大学日本学研究所、平成十八年)によって補い、意訳しました。

主要参考文献

高須芳次郎『中朝事実講話』平凡社、昭和九年
飯島忠夫『中朝事実講話』章華社、昭和十年
日本学叢書『中朝事実上下』(松本純郎校訂・註釈)雄山閣、昭和十四～十五年
広瀬豊『山鹿素行全集』岩波書店、昭和十五～十七年
日本古典文学大系『日本書紀上下』岩波書店、昭和四十～四十二年
日本兵法全集『山鹿流兵法』(有馬成甫監修・石岡久夫編集)人物往来社、昭和四十二年
佐佐木杜太郎『山鹿素行』(叢書・日本の思想家八)明徳出版社、昭和五十三年
白山芳太郎『職原鈔の基礎的研究』神道史学会、昭和五十五年
岩波文庫『古語拾遺』(西宮一民校注)岩波書店、昭和六十年
新田大作『中朝事実』御在位六十年奉祝中朝事実刊行会、昭和六十年
中山広司『山鹿素行の研究』神道史学会、昭和六十三年
『続神道大系　論説編　山鹿素行』(大野健雄・秋山一実校注)神道大系編纂会、平成七年
秋山一実「山鹿素行『中朝事実』の津軽版について」(『神道古典研究所紀要』第一号)神道大系編纂会、平成七年

ちくま学芸文庫『史記Ⅰ　本紀』(小竹文夫・小竹武夫訳)筑摩書房、平成七年
中山広司『近世日本学の研究』金沢工業大学出版局、平成九年
山鹿光世『山鹿素行』(原書房、昭和五十六年)錦正社、平成十一年再刊
講談社学術文庫『聖教要録・配所残筆』(土田健次郎全訳注)講談社、平成十三年
中公クラシックス『日本書紀ⅠⅡⅢ』中央公論新社、平成十五年
中村幸弘・遠藤和夫『『古語拾遺』を読む』右文書院、平成十六年
秋山一実『山鹿素行自筆本『配所残筆』写真・翻刻・研究・校訂・意訳』錦正社、平成二十五年
荒井桂『山鹿素行「中朝事実」を読む』致知出版社、平成二十七年
秋山一実「津軽版『中朝事実』」(『日本学研究』第二〇号)金沢工業大学日本学研究所、平成二十九年
新釈漢文大系『大学・中庸』『論語』『孟子』『礼記』『詩経』『書経』『易経』『春秋左氏伝』明治書院
素行会会報『橘信』(第九〇～一六一号)素行会、平成二十四年二月～令和二年二月

あとがき

山鹿素行先生の『中朝事実』は、日本を代表する富士山のようにすぐれた著作だと思います。その富士山が、今はすっかり雲に隠れています。なんとかして雲を追い払い、天空に峙《そばだ》つ秀麗な山容を多くの方々に見ていただきたいと願い、本書の刊行を決意しました。思い切って現代風に意訳したのは、江戸時代と現代を結ぶ書物にしたいと考えたからです。

私が『中朝事実』の現代語訳を志したきっかけは、素行会会長の牧野輝良先生とお会いしたことにあります。日本学協会の月刊誌『日本』に「武教小学」の拙訳を投稿したことがご縁となってお手紙を頂戴し、素行会の『中朝事実』講読会に出席させていただいたことがありました。平成二十四年正月のことです。その時、牧野先生は「中朝事実が誰にでも読めるような文章になると良いですね」とおっしゃいました。そのお言葉は、今も耳にとどまっています。

とはいえ、私には学生時代に図書館から『中朝事実』を借り出したものの、一頁も読めずに返却したという苦い思い出があります。当初、この難解な書物を現代語に訳すのは無理だろうと思っていたのですが、夫（秋山一実）が素行会の会員であったため、常務委員の深作泰久様から、会報『橘信（たちばなのたより)』が毎月届けられ、講読会での発表のご様子を知ることができました。その熱心な取り組みに心を動かされ、自分でも訳出を試みるようになった次第です。また、夫の研究テーマが「山鹿素行著作の文献学的研究」でしたので、我家の本棚には『中朝事実』に関する本が並んでおり、自由に手に取って勉強することができました。私が家庭の主婦でありながら本書を執筆できたのは、このように、素行会の皆様の恩恵と、夫の協力のおかげです。

原稿作成にあたり、皇学館大学前学長の清水潔先生から貴重なご助言を賜りました。中山エイ子様からは、温かい励ましの言葉と、御夫君(故中山広司先生)のご蔵書を頂戴いたしました。厚く御礼申し上げます。また、出版を承諾してくださった錦正社の中藤正道社長と、編集担当の中藤順子様にも大変お世話になりました。心より感謝いたします。

ただ、残念でならないのは、牧野先生が逝去されたことです。令和元年の年末に、お嬢様から喪中欠礼のお葉書をいただいた時は本当に驚きました。初めてお目にかかってから、訳文の完成までに長い時間が経過してしまいました。

謹んで、牧野輝良先生の御霊に本書を捧げたく存じます。

令和五年涼秋

秋山智子

編訳者略歴

秋《あき》山《やま》智《とも》子《こ》

昭和 33 年、岡山県に生まれる。同 55 年、皇学館大学文学部国文学科卒業。同大学出版部勤務を経て家庭の主婦。現在、福島県いわき市在住。日本会議福島女性の会役員。
『日本』（日本学協会発行の月刊誌）掲載の著作に、「山鹿素行先生に武士道を学ぶ──『武教小学』現代語訳の試み──」、「松陰先生の授業『武教全書講録』を読む」がある。

「中朝《ちゅうちょう》事《じ》実《じつ》」──日本建国《にほんけんこく》の物語《ものがたり》──

令和六年五月二十七日　印刷
令和六年六月　十二日　発行

※定価は裏表紙などに表示してあります。

原著者　山鹿素行
編訳者　秋山智子
発行者　中藤正道
発行所　株式会社　錦正社
〒一六二―〇〇四一
東京都新宿区早稲田鶴巻町五四四―六
電　話　〇三（五二六一）二八九一
ＦＡＸ　〇三（五二六一）二八九二
ＵＲＬ　https://kinseisha.jp/

印刷　㈱平河工業社
製本　㈱ブロケード

ISBN978-4-7646-0153-6